持続可能な開発のための教育

# ESDをつくる

## 地域でひらく未来への教育

生方秀紀・神田房行・大森 享 編著

ミネルヴァ書房

# はしがき

地球規模の自然環境の破壊、埋蔵資源の低減、平和や人権の蹂躙、飢餓や不衛生、経済格差の拡大といった様々な問題がのしかかるなかで、今世紀に入ってから「持続可能な開発」、「サステイナビリティー」といった言葉が頻繁に目につくようになりました。「持続可能な開発」という概念は、1987年に国連のブルントラント委員会の報告書 *Our Common Future*（『地球の未来を守るために』）のなかで、「将来世代のニーズを満たしつつ、現在の世代のニーズも満足させる開発」と定義されて以来、環境と開発とを対立概念としてではなく、車の両輪のように調和させていく人類社会の進み方として、世界各国の人々に提案され、浸透していったものです。この「持続可能な開発」を、人間の考え方や行動を変え、高めていくことを通して追求する教育が「持続可能な開発のための教育」(Education for Sustainable Development/ESD) です。

ESDは、自然環境が保全され平和で安定し心身ともに健康な生活が維持される未来社会、すなわち「持続可能な社会」を実現させるための教育であるといえます。これは、従来個別的に行われてきた環境教育・開発教育・人権教育・福祉教育・平和教育・国際理解教育などを融合させながら一体として展開していく、ホリスティック（全体的）なスコープのもとで行われる実践重視の教育です。2002年のヨハネスブルグでの地球サミットにおいて日本が提案した「国連持続可能な開発のための10年」（DESD）は、同年の国連総会で採択され、2005年から実施されています。今、DESDは丁度折り返し点の5年目に来ています。しかしながら、ESDという言葉とその意味は、一般市民はもとより、日本の学校や教育行政関係者、さらには教育人材を養成する場でもある大学の教員、大学院生、学生にも十分浸透しているとはいえません。

本書は、教育に関心をもつ人々、とりわけ教育研究者・大学生・大学院生・学校教員・関連ＮＰＯ関係者に、ＥＳＤがどのような経緯で構想されてきたのか、どのような内容・方法で行われるものなのか、そして最終的にどのような世界をめざしていくのか等について知っていただくことを目的に企画し、出版するものです。

第１章の執筆者である阿部治教授は、ヨハネスブルグにおける日本提案の骨子をＮＰＯサイドで練り上げたほか、立教大学ＥＳＤ研究センターおよび日本における「持続可能な開発のための10年推進会議」（ＥＳＤ-Ｊ）を立ち上げ、その代表者としてＥＳＤの普及・推進に邁進している、ＥＳＤ研究のリーダーの一人です。それだけに、この章にはＥＳＤのエッセンスが詰まっており、読者の期待に十分応えうるものになっています。続く第２章ではＥＳＤにおける学びのビジョンとプロセスの特徴がこれまでの環境教育との比較で浮き彫りにされ、第３章では環境教育の歴史を振り返る中でＥＳＤが位置づけられています。

本書はＥＳＤの理論の全体像を明らかにするだけでなく、学校や地域におけるＥＳＤ（環境教育を含む）の実践のあり方についても提案しています。いたずらに学校や地域レベルの教育活動で直接グローバルな問題の解決に立ち向かおうとしても無理があり、また学習者における当事者性や自己効力感の欠如という結果をもたらすでしょう。地域で実現可能な、いや地域だからこそ実現できるＥＳＤがあるはずです。それは、グローバルな視野をもちながらも、学習者が地域社会の中で現実の課題に対して、当事者性を持ち互いに連携しながら解決への実践を進めることで、持続可能な未来社会を創っていくというものです。このような観点から、４、７、８、９の各章では学校教育に焦点をあてながら地域の教育力をどう活かすかについて新しい提案や実践報告がなされ、５、６、10、11の各章では地域におけるインフォーマル・ノンフォーマル教育が地域づくり、未来づくりに果たす役割が様々な角度から浮き彫りにされます。

本書は、文部科学省の２００７年度「現代的教育ニーズ取組支援プログラム（現代ＧＰ）」に採択された北海道教育大学の大学教育改善プロジェクト「持続可能な社会実現への地域融合キャンパス―東北海道発ＥＳＤプランナー養成・認証プロジェクト―」のもとで開催された、２つのＥＳＤ公開シンポジウムの基調講演の講師に、本書の企画に沿った内容の原稿を寄稿してもらい制作しました。第11章の執筆者の一人ミシェル・サトウ教授（ブラジル）は、個人的な都合で私たちが招待したシンポジウムには参加できませんでしたが、そこで講演する予定であった大変新奇性の高いテーマについて書き下ろしてくれました。また、本書にはいくつかの「コラム」を挿入しましたが、そこでは現代ＧＰのもとで行われた国内外でのＥＳＤ実地調査の際に現地で肌に感じ、考えたことが主に紹介されています。これらの現実世界のエピソードを切り口に、読者の皆さんがＥＳＤについて考えて行くきっかけにしていただければ幸いです。

最後になりましたが本書出版をお引き受けいただいたミネルヴァ書房、ならびに原稿の編集に際して大変お世話いただいた浅井久仁人氏に謝意を表します。また、第11章の訳文の推敲に際してご協力いただいたルシア・カワハラ氏（ブラジル）にも感謝します。

編者を代表して　生方　秀紀

目次

はしがき

第1章　ESD（持続可能な開発のための教育）とは何か …… 1
はじめに
1　ESDの始まり …… 2
2　日本におけるESDの始まり …… 4
3　ESDとは …… 6
4　「持続可能な開発」とは …… 10
5　持続可能な開発と評価 …… 15
6　学校教育におけるESDの可能性 …… 18
7　地域づくりにおけるESD …… 22
おわりに

第2章　ESDにおける「知の構築」のあり方 …… 28
――「持続可能性」・「開発」・「教育」を橋渡しする開発コミュニケーションに焦点をおいて
はじめに
1　DESDの起源に見られる大きな2つの流れ …… 29

2　DESDのビジョン・目標と特徴……30
3　環境教育からESDへ、包含するテーマの拡大と相互関連性、アプローチの多様化……35
4　進展する開発の概念、開発コミュニケーションの役割の変化……38
5　環境教育概念の進展と開発概念の進展に影響を及ぼすパラダイムの転換……40
おわりに
第3章　環境教育概念の進化……43
はじめに
1　環境教育の目標・目的の確立……44
2　地球環境の悪化……46
3　環境教育概念の転換点……49
4　「持続可能な開発」とラムサール締約の「ワイズユース」概念……51
5　ESD（持続可能な開発のための教育）とは……53
6　国連持続可能な開発のための教育の10年（DESD）……55
7　わが国における環境教育の新しい方向性への転換……58
8　21世紀環境立国戦略とESD……59
おわりに

第4章　学校環境教育における子どもの人格形成と教師の力量形成……66
　――協同的活動主体形成と教師の指導
はじめに……66
1　教育を地域と結ぶ学校環境教育実践を生み出す教師の力量形成……68
2　教育を地域と結ぶ学校環境教育……74
3　環境計画を生み出し活動と学びを統一する子どもの能動性・主体性・当事者性の発現……79
4　教育を地域と結ぶ学校環境教育における子どもの人格形成と教師の力量形成……82

第5章　地域の教育力としての〈ローカルな知〉……88
1　グローバリゼーションと持続可能な開発のための教育（ESD）……88
2　教育における地域主義の意味……91
3　地域社会の可能性……98

第6章　持続可能な観光を築く地域における教育のあり方……104
はじめに……104
1　持続可能な観光とESD……106
2　地域づくりにおける観光の役割……109
3　観光のもつ多様な側面を活かした教育の可能性……112
おわりに

第7章　地域教育力を活かしたＥＳＤ人材育成……126
はじめに……127
1　これまでの教員養成教育……127
2　ＥＳＤに向けた教師教育の変革……129
3　「地域教育開発専攻」におけるＥＳＤ人材養成……130
4　釧路校のＥＳＤ活動……153
おわりに

第8章　サブサハラにおける持続可能な開発と教育……159
はじめに
1　人間開発指数でみるサブサハラ……161
2　ミレニアム開発目標（MDGs）……163
3　サブサハラの基礎教育の現状……164
4　フォーマル教育における取り組み……167
5　ノンフォーマル教育の取り組み……172
6　残された課題……181
おわりに

第9章　地域に根ざした教育とアラスカ先住民の知恵……187
はじめに
1　アラスカにおける旧来の学校制度……189
2　アラスカにおける新しい教育制度……190
第10章　環境教育における「時間」と「場所」の概念……203
——スロー教育のすすめ
はじめに
1　環境教育における「時間」と「場所」……204
2　スロー教育の研究事例……208
おわりに
第11章　アートと環境教育……213
はじめに——文化と環境教育
1　アートの機能……215
2　イマジェチカ……217
3　神話伝説の知識……224
4　アマゾニアの宇宙像……227

コラム

ボルネオの熱帯林にて……64
ドイツカールスルーエ市の森の幼稚園〝森のきつね〟を訪ねて……86
屋久島のエコツーリズム……102
イエローストーンに見る環境教育の源流……123
インドで考えたこと――路上に生きる子どもたちとＥＳＤ……184
アラスカ・デナリ国立公園の環境保全……201
熱帯雨林地域から流出する土砂と海底谷の埋積……211

# 第1章　ＥＳＤ（持続可能な開発のための教育）とは何か

## はじめに

持続可能な開発のための教育（ＥＳＤ）は、環境問題をはじめとする様々な地球的課題が相互不可分の関係にあることが知られるようになった１９８０年代に、持続可能な未来や持続可能性をめざしたホリスティックな教育概念として登場してきました。特に、「持続可能な開発」をメインテーマにした１９９２年の国連環境開発会議（地球サミット）の行動計画である『アジェンダ21』第36章（教育と研修）で「持続可能な開発に向けた教育の再方向づけ」が提起され、これを受けた１９９７年の「環境と社会に関する国際会議」（テサロニキ会議）でのテサロニキ宣言以降、ＥＳＤへの国際的認知が広がってきました。

そして、２００２年の国連持続可能な開発会議（ヨハネスブルグサミット）において、日本政府と日本のＮＧＯ「ヨハネスブルグサミット提言フォーラム」が共同提案した「国連『持続可能な開発のための教育』の10年」（ＤＥＳＤ）が、同年末の第57回国連総会において、全会一致で採択され、２００５年から２０１４年まで国際的に実施されています。このDESDを契機に、ESDにかかわる多様な用語（「持続可能な未来のための教育」、「持続可能な開発のための教育（EfS）」など）がESDという呼称に収斂してきたといえます。そしてDESDの国連主導機関に指名されたユネスコによる国際的な取り組みの下、初等教育から高等教育にいたるフォーマル教育や社会教育などのインフォーマル教育の場で、ESDの具体的実践が国の内外を問わず広がってきています。

「持続可能な開発」概念は、単に環境問題のみを対象としたものではなく、開発や貧困、平和、人権、ジェンダー、保健・衛生、食糧などのあらゆる諸課題を包含しています。次節以降でも述べるように、これらの諸課題の解決に向けた課題教育（環境教育や開発教育、人権教育、国際理解教育、平和教育、ジェンダー教育など）は、従来は個別的に実施されてきました。しかし、1980年代の地球環境問題の顕在化などから、これらの課題が相互に密接な関係があるとの認識が進み、これらの課題教育を総合化した取り組みが要請されてきた結果、誕生したのがESDなのです。

本章では、ESDの成立にいたる経過や、ESDの意図する「持続可能な開発」の内容などを取り上げ、ESDにかかわる課題を検討するとともに、わが国におけるESDの取り組みの現状と今後の課題について論じたいと思います。

## 1 ESDの始まり

「持続可能な開発」（sustainable development）という用語が公に提起されたのは、IUCN（国際自然保護連合）による〝*World Conservation Strategy*〟（『地球環境の危機』、1980）が最初です。その後、この用語は国連「環境と開発に関する世界委員会」（ブルントラント委員会）の報告書である〝*Our Common Future*〟（『地球の未来を守るために』、1987）

に登場したことで、地球サミットのメインテーマとなり、以後、急速に世界に広がりました。環境や経済、社会など広範な問題を包含する「持続可能な開発」概念は、第４節で述べるように、当初、「無限な成長」と同義であるとの指摘など、多くの批判が出されましたが、開発を優先する途上国と環境保全を重視する先進国とを同一テーブルにつかせることが可能な概念として浸透するにいたったのです。

前述したように、ＥＳＤはアジェンダ21の第36章を受けて、国連の主導機関に指名されたユネスコの専門家会合やユネスコが１９７７年以来、10年ごとに開催している環境教育会議の一つであるテサロニキ会議（1997）、その後の第６回国連持続可能な開発委員会（CSD6, 1998）*などを通じた国際的な議論の中で誕生し、発展してきた概念です。すなわち、持続可能な開発という概念が世界に浸透する途上で、いわば必然的に出現した概念といえます。このため、ＥＳＤは持続可能な開発という文脈に即して、その具体的実施を意図した教育思想および教育方法としてとらえることが必要です。国際的にも国内的にも、２００２年のヨハネスブルグサミットおよび２００５年から開始されたＤＥＳＤを契機として、ＥＳＤの概念が次第に受け入れられてきたとみることができます。

＊アジェンダ21の到達状況などを討議するために国連が設置したUN Commission on Sustainable Development は地球サミット以後、毎年、国連本部で年次会合を行っています。教育は第６回会合のテーマでした。

国際レベルでのＥＳＤの概念は、後述する、１９８０年代後半から１９９０年代初頭にかけて広がってきた環境教育から持続可能性にかかわる課題教育の統合への動きを通じて萌芽がみられました。その後、〝*International Journal of Sustainability in Higher Education*〟（２０００年創刊）や、〝*Journal of Education for Sustainable Development*〟（２００７年創刊）など、ＥＳＤに焦点を当てた学術雑誌が創刊されていることなどから、２０００年以降、ＥＳＤが国際的に定着してきたといえます。

## 2 日本におけるＥＳＤの始まり

ＥＳＤを日本に受容させようとする試みとして、筆者（1992）は、環境教育に関する国際的動向を踏まえて、環境や開発、人権、平和といった課題を統合した教育として「持続可能な社会をめざした教育」の必要性を提起しました（阿部、1996）。また筆者もメンバーとして参加した環境庁中央環境審議会は、テサロニキ会議の成果などを生かし、持続可能な社会のための総合的な環境教育の必要性を提起した答申『これからの環境教育・環境学習』（1999）をとりまとめています。「主体をつなぐ、場をつなぐ、施策をつなぐ」をキーワードにし、持続可能な社会の創造をめざす環境教育を提案した答申は、ＥＳＤの勧めでもありました。わが国で最初にＥＳＤに本格的に取り組んだ組織的研究としては、１９９８年に設立された国際的な環境政策についての研究所である財団法人地球環境戦略研究機関（ＩＧＥＳ）の環境教育プロジェクト（１９９８～２００４年、筆者がリーダーを務めました）があげられます。ヨハネスブルグサミット以降、ＤＥＳＤの提唱国である日本の各地で、学校教育や地域づくり（社会教育）としてのＥＳＤの実践は、政府やＮＧＯ、学校、企業などといった様々な主体によって推進され、それらの取り組みは急速に増加しています。

国内ですすめられたＥＳＤの主要な組織的推進を時系列的に列挙すると、ＤＥＳＤの共同提案者であるＮＧＯのメンバーによって組織された「持続可能な開発のための教育の10年推進会議」（ＥＳＤ-Ｊ）の設立（2003）、ＤＥＳＤの提案に端を発した議員立法として提案された「環境保全活動・環境教育推進法」の制定（2003）、ＤＥＳＤ関係省庁連絡会議の設置（2005）、ＤＥＳＤ国内実施計画の策定（2006）、「環境保全に寄与する態度」などが盛り込まれた教育基本法の改正（2006）、環境人材育成が柱の一つである21世紀環境立国戦略の策定（2007）、ＥＳＤの推進が盛

**図1－1　日本のESD推進組織・ネットワーク**

り込まれた教育振興基本計画（2008）や学習指導要領の改定（2008, 2009）などがあげられます。

このようなESD推進の組織的・制度的な体制の整備によって、わが国のESD推進の環境は整備されてきました。日本のESD推進組織やネットワークをとりまとめたものが、図1－1です。しかし、推進体制においては、次のような多くの問題が残されています。①ESDがめざすべき持続可能な社会のビジョン*がわが国ではいまだ策定されていないこと。②総合的・系統的にESDに取り組むには、縦割り行政が致命的な問題であること。③ESD国内実施計画では、ESDの実施主体や進捗状況の評価指標などがあいまいなままであること、など。

＊国連は各国にアジェンダ21の国内版の制定をよびかけました。たとえば、EU主要国は90年代後半にマルチステイクホルダーの参加による「持続可能な開発委員会」を設置し、環境・経済・社会の広範な視点から、持続可能な開発や持続可能な社会のビジョンについての国家戦略を定めています。

## 3　ESDとは

持続可能性や「持続可能な開発」がカバーする、環境や開発、貧困、平和、人権、ジェンダーなどの世界共通の課題解決に向けて、環境教育や開発教育、平和教育、民主主義教育などの地球課題教育（いわゆる国際教育）が１９６０年代から取り組まれてきました。これらの地球課題教育は個別的になされてきましたが、様々な事象が複雑にからみあう地球環境問題の登場を契機に、これらの課題が相互の相互不可分性が認識されるようになり、同時に、個々の地球課題教育のアプローチのみでは、自身の課題すら解決しえないことから、あらゆる地球課題教育を統合したアプローチの必要性が主張されるようになりました。これがいわばＥＳＤの始まりです。すなわち、ＥＳＤはグローバリゼーションの進展に伴って必然的に登場してきた教育思潮であるということができます。環境問題への取り組みの中から生まれてきた持続可能性がＥＳＤの主要概念であることや、地球サミットや環境教育にかかわる国際会議などを通じてＥＳＤが成立してきたことから、ＥＳＤと環境教育は密接に関係しており、環境教育の発展形としてＥＳＤを位置づけることもできます。

日本の提案によるＤＥＳＤは、途上国のみならず先進国を含む多くの国々から期待をこめて迎えられました。これは、従来から国際的に影が薄かった日本としても画期的な提案であり、日本の国際貢献としても注目されました。２００５年にはユネスコにより国際実施計画が策定され、２００６年には日本でも国連持続可能な開発のための教育の10年関係省庁連絡会議によって国内実施計画が策定されました。

ＤＥＳＤ国際実施計画（ユネスコ、2005）では、ＥＳＤについて、「持続可能な開発の原則、価値観、実践を教育と学習のあらゆる側面に組み込む」こととし、持続可能な社会という価値による牽引、環境・経済・社会の視点による総合的取り組み、国連が進めているミレニアム開発目標（MDGs）や「万民のための教育」（EfA）と密接に関係していることなどが指摘されています（ユネスコ、2005）。

国際実施計画をベースに策定された国内実施計画（国連持続可能な開発のための10年関係省庁連絡会議、2006）では、ESDを次のように定義しています。「私たち一人ひとりが、世界の人々や将来世代、また環境との関係性の中で生きていることを認識し、行動を変革することが必要であり、そのための教育」。

筆者は、国際実施計画、国内実施計画のいずれのESDの定義にも同意した上で、学習者の視点から、ESDを「人々が持続可能な社会の構築に主体的に参画することを促すエンパワーメントであり、そのための力（つなぐ力、参加する力、共に生きる力、持続可能な社会のビジョンを描く力、など）を育む教育や学び」と定義しています。

このようなESDの視点に立つと、ESDは世直し教育であり、DESDは私たちが元気になるための国民運動であるともいえます（図1-2）。

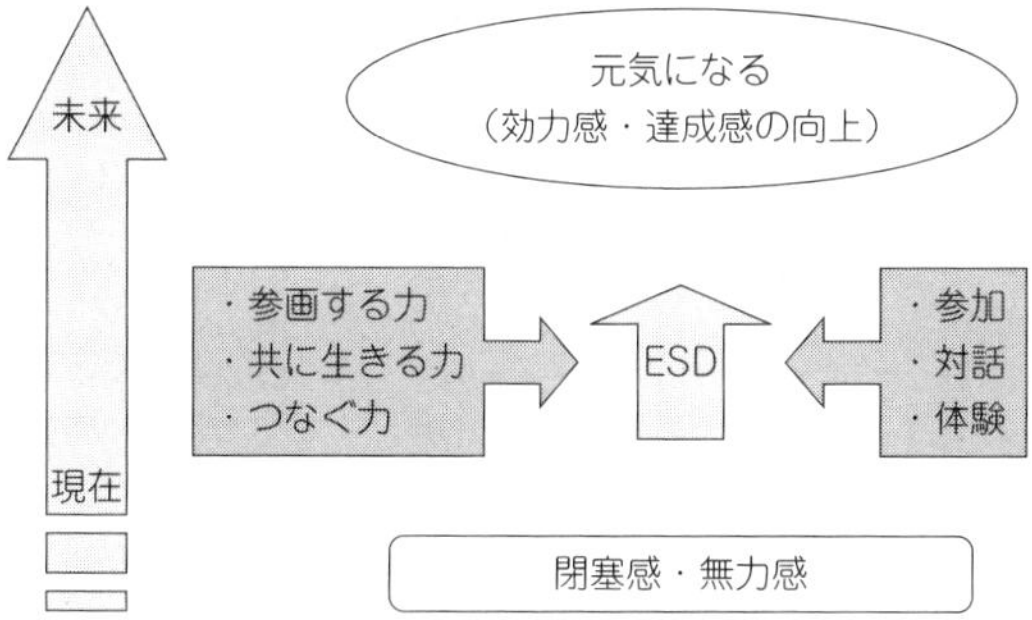

図1-2　DESDが実現すること

わが国においても、従来から環境教育は活発に行われてきており、近年では、学校における総合的学習の時間や食農教育、環境自治体や持続可能な地域づくりなど、単に環境の視点のみならず福祉（社会的持続性の視点）や地場産業の振興（経済的持続性の視点）などをも包含した総合的な環境教育へと発展した形で推進されるようになってきました。筆者（阿部、1992）は、従来の自然環境を中心とした環境教育から、社会（文化）環境をも含む総合的な環境教育へと環境教育概念の拡張の必要性を提起してきました。すなわち、「人間と自然の関係」、「人間と人間の関係」の改善という関係性教育としての環境教育の考え方です。この考え方に、さらに「人間と社会の関係」を加えた3つの関係の改善とすることで、総合的な環境教育はESDと同義なものとして理解することができます。

環境教育を含む従来の日本における持続可能性にかかわる教育活動は、大きく、自然系、生活系、地球系に大別でき、各々の取り組みが互いに連携することなく存在していました。しかし、1990年代以降、各々の活動は切り口が異なるだけで、持続可能な社会の構築という共通の目的を共有していることが理解されるにつれて、互いに連携し総合系と呼ぶことのできる取り組みが生まれてきました。この動きには地球サミットも大きく影響しています。この総合系の教育活動には、学校における総合的学習の時間や、持続可能な地域づくりに向けた教育や学び、企業におけるCSR（企業による社会的責任行動）*などをあげることができますが、これらはまさにESDに他なりません。日本におけるこのような動きも、環境教育からESDへの質的発展と見ることができます。前述した地球課題教育の統合や総合系の環境教育の登場といったESDに収斂する国内外の動きは、グローバル化の進展などの中で必然的なものであったと考えられます（図1-3）。

*CSRとして環境教育に取り組む企業は多く存在しますが、近年はESDを掲げる企業も現れています。2010年に策定される予定のISO26000（社会的責任）にはESDの推進が盛り込まれました。

ESDの成立過程や定義からも理解できるように、ESDはきわめて使命追求型の教育活動であり、実践的な性格をもっています。しかも環境教育などの課題教育の教育実践における質的変容を説明（後付け）する用語として、あるいは関連の領域をつなぐ便利な道具（もしくは装置）としてESDを使用する傾向が見られることから、きわめて実践的な側面を有していることがわかります。

このように使命追求型教育として登場してきたESDの理論的検討は、多くの実践がなされているにもかかわら

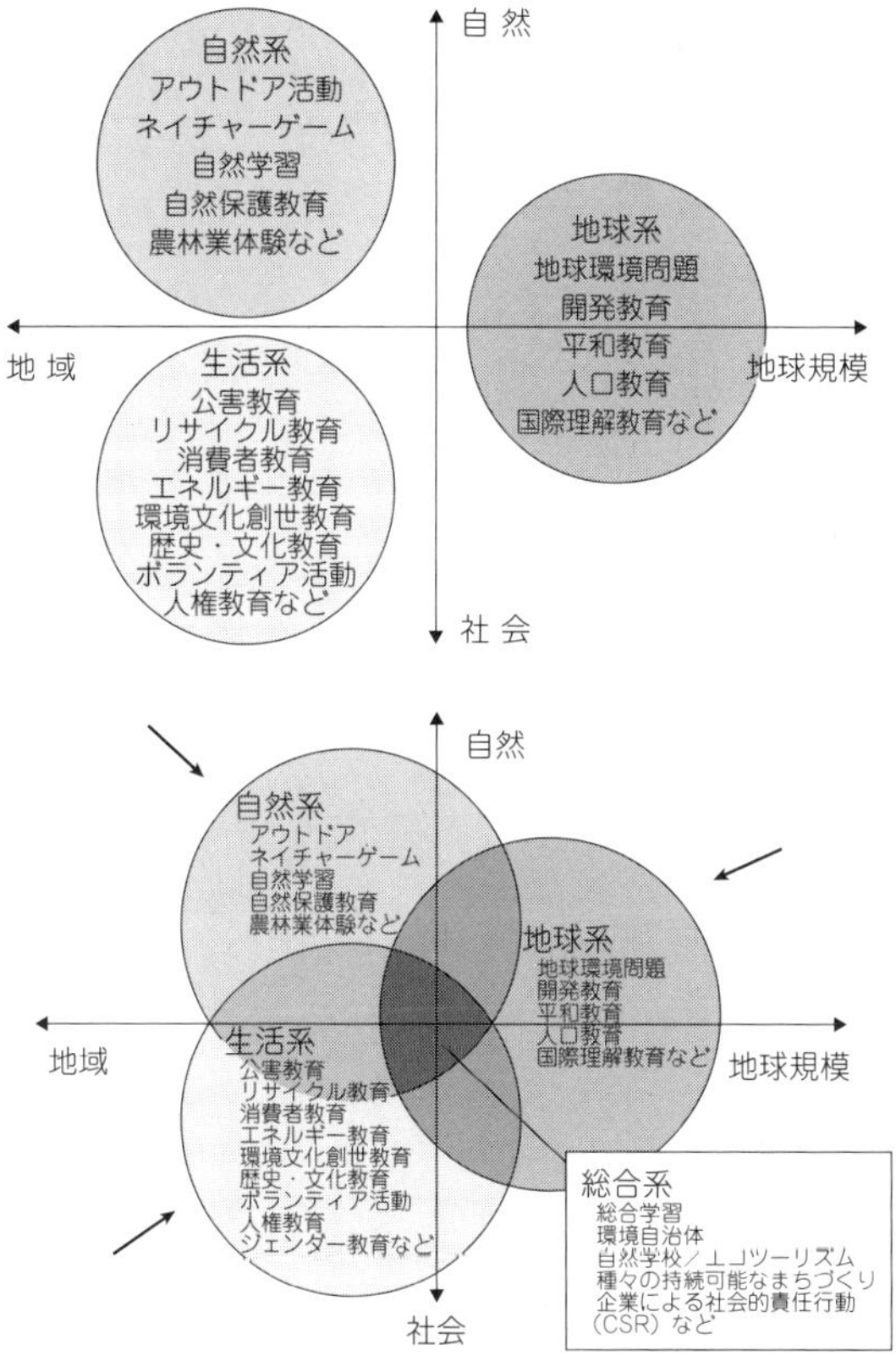


出典：筆者が1999年頃から講演会提示資料として発表，印刷物としては，阿部治らによる，環境教育とメディア，『環境メディア論』，中央法規，2001，51頁に初出。

図１－３　わが国における持続可能性にかかわる教育の進展と ESD の登場

ず、いまだ不十分です。このため、関連研究者の間においても、概念などに関する合意がなされているとはいえません。概念についての合意形成がなされる以前に始まったＤＥＳＤは、この混乱に拍車をかけてさえいます。しかし、実践的な課題から生じたＥＳＤであるならば、量的・質的にもＥＳＤが飛躍するＤＥＳＤは、ＥＳＤ研究の好機ともいえます。

## 4

## 「持続可能な開発」とは

ローマクラブ（1972）による『成長の限界』は、大型コンピュータを駆使して、人口や一人当たり工業生産、一人当たり食糧、汚染、資源の5つの指標を組み入れたシステムダイナミックスモデルによって、地球および人類の未来について歴史上はじめて数値を伴う将来予測を行った結果を提示し、それまでの無制限の経済成長を続けたなら人類が破局を迎えると警告しました。『成長の限界』の筆者たちは、その後『限界を超えて』（1982）で人類がすでに地球の能力の限界を超えたことを指摘し、『成長の限界、人類の選択』（2002）では、持続可能なシステムと行動への変革のシナリオを提起しています。この30年で、この成長の限界（破綻）のシナリオは的を射たものであるとして評価できます。

『成長の限界』は当初、経済学者や実業家・政治家などから批判されましたが、やがて「地球には生態系の制約がある」ことが一般化し、「物理的な成長の制約は、21世紀の世界政治の重要な側面である」（『成長の限界、人類の選択』）ことが今や常識になってきています。ＥＳＤが対象とする「持続可能な開発」は、１９８２年に国連人間環境会議の10年を記念して開催された国連開発計画（ＵＮＥＰ）拡大管理理事会で、日本政府が国連に設置を提案した「環境と開発に関する世界委員会」（ブルントラント委員会）の報告書『地球の未来を守るために』（1987）を契機に広まった概念です。持続可能な開発はその報告書において、「……将来世代のニーズを充たしつつ、現在の世代のニーズも満足させるような開発」と定義されています。ここでいう「ニーズ」をあえて訳すとするならば、「必要物」になります。人間の「欲望」は無限ですが、生きていくための「必要物」は無限ではありません。経済的に恵まれた日本に暮らす私たちの生活は、多くの不必要な物にかこまれています。このニーズの視点は、持続可能な社

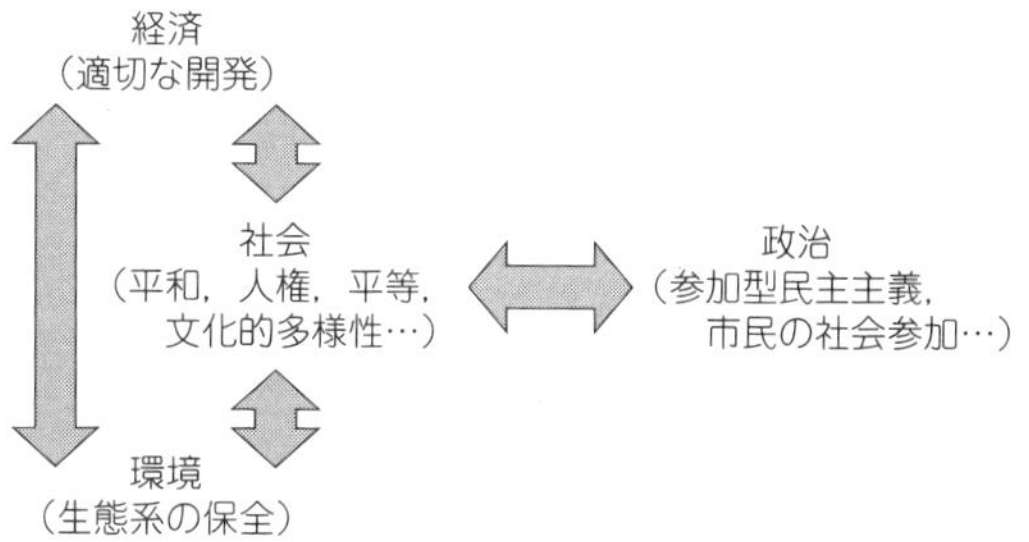


出典：ユネスコ『持続可能な未来のための学習』所収の図を元に筆者が作成。

**図1-4　持続可能な開発の4つの側面**

会を構築する上で、非常に大切な視点です。

ブルントラント委員会の目的は、世界の環境・開発問題に取り組む実用的な方法を見つけることでした。具体的には、人口と人的資源、食糧安全保障、種と生態系、エネルギー、工業、都市問題、共有財産の管理、平和・安全保障・開発・環境という8つの主要問題を選択し、緊急対策を提案したのです。『地球の未来を守るために』のもっとも重要な成果は、環境と開発問題は密接に結びついており、環境か開発かのどちらか一方だけについての討議を行うことはもはや意味をもたないとした点にあります。持続可能な開発には、環境、経済、社会、政治の4つの側面（図1-4）があります。それにもかかわらず、多くの場合は、トリプルボトムラインとよばれる環境・経済・社会の3つの側面のみが強調されています。しかし、「意思決定における効果的な市民参加を保障する政治体制」（『地球の未来を守るために』）が持続可能な開発や持続可能な社会の追求には必須であることを、認識しなければなりません。すなわち、持続可能な社会創造の当事者として、政治やガバナンスにかかわる市民性（シチズンシップ）を養う市民教育は、ESDの重要な視点なのです。

「持続可能な開発」を提起し、ブルントラント委員会に大きな影響を与えた報告書であり、自然資源の保護と持続的利用を意味するコンサベーション（保全）の概念を再認識させてくれたのが、前述した『地球環境の危機』（IUCN他、1980）なのです。この報告書は、国際レベルで自然資源を保全する指針を示すとともに、各国に国別の保全戦略の策定を呼び掛けたものであり、多くの国々の環境教育の制度化にも大きな影響を与えましたが、残念ながら日本の政策にはほとんど影響を与えませんでした。

「持続可能な開発」（以下、ＳＤと略記）は、「支持できる」、「維持できる」を意味するsustainableに、開発・発展を意味するdevelopmentをつけた言葉です。前者には「持続可能」以外に「維持可能」、「持続的」、「永続可能」など、後者には「開発」、「発展」、「成長」など、様々な訳語があてられ、そのためその両者の合成語はきわめて混乱しているのが現状です。40余りのＳＤ概念を整理した森田・川島（2006）によれば、これらの概念は大きく、①自然条件の制約を重視した概念、②世代間の公平性を強調した概念、③社会的正義や生活の質などのより高次な視点に立った概念の３つに類型化がなされています。しかし、経済界を中心に現在の市場経済社会を主導してきた人々の中には、今なおＳＤを「無限な経済成長」ととらえる人びともいます。このため、当初から、ＳＤの概念に対して、国内外で批判がありました。*

*国内では、日本科学者会議（『日本の科学者』28(2)、1993）、日本平和学会（『平和研究』21、1996）などによる批判的検討があります。

たとえば、ＩＵＣＮなどが、地球サミットの討議資料としてとりまとめた〝*Caring for the Earth*〟（『かけがえのない地球を大切に』、1992）の中で、ＳＤは無限な成長をも意味しており、自然界には無限な成長を行うものはありえないと強烈に批判し、代替の概念として、「持続可能な生活様式」（サスティナブル・リビング）を提案しています。しかし、この概念はその後国際的論議の中で顧みられることなく、ＳＤが主流となり、今日にいたっています。現在ではＳＤをめぐる解釈は数百にも及ぶのではないかともいわれています。このような背景の下、ＩＵＣＮは環境・経済・社会がトレード・オフの関係にあることを指摘するなど、２００６年からＳＤ概念の批判的再検討をすすめています（IUCN、2006）。

しかし、国際舞台において、SDの視点は、現在、ますます強調されてきています。これは特に、後述するミレニアム開発目標に代表される、主に途上国の抱える問題がますます深刻化してきているからです。日本が抱える課題の中でSDを理解する最適な事例の一つに、生物多様性保全をあげることができます。地球サミットにおける生物多様性保全条約の採択は、湿地と渡り鳥の生息地の保全を対象としたラムサール条約（1971）や希少野生生物の商取引を対象としたワシントン条約（1973）のような、特定の地域や種の保全の取り組みから、生態系の多様性、種（間）の多様性、種（内）の遺伝子の多様性といった生物多様性の総体を保全する取り組みへと人々の意識を変化させたことで、自然保護の歴史上大きな転換点となりました。生物多様性条約では、①生物多様性の保全、②その構成要素の持続的利用、③遺伝子資源の利用から生じる利益の公正な配分、の3つを目的とするなど、野生生物の保全と利用、すなわち、SDの考えが柱となっています。

特に2001年（～05年）に国連が地球規模での生物多様性及び生態系の保全と持続的利用に関する総合的な調査であるミレニアム生態系評価を行ったことから、人類にとっての生態系（すなわち自然環境）の恵み（＝生態系サービス）が特定、評価されることになりました。生態系サービスは、①基盤サービス（土壌など）、②供給サービス（食料など）、③調整サービス（気候調整など）、④文化的サービス（レクリエーションなど）の4つに大別されており、生態系の価値や持続的利用についての情報として非常に有益な指標であり、地域におけるESDを推進する際の重要な指標の一つです。

日本は、生物多様性条約によって義務付けられている生物多様性国家戦略（第一次国家戦略1995年、第二次国家戦略2002年、第三次国家戦略2007年）を策定し、2008年には生物多様性基本法を制定しました。特に第二次生物多様性国家戦略以降、わが国の生物多様性をとりまく危機の構造を「3つの危機」として説明しています。

【第一の危機】人間活動ないし開発が直接的にもたらす種の減少、絶滅、あるいは生態系の破壊、分断、劣化を通じた生息・生育空間の縮小、消失。
【第二の危機】生活様式・産業構造の変化、人口減少など社会経済の変化に伴い、自然に対する人間の働きかけが縮小撤退することによる、里地里山などの環境の質の変化、種の減少ないし生息・生育状況の変化。
【第三の危機】外来種などの人為的に持ち込まれたものによる生態系の撹乱。

そしてこれら3つの危機の背景として、①戦後50年間の急激な開発、②里地里山における人口減少と自然資源の利用の変化、③経済・社会のグローバル化、をあげています。これら日本の生物多様性の危機の背景は、「3つの危機」に個別に対応するというよりは、複合的に作用しているとみるべきです。第一の危機は、ダムや河川改修といった大型公共事業などに伴う大規模な自然破壊に象徴される古典的な自然保護問題であり、第二は、経済・社会構造の変化などによる過疎化・高齢化に伴う里山の崩壊といったわが国の特徴的な自然保護問題、第三は、外来生物の分布域拡大に伴う在来生物への影響といった世界共通の自然保護問題です。

第三次生物多様性国家戦略では、特に地球温暖化に伴う生物多様性への危機が取り上げられていますが、気候変動に代表される深刻な地球環境問題の激化とグローバル化する経済活動は連鎖複合的に自然環境を破壊しています。特に近年は食料やバイオ燃料の耕作地拡大に伴う自然破壊が顕著になってきています。２０１０年に名古屋で生物多様性締約国会議（ＣＯＰ10）が開催されることから、わが国においても生物多様性への関心が高まってきています。日本各地には、古来からの自然資源の利用や管理についての、伝統的知恵や生活文化が残されています。また、日本は稲作漁労文化の長い歴史を通じて、結果として、人間と自然が共生する里山の生物多様性を創りあげてきました。これらの伝統的知恵や生活文化をベースにしながら、かつ、最新の科学的知見に基づいたＥＳＤは、今日の生物多様性の保全に大きな貢献をする可能性があります。

## 5　持続可能な開発と評価

ＥＳＤが目的とするＳＤの進捗状況は、どのようにして測定することが可能でしょうか。総合的な指標として知られているものに、環境容量の占有量を示すエコロジカル・フットプリントがあげられます。エコロジカル・フットプリントは、「ある一定の人口あるいは経済活動を維持するための資源消費量を生み出す自然界の生産力、および廃棄物処理に必要とされる自然界の処理吸収能力を算定し、生産可能な土地面積に置き換えて表現する」ツールのことです（ワケナゲル＆リース、2004）。エコロジカル・フットプリントは数値化が可能なために、各国比較が容易であり明快です。この計算式によれば、２００５年度の国民一人当たりのエコロジカル・フットプリントは、アラブ首長国連邦が９・５で1位、アメリカが９・４で2位、日本は４・９で22位（世界平均は２・７）となっていますす（WWF, 2008）。日本のような先進国の消費を地球上すべての人びとが実行した場合、地球があと2個必要だといわれています。これ以外の類似の指標としては、二酸化炭素の排出量をもとにした環境効率性、カーボンフットプリント、フードマイレージなど多くの試みがあげられます。しかし、ＳＤの指標はいまだ、開発途上といえます。

一方、ＳＤを進めるうえで、「持続可能な人間開発」はきわめて重要であることが、21世紀最初の国連総会（通称、ミレニアムサミット、2000）において確認されました。総会で決議された国連ミレニアム宣言と国連ミレニアム開発目標（MDGs）の指針となる価値は、21世紀の国際間係に不可欠な一定の基本的価値（自由、平等、連帯、寛容、自然の尊重、責任の共有）であり、開発・平和・人権というビジョンに向けた前進の達成基準なのです（国連開発計画、2003）。これらは後述するＥＳＤの価値と共通するものととらえることができます。ちなみにミレニアム開発目標は、①極度の貧困と飢餓の撲滅、②普遍的初等教育の達成、③ジェンダーの平等の推進と女性の地位向上、④乳幼

表1-1　人間開発の目標はミレニアム開発目標とどのように関わっているか

| 人間開発の主な潜在能力 | 対応するミレニアム開発目標 |
|---|---|
| 健康で長生きをする | 目標4，5，6：乳幼児死亡率を減少させる。妊産婦の健康を向上させる。主要な疾病を克服する。 |
| 教育を受ける | 目標2と3：普遍的初等教育を達成する。ジェンダー平等（とくに教育における）を促進し，女性の地位を向上させる。 |
| 人間らしい生活水準を享受する | 目標1：貧困と飢餓を減少させる。 |
| 地域社会の活動に参加するための政治的・市民的自由を享受する | ミレニアム開発目標（MDGs）の項目にはないが，ミレニアム宣言に含まれている，世界が取り組むべき重要な目標である。 |
| **人間開発の必須条件** | **対応するミレニアム開発目標** |
| 環境の持続可能性 | 目標7：環境の持続可能性を確保する |
| 平等，とくにジェンダー平等 | 目標3：ジェンダー平等を促進し，女性の地位を向上する。 |
| 人間開発を可能にするグローバルな経済環境 | 目標8：富裕国と貧困国の間のパートナーシップを強化する。 |

出典：国連開発計画（2003）より。

児死亡率の削減、⑤妊産婦の健康の改善、⑥HIV／エイズ、マラリアその他の疾病の蔓延防止、⑦環境の持続可能性、⑧開発のためのグローバルパートナーシップの推進、の計8つで構成されています。

一般に持続可能な人間開発の指標としては、国連開発計画が採用している人間開発指数が知られています。これは平均寿命、教育達成度（成人の識字率と初等・中等・高等教育への入学率）、一人当たり実質国民総生産の3つの変数からなる総合指標であり、寿命、知識、適切な生活水準の3つの側面をもっています。人間開発の目標とミレニアム開発目標とは密接なかかわりがあります（表1-1）。

このような持続可能な開発の指標をESDに適用することの可能性を含めて、ESDを測定するために新たな指標の開発が求められています。環境教育とともにESDの主要な一翼を担う開発教育においては、参加型開発に主体的に参加する人びとのエンパワーメントを含め、人間開発の視点が大きく位置づけられています。途上国、先進国を問わず、人間開発はESDにおいて留意すべき

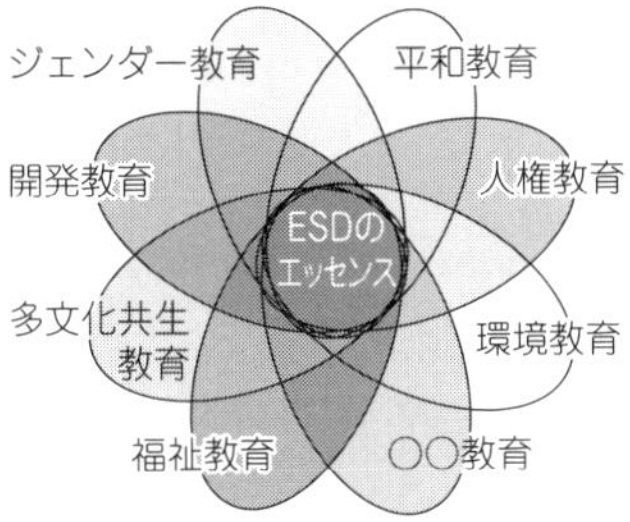


「価値観」
・人間の尊厳はかけがえがない。・私たちには社会的／経済的に公正な社会をつくる責任がる。・現世代は将来世代に対する責任をもっている。・人は自然の一部である。・文化的な多様性を尊重する。

「能力」
・自分で感じ，考える力。・問題の本質を見抜く力／批判する思考力。・気持や考えを表現する力。・多様な価値観を認め，尊重する力。・他者と協力して物事を進める力。・具体的な解決方法を生み出す力。・自分が望む社会を思い描く力。・地域や国、地球の環境容量を理解する力。・自ら実践する力。

「学びの方法」
・参加体験型の手法が生かされている。・現実的課題に実践的に取り組んでいる。・継続的な学びのプロセスがある。・多様な立場・世代の人々と学べる。・学習者の主体性を尊重する。・人や地域の可能性を最大限に活かしている。・関わる人が互いに学び合える。
・ただ一つの正解をあらかじめ用意しない。

出典：ESD-J（2008）。

図１－５　ESDのエッセンス

視点といえます。

一方、わが国においては、環境自治体会議や環境首都コンテスト全国ネットワークなどの活動によって、主として、自治体レベルのＳＤに対する様々な事例の収集や評価指標の開発が実践的に行われてきています。これらの評価においては、「環境学習」が指標の一つとしてあげられており、環境学習計画策定の有無や学習機会の提供などがチェック項目となっています。表１－１で示したような人間開発、すなわちエンパワーメントの視点に立った評価、言い換えれば、ＳＤに密着した教育評価の指標が開発されていない現在、これまで蓄積された環境自治体などの事例分析はＥＳＤ指標の開発にとって、きわめて有効ではないかと考えられます。前述したように「ＳＤの原則、価値観、実践を教育と学習のあらゆる側面に組み込むこと」（『ＤＥＳＤ国際実施計画』）がＥＳＤであるとすれば、持続可能な開発における教育（あるいは学び）の役割を明確に表示する指標が必要です。

筆者は、ＥＳＤ－Ｊとともに、個々の課題教育を各々１枚の花弁にみたて、花弁が重なる花芯にＥＳＤのエッセンスがあるとする花弁型のＥＳＤモデル図を作成しています。このモデル図では、ＥＳＤ指標として、ＥＳＤで培いたい「価値観」、ＥＳＤを通じて育みたい「能力」、ＥＳＤが大切にしている「学びの手法」の3つをあげています（図1-5）。これらの指標は数値化が困難であるという欠点はあるものの、ＥＳＤの指標としても検討に値します。このＥＳＤモデルの作成によって、ＥＳＤの概念が視覚化（見える化）され、これまで個別に行われてきた様々な持続可能性にかかわる教育実践の概念が、ＥＳＤを中心に位置づけられることによって、それぞれ連携できる可能性があることが提示されたのです。

なお、ＥＳＤを進める上で、自然・社会・経済的側面にかかわる環境の状況がそれぞれの地域に応じて多様であることから、必ずしもある地域の事例が他の地域に有効であるとは限らないことに留意することが必要です。

## 6 学校教育におけるＥＳＤの可能性

ＥＳＤのベースともなった、『アジェンダ21』の第36章は、持続可能な未来を支えるための教育の目的として、①持続可能な開発へ向けた教育の再構成、②意識啓発の推進、③研修の促進、④実施手段、の4点を提起しています。中でも、①はわが国にとって、きわめて重要な課題といえます。すなわち、大量生産・流通・消費・廃棄が日常化し、大きなエコロジカル・フットプリントを残しているのは、日本を含む教育が普及した先進国といえるからです。これらの国々では、市場経済の拡大を是とする人材育成を教育の中心にすえており、このような既存の教育では持続可能性は達成されないことは明白であり、持続可能性を中心にすえた教育プログラムの再構成が不可欠なのです。すなわち、幼児教育から大学などの高等教育にいたる教育課程や教員養成の中にＥＳＤを組み込むことが必要なのです。

わが国ではＥＳＤに関連する課題教育として、環境教育や人権教育、国際理解教育、食育などが学校教育で実施

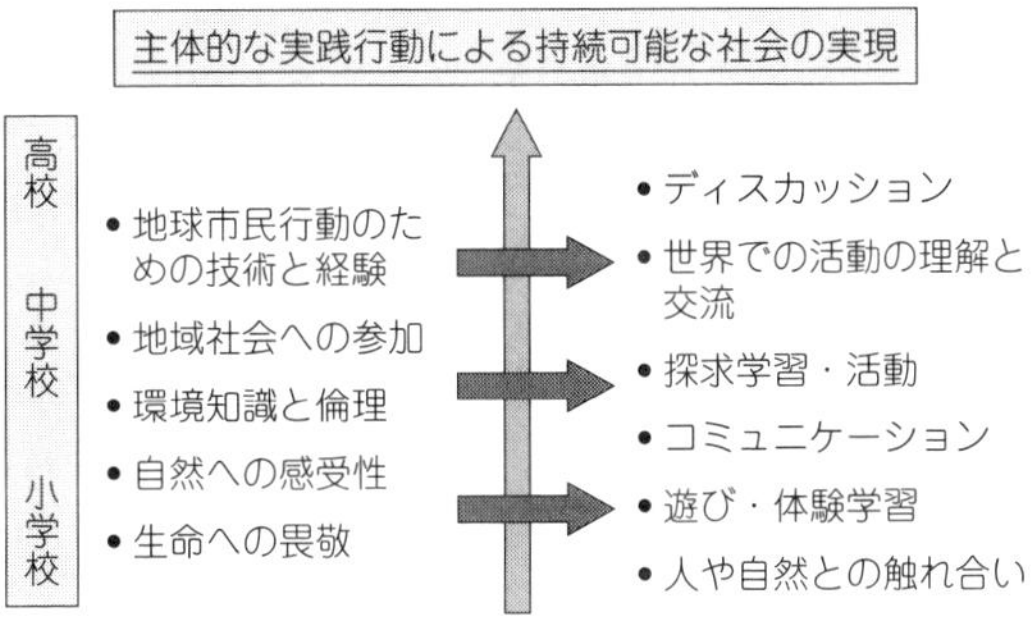


出典：日本ユネスコ国内委員会『ユネスコ・スクールと持続発展教育（ESD）について』（2009）。

**図1－6　小・中・高校へのESDの導入**

されています。しかし現在、教科としてこれらの課題教育は存在していません。個別の教科の枠内での実施は教科のねらいや目標を意識せざるを得ず、本来、教科横断型であるこれらの課題教育は十分に行うことはできません。一方、児童・生徒の参加・体験をベースにして、環境や福祉、地域の課題などを総合的に扱う「総合的な学習の時間」は、まさにＥＳＤの趣旨と一致しています。このような中で文部科学省内に設置されている日本ユネスコ国内委員会は、ＥＳＤを持続発展教育と読み換え、ユネスコ・スクール*を旗艦校として、小・中・高校への普及を図っています（図2-6）。

＊1953年にユネスコが設立したユネスコ共同学校事業ネットワークのわが国での呼称。日本を含む世界170カ国程度で、ユネスコ憲章にもとづくユネスコの理想の実現に向けて、異文化理解や環境教育などをテーマに取り組んでいる学校の国際ネットワーク。

しかし、国際的にも先進的なＥＳＤといえる総合的学習の時間も当初の思惑とは異なり、十分な成果を挙げられず形骸化したかたちで実施される例が目立つなど全体として停滞しており、基礎学力低下問題の解消の掛け声の中で２００８年、０９年改定の文部科学省学習指導要領において、大幅に年間時間数が削減されました。これはＥＳＤを推進してきた筆者にとって大変残念なことですが、総合的学習の時間がなくなったわけではありません。持続可能な社会構築に果たす教育の役割をしっかりと共有し、なかんずく、日本の生活様式の見直しが自国のみならず世界の持続可能性の追求に不可欠であることの認識を、教育関係者はもとより、全国民が共有すべきです。そして初等教育から高等教育にいたるまで、受験制度を含めた抜本的改革をＥＳＤの名の下に行うことが必要です。しかし、認知的領域面での学力の向上のみが強調されている現在の日本の学校教育では、このようなことはきわめて難しいといえます。ＥＳＤ実践を、子どもたちのいわゆる学力の視点のみならず、生きる力や地域と世界の持続性の視点から総合的に評価し、既存の教育に対するＥＳＤの優位性を明らかにすることが喫緊の課題です。環境・経済・社会の視点から構成されるＥＳＤには、インフォーマル教育とのかかわり、すなわち地域教育や社会教育を包みこんだ生涯教育とのかかわりがきわめて重要です。国内実施計画でも、「小中高等学校は、各教科や総合的な学習の時間などにおける学校の教育活動全体を通じて進める」と明記されていますが、この文言の具体化が求められているのです。

小・中・高等学校におけるＥＳＤの役割としては、以下のような点をあげることができます。

①知識と体験を統合することで、持続可能な社会に向けた基礎リテラシーを育む。
②社会の当事者・主体者として社会への参加を促す参加型民主主義を学ぶ。
③主体的に持続可能な社会のビジョンを描き、創造する力を多様なステークホルダーとともに、実践的に学ぶ。
④未来を肯定的にとらえることができる。

国際学力テスト（特に、「ＯＥＣＤ生徒の学習到達度調査」「ＰＩＳＡ」）で日本の児童生徒の成績が不振であったことから、高得点をあげているフィンランドを含む北欧の教育に関心が集まっています。フィンランドやノルウェー、スウェーデン、デンマークといった国々は教育のみならず、環境や福祉、ジェンダーなどの分野でもきわめて先進的であり、ＥＳＤの視点からも学ぶべき先進事例を有しています。特にスウェーデンは２０２１年に持続可能な国となることを掲げた「スウェーデン2021年プロジェクト」*の下、環境のみならず福祉や教育・保健などあらゆる視点で持続可能性を追求したビジョンを1998年に作成し、今では憲法に特続可能性が明記されています。また スウェーデンでは、持続可能性が教育ガイドラインの中にしっかりと位置づけられています。そして英国では2002年の教育改革において、新たにシチズンシップ（市民）教育が中等教育（日本の中学・高校に当たる）に教科として導入されました。シチズンシップ教育はDESDを直接的に受けたものではありませんが、その背景には貧困や犯罪、環境問題などの地域課題、地球環境問題や平和・人権などの国際的課題の双方に対応できる市民的教養を参加型で身につけることを意図しており、まさにESDを体現した教育といえます。諸外国におけるこれらのESDをわが国との比較において、調査研究することは、今後のESDの推進にとってきわめて有益と考えられます。

＊スウェーデン2021年プロジェクトについての日本語による記事として、その推進役を果たしているアニタ・リンネルによる「スウェーデン2021年物語」BIOCity、16号（2000）、「スウェーデン2021年物語その後」BIOCity、33号（2006）に詳しい。

高等教育においてESDを推進することは、持続可能な社会を形成する人材の育成に直接関連することから、特に重要です。大学におけるESDを指向したカリキュラム改善を促進したものに文部科学省による大学教育支援プログラム（GP）があります。GPには、2003年開始の「特色ある大学教育支援プログラム（特色GP）」、2004年開始の「現代的教育ニーズ取組支援プログラム（現代GP）」があり、2003年から2009年の期間に42大学の環境教育の取り組みが採択・実施されています。2006年にはESD国内実施計画に基づいて「持続可能な社会につながる環境教育の推進」がGPのテーマの一つとされるなど、環境教育とはいうもののESDを意識したテーマが多く採択されています。例えば岩手大学では、現代GPによって、全学共通科目をESDの視点によって再構成・再整理し、すべての学生がＥＳＤの学びを行えるようにするという、全学的なＥＳＤへの取り組みを行っています。また北海道教育大学の現代ＧＰでは地域の教育力を活用したＥＳＤのファシリテーター養成を教員養成の枠組みの中で行っています。これは後述するＥＳＤコーディネーターの養成であり、現在求められている重要な人材育成といえます（本書第7章参照）。

国連大学では、大学を拠点としたＥＳＤモデル地域をＲＣＥ（Regional Centre of Expertise）として２００５年から指定し、それぞれのＲＣＥでは高等教育と地域との連携によるＥＳＤの実践に取り組んでいます。このプロジェクトは世界を対象としたものですが、日本国内でも岡山市や仙台広域圏など6箇所が指定されており、地域を拠点とした様々なＥＳＤの取り組みが、大学と地域との連携によって進められています。

ＤＥＳＤの影響を受けて、ＥＳＤを大学教育のカリキュラムに位置づけ、環境に関する学部や学科、コース等を設置している大学は多く、それらの大学が集まり、高等教育ＥＳＤネットワーク（ＨＥＳＤフォーラム）を２００７年に設立し、情報の共有や交流を積極的に行っています。この取り組みによって、大学教育のカリキュラム改革や大学と社会との連携拡大など、高等教育においてＥＳＤを推進すること自体が、持続可能な社会における大学の果たす社会的責任（ＵＳＲ）の一環として高等教育機関の付加価値を高めています。このような高等教育を通じだＥＳＤは、実習やフィールドワーク、インターンシップなどを取り入れ、体験型もしくは参加型の教育を行うことがきわめて重要です。

## 7 地域づくりにおけるＥＳＤ

ＤＥＳＤの開始以降、ＥＳＤ-Ｊをはじめとした様々なＮＧＯ・ＮＰＯによる活動や環境省のＥＳＤモデル地域指定（2006～08年度に実施されたESD促進事業）などによって、持続可能な地域づくりの一環としてのESDの取り組みが浸透してきています。これらの中には、DESDによってESD概念が提示される以前から行われてきた地域づくりの活動をESDの視点から整理しているものと、DESDを契機として新たな取り組みが開始されたものがあります。

前者の代表例としては、水俣市での学びをベースとした地域再生があげられます。水俣病に翻弄された水俣市では、公害から脱却し循環型環境モデル都市に自らをつくりかえるべく、環境・健康・福祉のまちづくりを1992年に宣言しました。その後、市内全域で地元学による地域の再評価を行い、市民の誇りを取り戻すとともに、市内のすべての小中学校での学校版環境ISOの導入に代表される環境教育の導入、地域での生活博物館の立ち上げ、環境マイスターや教育旅行の推進など、学校教育や社会教育を通じて、すべての住民を対象とした広義の環境教育をベースにした地域づくりを展開しています。もちろんこれらの地域づくりでは、環境・経済（観光や第一次産業の振興など）・社会（福祉や健康、人権など）などが総合的にとらえられています。学校や地域における学びをベースとした、持続可能な地域づくりを展開してきた水俣市の事例は、典型的な地域におけるESDとしてとらえることができます。

水俣市の地域再生のベースとなった地元学は、「地元の人が主体となって、地元を客観的に、地域外の人の視点や助言を得ながら、地元のことを知り、地域の個性を自覚する過程で地域独自の生活（文化）を日常的に創りあげていく知的創造行為」（吉本、2001）です。ESDは多様であり、地域の現状（環境・経済・社会・文化など）に即したものでなければなりません。この意味で、ある物さがしを通じて住民が地域の資源に気づき、自らが地域の主人公となる地元学はきわめて優れたESDの手法といえます。

地元学と並ぶ全国的なESDの事例としては、地域まるごと博物館で知られるエコミュージアムがあげられます。

自然や歴史・文化のみならず、産業をも含めて、住民参加により、学びを通じて、地域の資源を保存・活用し、地域社会の持続的な発展に寄与することを意図するエコミュージアムもESDの優れた手法の一つです。山形県朝日町や岩手県東和町、兵庫県豊岡市のように現在は、数多くのエコミュージアムが国内につくられていますが、これらの多くは環境・経済・社会の視点から、住民の学びを主体とした地域づくりとして展開されています。豊岡市のコウノトリの野生復帰は、子どもから高齢者に至る地域住民がコウノトリをキーワードに地元学に通じる学びを展開し、コウノトリへの想いを育み発露した事例です。また茨城県霞ケ浦におけるアサザプロジェクトは、霞ヶ浦の再生に端を発した総合的な地域再生につながるダイナミックな環境教育プロジェクトですが、環境保全、地域経済の活性化、都市農村交流や伝統的知恵の尊重などを通じたESDを展開しています。DESD以降に取り組まれた事例としては、岡山市での小中学校の学校区を単位とした公民館をベースとしたESD地域学習が優良事例として知られています。

地域づくりにおけるESDの可能性として最後にあげておきたいのが、内発的発展論としてのESDの役割です。宮本（1982）は、過疎化に悩む農村に画期的な成功例が見られることを分析して、内発的発展論を提起しました。住民主体、地場産業の育成など、ボトムアップ型の内発的発展論は、経済振興だけでなく、環境、文化、教育、医療、福祉などと関連した地域づくりです。この意味では、内初的発展論としてのESDの可能性を探ることも地域づくりとしてのESDの主要な課題といえます。

今日、過疎化や高齢化、産業の空洞化、自然環境の荒廃などによって日本の地方都市の多くは、持続不可能な状況に陥っており、環境、経済、社会の統合的な視点に立ったESDの必要性に直面しています。しかも、地域住民が主体的・創造的に参加することなしに持続可能な地域づくりの継続はありえません。この意味で、ESDが持続可能な地域づくりに果たしていく役割は、将来にわたってきわめて大きいといえます。

## おわりに

国連によるDESDが進行している中で、日本ではDESDの提唱国として、他国に類を見ない広がりで多様なESDが展開されています。しかし、残念ながらESDが広く日本社会に浸透しているかといえば、きわめて不十分です。ESDの概念が非常に広範であることも、ESDの理解を妨げる一因となっています。この点については、ESDの広報戦略を確立することや、優良事例を共有化することなどを通じて、ESDをわかりやすく見せること、すなわち「ESDの見える化」を行うことが求められています。さらに持続可能性にかかわる広範な取り組みや場をESDの視点で「つなぐ」ことや、「つなぎ手」、いわばESDコーディネーターの育成も今後の課題の一つです。また学校教育におけるESDの推進はもちろん、企業によるESDの取り組みの強化も今後の課題です。

ESDがまさに同時代的な研究テーマであるために、ESDに関する現時点の動向は、今後大きく変容し発展していく可能性を秘めています。現時点では、ESD実践に比して、研究の蓄積は十分であるとはいえませんが、本文でふれたように、わが国では、ESD導入以前からESD的視点をも含む様々な取り組みが展開されてきています。これらを含んだESDの取り組みを実践的に検証し、ESDの価値を視覚化し、制度としてESDを位置づける理論および実践を進めるためにも、ESDの研究と実践を今後統合していく努力が求められています。

幸いにも、国連主催によるDESD最終会合（2014年）は日本で開催されます。この最終会合の日本開催は、ESDを普及し、日本が持続可能な社会のトップランナーに生まれ変わるチャンスです。このためには、政府やNGO、企業などあらゆるステークホルダーが連携したオールジャパンによる取り組みが必要です。そしてそのための推進体制の整備が政府に求められています。SDを普及する契機となったブルントラント委員会の提案国であると同時にＥＳＤの提案国でもある日本への期待に応えるときです。

**参考文献**

ＥＳＤ-Ｊ（2008）パンフレット（2008年版）、ＥＳＤ-Ｊ。

ＩＵＣＮ（2006）"The Future of Sustainability", IUCN.

ＩＵＣＮ・ＵＮＥＰ・ＷＷＦ（国際自然保護連合日本委員会訳）（1980）『地球環境の危機』国際自然保護連合日本委員会。

ＩＵＣＮ・ＵＮＥＰ・ＷＷＦ（世界自然保護基金日本委員会訳）（1992）『新・世界環境保全戦略 かけがえのない地球を大切に』小学館。

Millennium Ecosystem Assessment（ed.）（横浜国立大学21世紀ＣＯＥ委員会訳）（2007）『生態系サービスと人類の将来』オーム社。

阿部治（1992）「生涯学習時代の環境学習」『社会教育』１９９２年10月号、36-39頁。

阿部治（1996）「生涯学習としての環境教育のパートナーシップのあり方」『産業と環境』１９９６年1月号39-44頁。

環境省編（2007）『生物多様性国家戦略』環境省。

環境と開発に関する世界委員会、大来佐武郎監訳（1987）『地球の未来を守るために』福武書店。

国連開発計画（2003）『人間開発報告書２００３』古今書院。

国連事務局（環境省・外務省訳）（1993）『アジェンダ21』海外環境協力センター。

国連持続可能な開発のための教育の10年関係省庁連絡会議（2006）『わが国における「国連持続可能な開発のための教育の10年」実施計画』国連持続可能な開発のための教育の10年関係省庁連絡会議。

日本エコミュージアム研究会（2008）「エコミュージアム憲章２００１」『エコミュージアム研究』13、１０９頁。

日本ユネスコ国内委員会（2009）『ユネスコ・スクールと持続発展教育（ＥＳＤ）について』。

宮本憲一（1982）『現代の都市と農村』日本放送出版協会。

Ｄ・Ｈ・メドウズ／Ｄ・Ｌ・メドウズ／Ｊ・ランダース／Ｗ・Ｗ・ベアランズ（大来佐武郎監訳）（1972）『成長の限界』ダイヤモンド社。

Ｄ・Ｈ・メドウズ／Ｊ・ランダース／Ｄ・Ｌ・メドウズ（松橋・茅・村井訳）（1992）『限界を超えて』ダイヤモンド社。

Ｄ・Ｈ・メドウズ／Ｄ・Ｌ・メドウズ／Ｊ・ランダース（枝廣淳子訳）（2002）『成長の限界、人類の選択』ダイヤモンド社。

森田恒幸・川島康子（2006）「持続可能な発展論の現状と課題」淡路剛久ほか編『リーディングス環境5　持続可能な発展』有斐閣。

ユネスコ（阿部治・野田研一・鳥飼玖美子監訳）（2005）『持続可能な未来のための学習』立教大学出版会、２００６。

ユネスコ（佐藤真久・阿部治監訳）（2005）「持続可能な開発のための教育の10年国際実施計画」ＥＳＤ-Ｊ。

吉本哲郎（2001）「地元学」『現代農業』２００１年５月増刊号。

マティース・ワケナガル／ウィリアム・リース（和田喜彦訳）（2004）『エコロジカル・フットプリント』合同出版。


（阿部　治）

# 第2章　ＥＳＤにおける「知の構築」のあり方

## ――「持続可能性」・「開発」・「教育」を橋渡しする開発コミュニケーションに焦点をおいて

### はじめに

「持続可能な開発のための教育（ＥＳＤ）」は、持続可能性に関する様々な教育テーマが重なり合う場所としての捉え方がある一方で、その取り組みの仕方・アプローチについても多くの指摘・議論がなされています。本章は、「ＥＳＤにおける知の構築のあり方」と題して、ＥＳＤの概念について「知の構築」という視点から考察を行うものです。本稿では、ＤＥＳＤ国際実施計画（ＤＥＳＤ-ⅡＳ）において指摘されている、⑴ＤＥＳＤの２つの起源、⑵ＤＥＳＤのビジョンと目標・特徴、を述べたうえで、環境教育の歴史的進展型としてＥＳＤを取り扱い、考察を深めるものです。また、「持続可能な開発のための教育」という言葉に使用されている、「持続可能性」、「開発」、「教育」の３つの言葉を橋渡しする「開発コミュニケーション」にも焦点をおき、その歴史的進展を踏まえたうえで、ＥＳＤにおける「知の構築」についての考察を行いたいと思います。

図2-1　DESDの2つの流れ

## 1　DESDの起源に見られる大きな2つの流れ

まず始めに「国連持続可能な開発のための教育の10年（DESD）」の起源について、DESD国際実施計画（DESD-ⅡS）に基づき、要点を整理していきたいと思います。DESD国際実施計画（DESD-ⅡS）によりますと、DESDには大きな2つの流れがあるとしています。

ひとつは1972年の国連人間環境会議（ストックホルム会議）から始まった「持続可能な開発と教育」という大きな流れです。この流れの中では環境保全を目的とした教育に関する議論だけではなく、開発の問題、人口問題、人間居住の問題、ジェンダーの問題、貧困の問題、といった様々な国際的議論において「教育」の重要性が指摘されてきました。1992年に開催された国連環境開発会議（リオ・サミット）では、会議成果の一つとしてアジェンダ21が発表され、その第36章において持続可能な開発にむけた教育について述べられています。このような「持続可能な開発と教育」に関する国際的な議論が行われる一方で、ＵＮＥＳＣＯは、ＥＳＤのもうひとつの流れとして、「基礎教育におけるアクセスのユニバーサル化と男女平等の達成」を提示しています。ここでは１９４８年の世界人権宣言、そして１９８９年の子どもの権利条約などを踏まえた、子どもの学習権の獲得と基礎教育の充実がＥＳＤのもう一つの流れにあるとしています。この流れは、人間開発アプローチとして、１９９０年代の「万人のための教育（ＥＦＡ）」に代表される「質の高い基礎教育（quality basic education）」に関する議論とつながり、ＤＥＳＤの大きな流れの一つとして位置づけられています。

## 2　ＤＥＳＤのビジョン・目標と特徴

このような2つの大きな流れを受けて、国連は２００５年から２０１４年にかけての10年間を「国連持続可能な開発のための教育の10年（ＤＥＳＤ）」とし、国連の10年プログラムとして展開していこうという決議を行いました。ＤＥＳＤの主導機関であるＵＮＥＳＣＯは、２００５年にＤＥＳＤ国際実施計画（ＤＥＳＤ-ⅡＳ）を発表し、ＤＥＳＤのビジョンや目標、7つの戦略などを提示しました。ＤＥＳＤ国際実施計画（ＤＥＳＤ-ⅡＳ）には、ＤＥＳＤのビジョンについて次のように述べられています。

> ＤＥＳＤの基本的なビジョンは、誰にとっても教育から恩恵を受ける機会があり、そして、持続可能な未来の構築と、現実的な社会転換のために必要な価値観や行動、ライフスタイルを学習する機会がある世界を築くことである。
>
> （UNESCO, 2005）

つまりESDにおいては、個々人が環境問題の重要性を認識し、知識と技能を獲得することを目的としているのではなく、持続可能な社会構築にむけた「現実的な社会転換（positive societal transformation）」を目の前に突きつけ、その達成を要求しているわけです。この「現実的な社会転換」を達成するにあたっては、「価値観」の醸成が重要視されており、さらには、現実的な社会転換を導く協働的な「行動」の推進と、我々のライフスタイルの改善にむけた「態度」の変容というものが重要視されているわけです。さらに、DESDのビジョンにおいては、環境・社会・経済という3つの側面におけるバランスが重要であることが指摘されています。このように、DESD国際実施計画（DESD-IIS）では、ESDの展開において、環境・社会・経済的側面とのバランスの中でその意味合いを深めていく重要性が強調されているとともに、活動の文脈化（contextualization）、未来指向を有した参加型・対話型の学習・教授アプローチ、地域性の重視、多様なレベルでの能力開発（個人、組織、市民）などに視点をおいた取り組みが重要視されています。DESD全体の目標は、「持続可能な開発の原則、価値観、実践を教育と学習のあらゆる側面に組み込むこと」となっています。これは、教育というものを、今日までの学校教育中心のものとしてとらえるのではなく、学校外教育（ノンフォーマル教育）や社会教育の側面、そして家族や仲間どうしでのコミュニケーション、メディアなどに代表されるインフォーマル教育というようなものの中にまで広がったものとしてとらえ、それによって生涯学習体系を構築していく必要性を掲げているわけです。このような目標の達成にむけて、DESD国際実施計画（DESD-IIS）では、以下の目的と4つの主要な領域を提示しています。

さらにESDを特徴づけるものとして、DESD国際実施計画（DESD-IIS）は、以下の点を提示しています。表2-3の第1点目の「持続可能な開発の基礎となる原則と価値観に基づく」という指摘においては、環境収容力や循環の概念、資源の有限性、地球全体主義、現代世代内の公正、世代間公正などの視点が重要であると指摘しています。第2点目においては、環境的側面、社会的側面、経済的側面のバランスの重要性を指摘しています。第

表 2－1　DESD の目的

| |
|---|
| ・ESD のステークホルダー間のネットワーク，連携，交流，相互作用を促進する |
| ・ESD における教授と学習の質の改善を促進する |
| ・ESD の取り組みを通して，ミレニアム開発目標に向けて進展し達成できるよう，各国を支援する |
| ・教育改革の取り組みに ESD を組み込むための新たな機会を各国に提供する |

表 2－2　DESD の主要な 4 領域

| |
|---|
| ・質の高い基礎教育を受ける機会の向上 |
| ・既存の教育プログラムの新たな方向づけ |
| ・理解と気づきの促進 |
| ・訓練の実施 |

表 2－3　DESD の主な特徴

| |
|---|
| ・持続可能な開発の基礎となる原則と価値観に基づく |
| ・環境，社会，経済という持続可能性の 3 つの領域すべてが健全な状態となるような取り組みを行う |
| ・生涯学習を推進する |
| ・地方に根ざし，地方に内在する文化にも適合している |
| ・地方のニーズ，認識，状況に基づきながらも，地方のニーズを充たせば国際レベルにもその影響が及ぶことが多いということも認識する |
| ・フォーマル，ノンフォーマル，インフォーマル教育に取り組む |
| ・変化していく持続可能性という概念の本質に対応していく |
| ・状況，世界的な問題，地方ごとの優先事項を考慮に入れて，教育内容を検討する |
| ・コミュニティに基づいた意思決定，社会的寛容，環境的責任，変化に適応できる労働力，生活の質という課題に対処できる市民の能力を育成する |
| ・学際的である。ESD は 1 つの学問分野に収まるものではなく，あらゆる学問分野が ESD に貢献できる |
| ・参加型学習および高次元の思考技能を育む様々な教育方法を活用する |

3点目は、生涯を通じて主体的に学ぶような取り組みとその社会文化の構築の重要性を指摘しています。第4点目においては、地域（Local）における様々な教育実践において、よりその地域の文脈を反映させた活動をする必要性があることを提示しています。第5点目では、地域における教育実践は地域のみに視点をおくだけでなく、その国

際的文脈との関連性の中で取り組む必要性を提示しているわけです。その背景には、地域実践と国際的動向には相互依存関係があることを提示しており、その相互依存関係の理解のもとでの、地域実践が必要とされているわけです。第6点目は、教育の領域をより大きく見る必要性を提示しており、ノンフォーマル教育や、インフォーマル教育*の重要性とその役割を提示しています。第7点目の「変化していく持続可能性という概念の本質に対応していく」という指摘は、ESDが「持続可能な開発についての教育」を行うものではなく、つねに持続可能性について共に考え・学び続けながら行動と態度につなげていくという、生涯学習にもとづく行動の推進と態度の変容の重要性を提示しているものです。DESD国際実施計画（DESD-ⅡS）では、さらに「市民能力（Civil Capacity）」という言葉を用いて、個人能力や組織能力の向上だけではなく、市民としての能力開発の重要性を提示（第9点目）していることも、大きな示唆を含んでいるといえます。学際性（第10点目）はもちろんですが、参加型学習や高次元の思考技能の育成にも注目（第11点目）しており、相互依存関係を重視したシステム思考などの捉え方や、参加型・対話型の学習と教授についての取り組みも充実させていく必要があります。佐藤・阿部（2008）は、ESDの要素を10の視点で整理し（表2-4）、個々の視点が独立したものではなく、(1)学習プロセスと協同プロセスの連続による学習スパイラルの構築、(2)市民性（citizenship）とエンパワーメント、(3)生涯を通じて「持続可能性（生態学的持続可能性、社会的公正、文化・精神的持続可能性）」を追求しつづける運動的・創造的概念に構造化されるとしています。

＊本章では、フォーマル教育（FE）は学校教育、ノンフォーマル教育（NFE）は学校外におけるプログラム化された教育（NGOによる教育活動や社会教育など）、インフォーマル教育（IFE）は学校外におけるプログラム化されていない教育形態（仲間どうしの学びや家庭教育など）とする定義を採用しています。詳細については、米国教育資源情報センター（ERIC）のシソーラス（http://www.eric.ed.gov/）を参照。

表2-4　「ESDの10の視点」と指摘されている関連用語

| ESDの10の視点 | 指摘されている関連用語 |
|---|---|
| (1)相互関連性の認識 | 相互関係性，相互依存性<br>事象間の関連性の認識（つながりの認識）<br>主体間の関連性の認識（かかわりの認識） |
| (2)活動の文脈化 | 地域的文脈化（精神性・文化・歴史・生命地域など）<br>世界的文脈化（グローバリゼーションや市場経済） |
| (3)持続可能性の原則と概念の構築 | 生態学的持続可能性，社会的公正，文化的・精神的持続可能性<br>進展していく持続可能性という概念の本質に対応<br>協同的・価値創造型の学習・教育実践の重要性 |
| (4)環境倫理と多様な価値観の尊重 | 自分自身の価値観，社会の価値観，世界中の様々な人々が有する価値観を理解<br>自分自身の価値観を認識する技能，個人の価値観を持続可能性という文脈のなかで評価する技能<br>地域に根差し，文化的に適切な価値観の創造 |
| (5)多様な学習手法・高度な思考技能の活用と学び | システム思考，未来志向型思考，批判的思考，課題解決能力<br>参加型・対話型学習と教授による協同的で価値創造型の「知の獲得・連結」<br>時間軸や相互関連性の認識，理論と実践の反復（アクション・リサーチや参加型評価） |
| (6)多様な教育領域での実践とかかわり | 持続可能な開発のための4つ目的：(1)質の高い基礎教育へのアクセスを向上させる，(2)既存の教育プログラムの新たな方向付け，(3)人々の理解と認識の向上，(4)訓練の提供<br>FE，NFE，IFE，（＋職業教育）における実践と関連性 |
| (7)協同アプローチと能力開発 | 効果的コミュニケーションと協同アプローチ<br>リーダーシップとコーディネーション<br>個人能力のみならず，組織能力と市民能力の開発 |
| (8)社会における学びの仕組みと生涯学習体系の構築 | 基本的人権としての「学習へのアクセス」<br>学習理念：(1)知ることを学ぶ（learning to know），(2)為すことを学ぶ（learning to do），(3)共に生きることを学ぶ（learning to live together），(4)人間として生きることを学ぶ（learning to be）<br>変容をすることを学ぶ（learning to transform）<br>個人と社会が変容するための学習を意識化 |
| (9)国際的教育イニシアティブとの連関 | 持続可能な開発と教育」と「基礎教育の質の向上とアクセスの改善」<br>質の高い基礎教育（quality basic education）<br>ミレニアム開発目標（MDGs）のプロセス，国連識字の10年（UNLD）の運動，万人のための教育（EFA）<br>持続可能な開発という概念が教育の範疇を越えて，社会や制度の枠組みのあらゆる側面に影響を及ぼす |
| (10)現実的な社会転換 | 変容を促す教育（transformative education） |

## 3　環境教育からＥＳＤへ、包含するテーマの拡大と相互関連性、アプローチの多様化

このようなＤＥＳＤ国際実施計画（ＤＥＳＤ-ⅡＳ）で指摘されている、ＤＥＳＤの目標、目的、４つの領域などの提示において、環境教育が果たしてきた役割は非常に大きいものです。筆者は、ＥＳＤを環境教育の進展型としてとらえていますが、これらの間には大きな歴史的進展と相互関係性が見受けられるからです。まず、環境教育のテーマに関する歴史的進展について考察を行っていきたいと思います。１９９２年に開催されたリオ・サミット以前における環境教育は、「環境の質（environmental quality）」というものに焦点が置かれ、様々な環境問題を科学的に解決していこうという、自然と科学に基づく環境教育が長い間実施されてきた傾向があります。その後、１９９２年のリオ・サミットにおいては、「ＥＰＤ（環境・人口・開発）」という概念の中で環境教育というものがとらえられるようになりました。この「ＥＰＤ（環境・人口・開発）」では、「人口」の側面と、今まで敵対していた「開発」という概念を環境教育の枠組みの中に盛り込んでいます。この背景には、１９８０年代半ばに提示された「持続可能な開発」の概念の影響もあったことはいうまでもありません。そして、１９９７年にギリシャのテサロニキで開催された国際会議の前後から、「持続可能性のための教育（Education for Sustainability, EfS）」や「持続可能な未来のための教育（Education for Sustainable Future, ESF）」、「持続可能な生活のための教育（Education for Sustainable Living, ESL）」という名のもとで、欧州地域を中心にその概念構築と教育実践がなされました。このように環境教育を歴史的に見ると、自然と科学に基づく「環境の質」に関する環境教育から、「環境・人口・開発」の視点への拡大、そして環境・経済・社会的側面の関連へと「包含するテーマの拡大と相互関連性の向上」が歴史的進展として見られます。

一方、環境教育の歴史的進展の過程では、「包含するテーマの拡大と相互関連性の向上」だけでなくて、「アプローチの多様化」も見られるようになりました。今日までは、知識をもった権威者、つまり研究者、教師というものが学習者に対して「知識を移転（knowledge transfer）」する行為が中心になされてきました。この知識移転型の教育は、今日までの伝統的な教授法とも深く関係をしています。この場合には学習者は欠陥モデル（defective model）においてとらえられ、知識や技能が不足している存在としての学習者にそれを補う知識や技能を提供しようというアプローチが環境教育の中でも採用されてきました。このアプローチは、１９７５年から20年間続いてきた国際環境教育計画（IEEP）の中においても読み取ることができます。このアプローチでは、あまり社会的文脈が重視されず、一般化された知を移転することを通して実施されてきたわけです。このような知識移転型の教育も環境問題の改善において重要な役割を担うものですが、環境教育からＥＳＤへと発展する教育のアプローチとしては不十分です。そこで、「知の獲得・構築（knowledge acquisition）」における2つのアプローチ（解釈論的アプローチと批判論的アプローチ）の役割と機能が注目を受けるようになりました。まずひとつ目は解釈論的アプローチという視点で、フィールドでの体験学習というものが重要視されるアプローチです。解釈論的アプローチでは、教師というものは知を移転する役割ではなく、フィールド体験のオーガナイザーの役割を担うわけです。実際にフィールドに学生たちを連れていき体験をさせ、新しい体験をこれまでの経験と関連づけさせることによって「知の構築」を促していく、そこでは個人的体験の中での直感的な学びと豊かな感受性というものを構築していくことを重視するわけです。

さらに今日の環境教育においては、批判論的アプローチを重視している事例も多く見られます。つまりこれは、従来の知識移転型の教育でもなく、また、体験により個人の感受性を高め直感的な学びを構築するようなものでもないアプローチです。それは、環境改善にむけた共同行動と参加を通して、集団的に新しい知を獲得・構築していこうという参加型・対話型アプローチです。ここでは、教育者の役割は、知識をもった権威者として取り扱われる

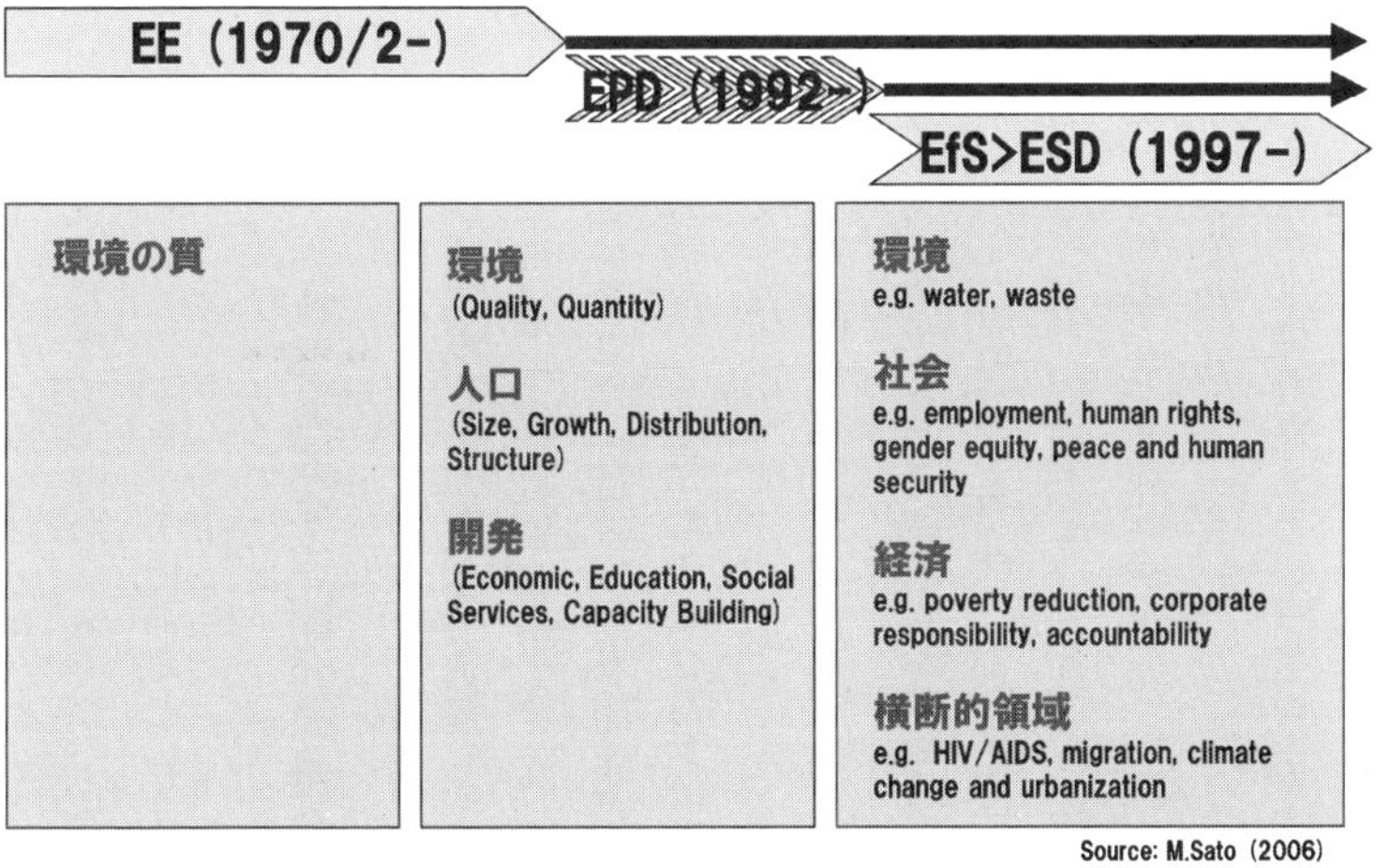
EE (1970/2-)
EPD (1992-)
EfS>ESD (1997-)
環境の質
環境
(Quality, Quantity)
人口
(Size, Growth, Distribution, Structure)
開発
(Economic, Education, Social Services, Capacity Building)
環境
e.g. water, waste
社会
e.g. employment, human rights, gender equity, peace and human security
経済
e.g. poverty reduction, corporate responsibility, accountability
横断的領域
e.g. HIV/AIDS, migration, climate change and urbanization
Source: M.Sato (2006)

図2－2

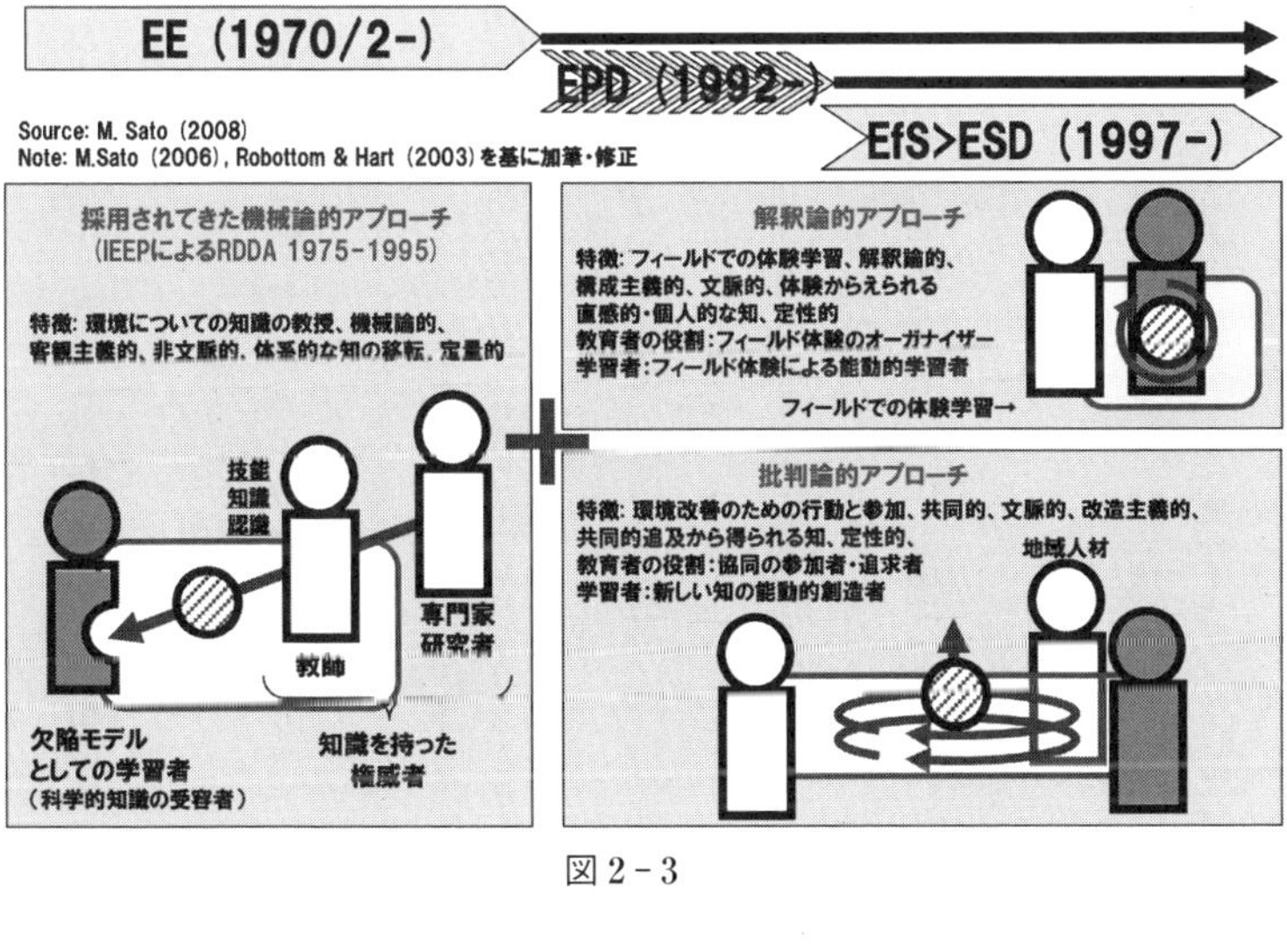
EE (1970/2-)
EPD (1992-)
EfS>ESD (1997-)
Source: M. Sato (2008)
Note: M.Sato (2006), Robottom & Hart (2003) を基に加筆・修正
採用されてきた機械論的アプローチ
(IEEPによるRDDA 1975-1995)
特徴: 環境についての知識の教授、機械論的、客観主義的、非文脈的、体系的な知の移転、定量的
技能
知識
認識
専門家
研究者
教師
欠陥モデル
としての学習者
(科学的知識の受容者)
知識を持った
権威者
解釈論的アプローチ
特徴: フィールドでの体験学習、解釈論的、構成主義的、文脈的、体験からえられる直感的・個人的な知、定性的
教育者の役割：フィールド体験のオーガナイザー
学習者：フィールド体験による能動的学習者
フィールドでの体験学習→
批判論的アプローチ
特徴: 環境改善のための行動と参加、共同的、文脈的、改造主義的、共同的追及から得られる知、定性的、
教育者の役割：協同の参加者・追求者
学習者：新しい知の能動的創造者
地域人材

図2－3

のではなく、また、フィールド体験のオーガナイザーとしての役割でもなく、地域改善にむけた一参加者としての役割が重視されます。関わる人々が、環境改善にむけた行動と参加を共にしながら、集団として新しい知を構築していこうというアプローチであるということができるでしょう。

## 4 進展する開発の概念、開発コミュニケーションの役割の変化

前節では、環境教育が大きく進展してきた2つの側面である、「包含するテーマの拡大と相互関連性の向上」と「アプローチの多様化」、において、「持続可能な開発のための教育（ESD）」というものをとらえてきました。本節では新しい視点で「持続可能な開発のための教育（ESD）」を見て行きたいと思います。それは「持続可能な開発のための教育（ESD）」という言葉に内在する「開発」という概念の歴史的進展です。開発協力は、歴史的には戦後に出てきたものですが、「開発」そのものの概念が歴史的に変化をしてきているのです。第二次世界大戦後は、「経済開発」を目的としていたために、高等教育段階における専門家育成と職業訓練に重点が置かれていた時代がありました。それが、その後の「社会開発」の意味合いでの開発協力、そして1990年代の「万人のための教育（EFA）」などから見られる「人間開発」の意味合いでの開発協力へと変化を遂げてきています。「人間開発」においては、「質の高い基礎教育（quality basic education）」が重視されており、また、従来の「開発」とは異なるオルタナティブな開発アプローチとして、「内発的発展」や「参加型開発」、「ジェンダーと開発（GAD）」などに注目が集まっているわけです。

このように、開発概念というものが1940年代から70年代、90年代と進展していく中で、その開発協力において行われてきたコミュニケーション（開発コミュニケーション）そのものも歴史的に進展してきました。「経済開発」

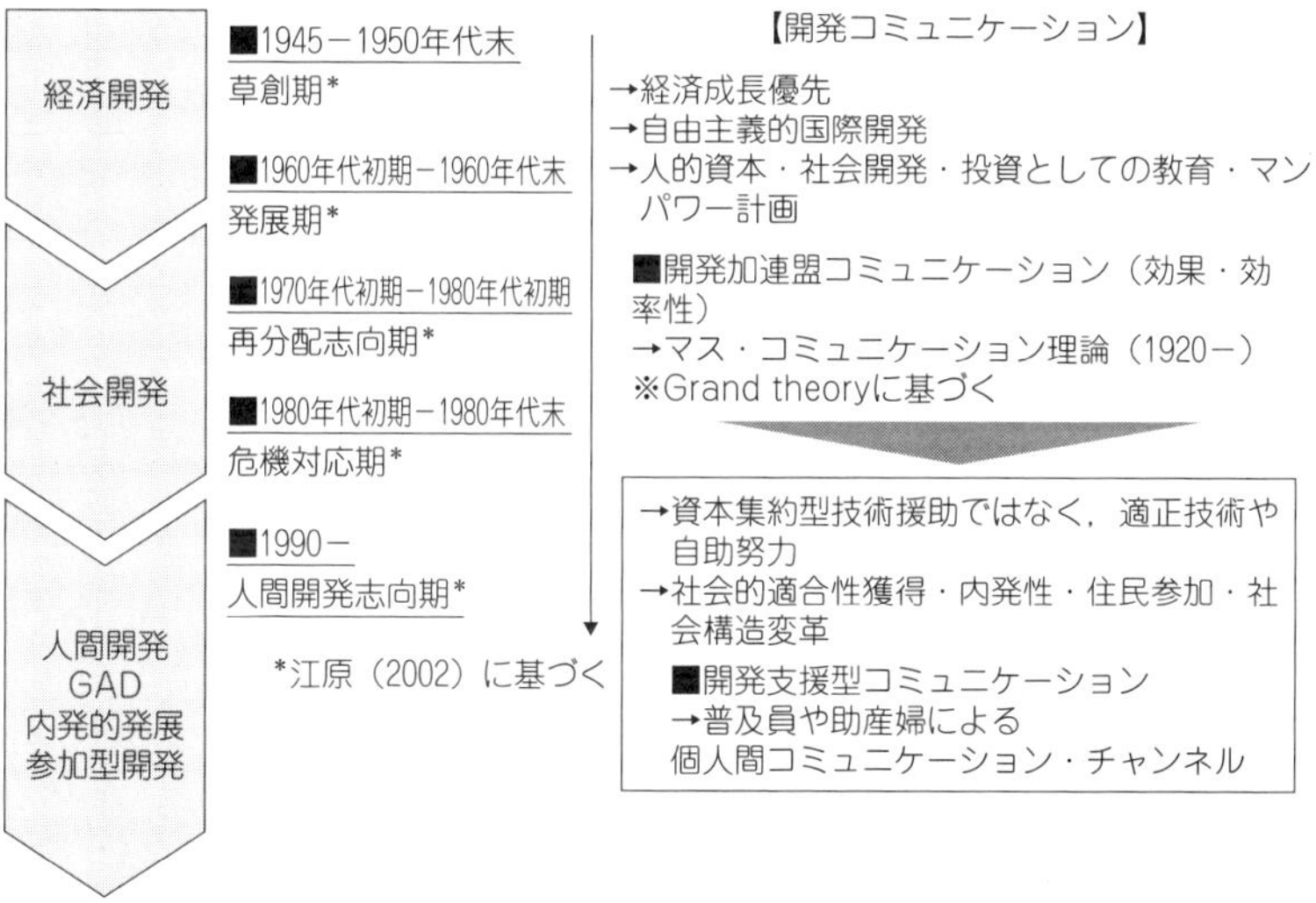


**図2－4　開発概念の変化に伴う「開発コミュニケーション」の変化**

や「社会開発」の文脈では、人間は目的を達成するために必要なマンパワーとしてとらえられ、目的達成のための投資として人材育成が行われてきたわけです。この場合には人材育成が最終目的ではないわけです。経済と社会の開発を目的とするわけですから、その開発をどう効果的・効率的に行い、その開発を加速させていくことができるかというアプローチ（開発加速型コミュニケーション）を重要視してきた時代でもあったわけです。それが1990年代くらいから、開発には、人間そのものの成長・開発（人間開発）が不可欠であり、基礎教育の充実が必要であるという捉え方が注目されてきたわけです。この「人間開発」では、従来の効果的・効率性を重視した一般的知識の移転ではなくて、人間自らが主体的に学び、社会改善にむけて行動をしていくことが重要視され、それを促すコミュニケーション（開発支援型コミュニケーション）の重要性が認識されたわけです。このように、開発概念の進展に基づく開発コミュニケーションの進展を見ていきますと、一般性を重視した知識の移転という捉え方によるマスメディアの効果的・効率的利用という時代から、地域的文脈を重視しながらの、個人間コミュニケーションのもとでの、人間の成長を重視した参加型・対話型アプローチへと変化してきているわけです。これは、前述した環境教育の「アプローチの多様化」に通じるものがあると思うのです。

## 5 環境教育概念の進展と開発概念の進展に影響を及ぼすパラダイムの転換

環境教育においても、開発コミュニケーションにおいても、「テーマの拡大と相互関連性の向上」、「アプローチの多様化」という歴史的進展が見られる背景には、大きなパラダイム転換というものがあったことに留意する必要があるかと思います。表2-5で指摘されているように、「従来のパラダイム（単純、階層的、機械論的、決定論的、因果関係、組み立て的、客観的）」から、「新しいパラダイム（複雑、異種的、全体論的、不確実的、相互依存関係、形態発生的、遠景的）」へとシフトしていくなかで、環境問題に対する捉え方が変化していったわけです。環境問題を、酸性雨問題やオゾン層破壊といった個々の問題としてとらえ、相互の因果関係で理解する時代から、環境問題を世界的で複雑な問題群（Global Problematique）としてとらえ、社会的文脈と相互依存関係で理解する時代へと変化してきました。そういう中でまさに、環境教育と開発コミュニケーションが、「包含するテーマの拡大と相互関連性の向上」、「アプローチの多様化」という点において、共通して歴史的な進展を遂げてきていることが見受けられるのです。

**表2-5　開発加速型のコミュニケーションと開発支援型のコミュニケーションの特徴**

| 開発加速型のコミュニケーション | 開発支援型のコミュニケーション |
|---|---|
| (1)マクロレベル，国家レベル | (1)ミクロレベル，コミュニティレベル |
| (2)漠然とした方向 | (2)具体的方向，効果的方向 |
| (3)広範囲，押し付けがましい | (3)地域，時間の限定 |
| (4)技術への依存（大規模施設・機材） | (4)内容重視，社会的適合性重視 |
| (5)マスメディアの利用 | (5)伝統文化を基礎にしたメディア活用，個人間コミュニケーションチャネル |
| (6)トップダウン | (6)双方向性，参加促進 |
| (7)多すぎる変数，調査困難 | (7)わかりやすい変数，調査用意 |
| (8)信頼を失う | (8)信頼の獲得，汎用性（国連，国家，国際機関，NGOでも活用） |

出典：Casmir (ed.) 1991.

## おわりに

上述のように、環境教育の歴史的進展と、開発コミュニケーションの歴史的進展に関する指摘は、ESDにおける『知の構築』を考察する際に、多くの示唆を提示しています。従来の「知の移転」のアプローチは明確な「答え」があることが前提条件ですが、持続可能性に関する概念は明確な「答え」を有していません。DESD国際実施計画（DESD-IIS）では、ESDの特徴の一つとして、『変化していく持続可能性という概念の本質に対応していく」（表2-5）と述べており、進展しつつある持続可能性という概念を共に考え、その概念を構築していく作業こそ、ESDのアプローチだと述べているのです。つまり、「知の移転」ではなく、「知の構築」のプロセスこそが、持続可能な社会の構築にむけて必要とされているアプローチであり、継続性のある参加と対話を通した生涯学習活動としての意味合いがとても強く提示されているのです。今後、「知の構築」にむけた様々な取り組みをさらに掘り下げ、その取り組みに内在するアプローチそのものを深く考察していくことが、ESDの進捗と達成を生み出す手段になりうると考えられます。

## 引用文献


Casmir (ed.) (1991) *Communication in Development.* Ablex Pub.

UNESCO (2005) United Nations Decade of Education for Sustainable Development (2005-2014). *International Implementation Scheme*, October 2005, UNESCO, Paris, France.

佐藤真久・阿部治・マイケルアッチア (2008)「トビリシから30年：アーメダバード会議の成果とこれからの環境教育」『環境情報科学』環境情報科学センター、Vol. 37, No. 2, pp. 3-14.


（佐藤真久）

# 第3章　環境教育概念の進化

## はじめに

環境教育（Environmental Education, EE）という言葉は、１９４８年国際自然保護連合（ＩＵＣＮ）によって用いられたのが最初だとされています（阿部、1992）。その後ＩＵＣＮでは１９７０年にネバダで開催した環境教育ワークショップの成果を受けて、環境教育を「環境の質に関する問題について行動する規範を定め、自ら行動を起こすこと」と定義しました（IUCN, 1970）。また、Roth（1970）は環境教育の概念としての環境管理教育を、①人間がその一部である、生物・物理的、社会・文化的環境の相互関連についてよく知る、②相互に関連している様々な環境問題と管理について、それらを解決するために用いられる環境管理の方法について認識する、③いろいろな環境を修復し、生活のための最適な環境をつくりだすために働く動機づけをする」と定義しており、この概念は今もよく引用されています。Stapp（1972）は環境教育の目的を果たすためには、「市民の環境への認識および責任を発達させ、全ての人に『宇宙船地球号（Spaceship Earth）』という概念を理解させることだ」と述べています（佐藤、1998）。

しかし実際上の環境教育の歴史は、1972年ストックホルムで開催された国連人間環境会議から始まると言ってよいでしょう（United Nations, 1972；佐藤・阿部、2007）。そこでは「人間環境宣言」が採択され、人間環境保全と向上に関し、世界の人々を励まし、導くための共通の見解と原則の必要性が述べられています。宣言の第6条では「人間の環境への影響について無知、無関心であってはならない。現在および将来の世代のために人間環境を守り向上していくことが必要である」と述べられています。具体的な行動計画としては、ストックホルム会議の勧告96で、「環境を守るため全ての人が何らかの行動をすべきである。そのために、あらゆる段階の教育の場において、各分野を総合したアプローチによる、環境に関する教育を実施する。そのために国際的計画を、ユネスコや他の国連関係機関が樹立する」としています（United Nations, 1972）。

このようにして生まれた環境教育ですが、環境問題をめぐる世界の情勢や、環境教育に対する考え方も今日までずいぶんと変化してきました。この章では環境教育に関する考え方が大きく変化し、拡張されてきたこれまでの歴史的経緯を振り返ってみたいと思います（神田、2008；阿部、2009）。

## 1　環境教育の目標・目的の確立

環境教育の目標や目的は1975年世界から環境教育専門家が招かれて開催されたユネスコ（UNESCO）主催の環境教育国際ワークショップでそれらの輪郭がはっきりしてきました。この会議は旧ユーゴスラビアの首都ベオグラードで開かれ、60カ国から96人の専門家が参加しました。会議で出された結論は「ベオグラード憲章」（Belgrade Charter, 1975）と呼ばれます（UNESCO-UNEP, 1976）。その中で、環境教育の目標は「環境やそれに関わる諸問題に気づき、関心をもつとともに、現在の問題の解決と新しい問題の未然の防止に向けて、個人的、集団的に活動する上で必要な知識、技能、態度、意欲、実行力を身に付けた人々を世界中で育成すること」とされ、6つの目的が掲げられました。すなわち「認識（awareness）、知識（knowledge）、態度（attitude）、技能（skills）、評価能力（evaluation ability）、参加（participation）」です。

1972年の国連の行動計画に基づいてユネスコと国連環境計画（UNEP）は国際環境教育計画（IEEP）を1975年に発足させました。この国連の共同組織が、その後の世界の環境教育の流れをリードしていくことになります。この共同組織の成果は、旧ソ連邦グルジア共和国のトビリシで開催された「環境教育政府間会議」の「トビリシ勧告」（1977）に結びつくことになります。そこでは「全ての人々に環境の保護と改善に必要な知識、価値観、態度、実行力、技能を獲得する機会をあたえること」などが環境教育の目標として述べられており、以下の5つの環境教育の目的が示されました。

(1) 認識（Awareness）：社会集団および個人が、環境全体とそれに関連する問題に対して責任をもち、それに関する感受性をもつようにする。
(2) 知識（Knowledge）社会集団および個人が、環境とそれに関連する問題において、多様な経験を得て、それに対する責任をもち、それに対する感受性をもつようにする
(3) 態度（Attitudes）：社会集団および個人が、環境に関連する一連の価値観と感情を得たり、環境の改善と保護への活発な関与をもたらす意欲を得るようにすること
(4) 技能（Skills）：社会集団および個人が、環境問題を識別し、解決する技能を与えるようにすること
(5) 参加（Participation）：社会集団および個人に、環境問題の解決へ向かう働きに、あらゆるレベルで活発に係わり合いをもつ機会を与えること

環境教育のこの概念が、それ以降の各国の環境教育政策のガイドライン的な役割を果たすことになります（UN-

ESCO-UNEP, 1978)。

## 2 地球環境の悪化

このような環境教育の目的や理念が明確になってきたにもかかわらず、1980年代に入り、地球環境はますます悪化していきます。これまで問題となってきている地球環境問題をあげてみると、地球温暖化、オゾン層の破壊、酸性雨、熱帯林の減少、野生生物種の減少、海洋汚染、有害廃棄物の越境移動、砂漠化、開発途上国の公害問題、有害化学物質、人口増大と貧困、廃棄物増大、水資源、エネルギー問題など多岐にわたります。

それらの中でも特に深刻なのは大気中の二酸化炭素の増加と、地球温暖化問題です。図3-1は気象庁の気候変動監視レポート（気象庁、2008）に載っているグラフですが、大気中の二酸化炭素濃度は今日まで上昇しつづけています。緯度別に見ても北半球の高緯度地域の先進国の地域で非常に高くなっています。

この原因は主に産業革命以来の人類による石炭や石油天然ガスの燃焼によるものであることはIPCC（気候変動政府間パネル）の第4次報告書（2007）からも明らかです（図3-2）。

図3-3もIPCCによるものですが、過去100年間の地球の気温変動と、100年後の予測をあらわしています。100年後には平均気温で1・4〜5・8℃上昇するということが予想されています。わが国の国立環境研究所や東京大学の研究陣の大型コンピュータによると、90年後の2100年には約5℃も上昇することが報告されています（図3-3のCCSR/NIES予測）。

もう一つ環境問題で大きな問題をあげるとすれば、それは野生生物種の減少の問題です。これは環境の悪化や破壊による生息域の減少、乱獲、生態系の変化、農作物や家畜を守るための捕獲などがその原因として考えられてい

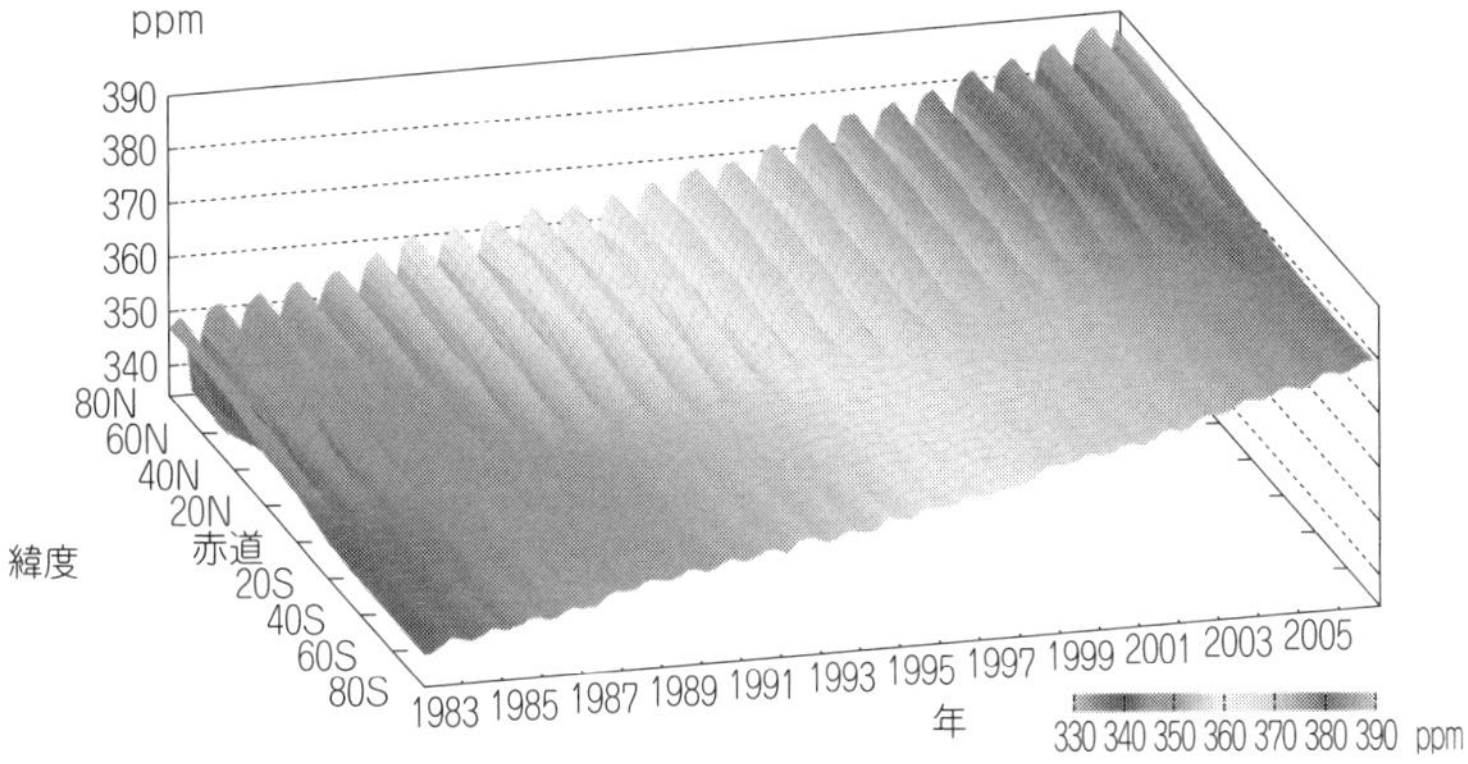


出典：気象庁「気候変動監視レポート」，2008を一部改変。

**図3-1　地球大気中の二酸化炭素の緯度帯別濃度の経年変化**

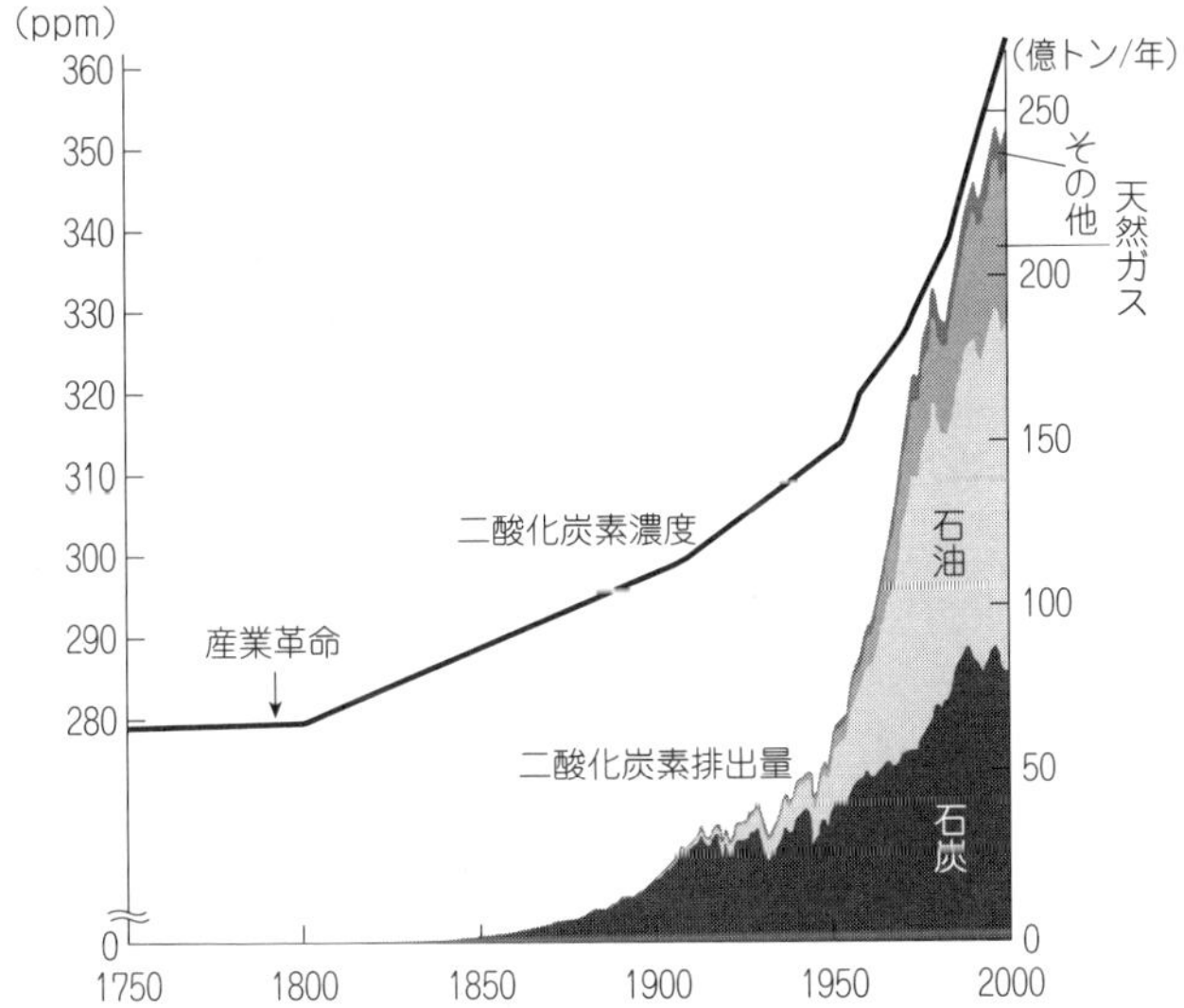


出典：JCCCA（全国地球温暖化防止活動推進センター），2009を一部改変。

**図3-2　燃料別に見る世界の二酸化炭素の排出量の推移**

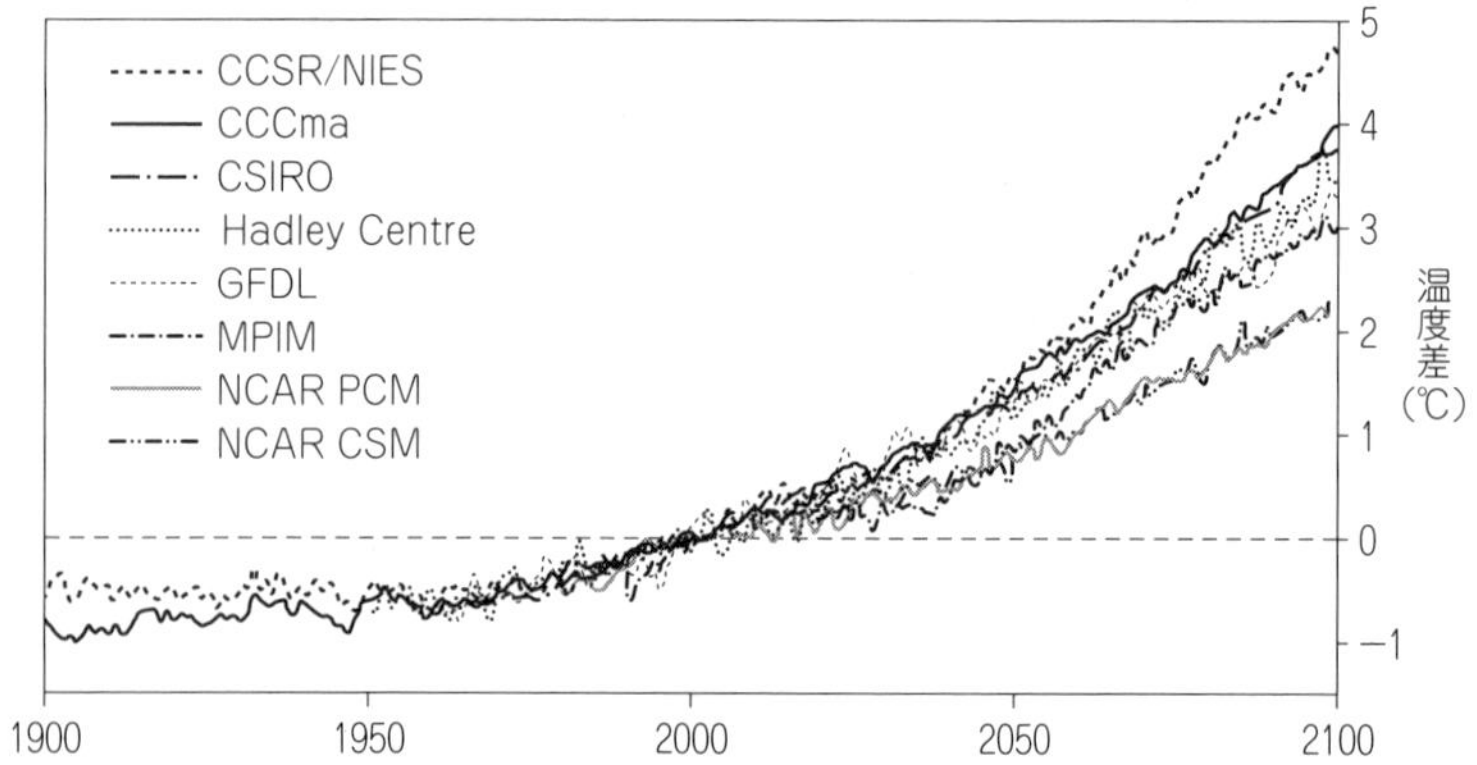


注：1900年から2000年現在までは実測地であるが，2100年までは予測値である。地球温暖化政府間パネル（IPCC）第4次報告（2007）による。

出典：予測はモデルにより異なる。以下はモデルの出所である。

CCSR/NIES：国立環境研究所と東大気候システム研究センターのモデル（日本）

CCCma：カナダ気候モデル解析センター（カナダ）

CSIRO：連邦科学産業研究機構（オーストラリア）

Hadley Centre：気候予測研究ハドレーセンター（英国）

GFDL：アメリカ海洋大気圏局地球物理学流体力学研究室（米国）

MPI-M：マックスプランク研究所気象学部門（独）

NCAR PCM：米国国立大気研究センター PCM モデル（米国）

NCAR CSM：米国国立大気研究センター CSM モデル（米国）

**図3－3　2000年を基準とした地球の温暖化予測**

ます。さらに熱帯林の破壊や酸性雨などといった、他の環境問題も原因となっています。

## 3　環境教育概念の転換点

このような環境問題の増大により、環境教育の考え方も大きく転換していくことになります。その契機となったのは1992年6月にブラジルのリオデジャネイロで開かれた、「環境と開発に関する国際連合会議（UNCED、地球サミット）」です。ここでは各国の共通のコンセプトである「持続可能な開発」を実現させるための「環境と開発に関するリオデジャネイロ宣言」が採択されました。この会議では21世紀に向け持続可能な開発を実現するために、各国および関係国際機関が実行すべき行動計画（アジェンダ21）も採択されました。行動計画アジェンダ21の第36章は「教育、意識啓発および訓練の推進」というもので、持続可能な開発に向けた教育の方向づけが行われています。

その後、国連で持続可能な開発のための教育の取り組みが行われることになります。1998年に開催された第6回国連持続可能な開発委員会（CSD6, UN Commission on Sustainable Development）の第6回会合では教育がメインテーマとなっています。

リオの地球サミットでは、前述の地球環境問題として特に大きな問題となってきた温暖化問題に対応して「気候変動枠組み条約」、そして野生生物の減少に対処するための「生物多様性条約」の2つの条約も採択されました。これらの問題は地球規模で検討しなければ解決されない課題であり、各国が協調して解決に当たるべき問題として、国連が中心となって取り組むことになりました。

ではリオのサミットで世界中の国々が合意した「持続可能な開発（sustainable development）」という概念はいつ生

**表3-1　環境教育とESDのカバーするテーマの範囲**

| テーマ | 環境教育 | ESD |
|---|---|---|
| 環境とその質の改善 | 有り | 有り |
| 社会的な問題（雇用，人権，ジェンダー，平和，安全など） | 無し | 有り |
| 経済的な問題（貧困の撲滅，相互信頼，責任と義務など） | 無し | 有り |
| 重要な問題（エイズ，人口の移動，気候変動，都市化など） | 無し | 有り |

注：ここでの環境教育は国連のテサロニキ会議（1997）より前の考え方。
出典：Sato, 2006 ; UNESCO 2005.

まれたのでしょうか。それは１９８７年の国連の「環境と開発に関する世界委員会」（ＷＣＥＤ）に端を発しています。ブルントラント委員長による国連「環境と開発に関する世界委員会」（ブルントラント委員会）ではその最終報告書『われら共有の未来』（*Our Common Future*）(1987）で「持続可能な開発」を「将来の世代のニーズを満たしつつ、現在の世代のニーズも満足させるような開発」と定義しています（WCED, 1987）。「持続可能な開発」という言葉自体はＩＵＣＮにより〝*World Conservation Strategy*〟(1980）の中で最初に使われたのですが、上記のブルントラント委員会が定義したものが国連で認知された概念として浸透していったのです（阿部、2009）。

このあたりの経緯は２００５年にＵＮＥＳＣＯから出されたＤＥＳＤ国際実施計画（ＤＥＳＤ-ⅡＳ）の付属文書Ｉ「持続可能な開発のための教育の背景」の中に詳しく書かれています。１９８７年のこの会議以降「持続可能な開発」概念が国連で支持されるようになっていきます。そしてリオの地球サミットに向けて１９８７年から１９９２年にかけて開催された様々な委員会や会議、討議、交渉の結果を受けて40章からなる「アジェンダ21」が作成される中で「持続可能な開発」という概念が成熟していきました。その結果、リオの地球サミットにおいてその概念が採用され、教育と持続可能性についての考察がはじめて記載されました（UNESCO, 2005）。これが「アジェンダ21」の第36章「教育、意識啓発及び訓練の推進」です（UNESCO, 2005）。

基本的には「アジェンダ21」の全40章全体を通して、またリオの地球サミットでの交渉から成立した諸協約においても、「持続可能な開発」を可能にし、実施するための戦略として「教育」が盛り込まれています。さらに1990年代に行われた9つの国連会議（「子供のための世界サミット」1990、「万人のための教育世界会議」1990、「国連人口開発会議」1994、「小島嶼開発途上国の持続可能な開発のための国連グローバル会議」1994、「世界社会開発サミット」1995、「第4回世界女性会議」1995、「第2回国連人間居住会議」1996、「世界食糧サミット」1996、「世界教育フォーラム」2000（UNESCO, 2002））で教育をこれらの会議の行動計画の実施に不可欠なものとして位置づけてきました（UNESCO, 2005）。

ではさらに、「持続可能な開発のための教育」（Education for Sustainable Development, ESD）とはどうあるべきでしょうか。ここで環境教育は新たな段階を迎えることになりました。現在のＥＳＤの考え方は、これまでの環教問題解決のための環境教育からさらに進化した考え方になっています。「個人の態度の変化」から「社会的、経済的、政治的構造及びライフスタイルの転換」へ、あるいは、「気づき、知識、理解、技術の習得」から「公正、正義、民主主義、尊敬、行動する力」（表3-1）などへと、前者を内包しながらも守備範囲を大きく広げています（UNESCO, 1997）。

## 4　「持続可能な開発」とラムサール締約の「ワイズユース」概念

このように「持続可能な開発」という概念は1987年に確立したと言っていいのですが、この概念は突然に出てきたのでしょうか。他にこれに類似した概念はなかったのでしょうか。ここで思い当たるのはラムサール条約締約国会議で出されていた「ワイズユース（wise use、賢明な利用）」の概念です。ラムサール条約は1971年にイランのラムサールで制定された条約で、正式名称は「特に水鳥の生息地として国際的に重要な湿地に関する条約（Convention on Wetlands of International Importance Especially as Waterfowl Habitat）」です。その名の通り湿地の保全に関する国際条約でわが国も締約国となっており、1980年に釧路湿原が第1号の指定湿地となっています。

3年毎に開催されるこの締約国会議では水鳥や湿地の保護、保全について議論がなされているのですが、それらの利用に関して「ワイズユース」という概念が使われてきました（神田、1999）。「ワイズユース」とは、「生態系の自然特性を変化させないような方法で、人類のために湿地を持続的に利用することである」と定義されています。この定義は1987年にカナダのレジャイナで行われた第3回締約国会議の勧告3・3の中で示されました。また、この定義の中に出てくる、「持続的な利用（sustainable utilization）」の定義も同勧告の中で「将来世代の需要と期待に対して湿地が対応しうる可能性を維持しつつ、現在の世代の人間に対して湿地が継続的に最大の利益を生産できるように、湿地を利用することである」と提示されています。

ラムサール条約は、環境の観点から本格的に作成された多国間環境条約の中でも先駆的な存在であり、現在では広く用いられるようになった「持続可能な利用」という概念を、その採択当初から「ワイズユース」という原則で取り入れてきました（外務省 Web ページ）。持続的な利用はその概念を受け継ぎ発展させたものといえます。

この「持続的な利用」の考え方は基本的には同年のブルントラント委員会（1987）で出された「持続可能な開発」の定義「将来の世代のニーズを満たしつつ、現在の世代のニーズも満足させるような開発」の文章の中で湿地と人を入れ替えただけと考えてもいいのではないか、と思うほどよく似ています。ただ、「ワイズユース」の概念は、利用するためには「生態系の自然特性を変化させない」という条件がついていますので、むしろ厳しい条件つきの概念であるといえます。

湿地の保護や野生動物に関する「持続的な利用」と国連の「持続可能な開発」の概念が1987年という同じ年に出てきたのは偶然ではないと思います。地球環境や野生生物の危機的な状況が、異なる会議でありながら、持続可能性という同じ概念に議論を向けさせたためであることは明白です。

ラムサール条約締約国会議は、その後、1993年には第5回締約国会議が釧路で行われることになります（神田、1999）。そこでは「ワイズユース」の概念を実行するための指針が勧告4・10でなされます。当然、締約国会議前年の1992年にリオデジャネイロの地球サミットがありましたから、「ワイズユースという概念は、湿地基本政策を策定し実施すること、および、特定の湿地を賢明に利用することの両方を目的としています。これらの目的は「持続的な開発」の不可分の一部でもある（勧告4・10）。」として、「持続可能な開発」との関連で述べられています。

## 5　ESD（持続可能な開発のための教育）とは

1992年のリオデジャネイロでの地球サミット後、「持続可能な開発（SD）」のための教育であるESD（持続可能な開発のための教育）のあり方が精力的に検討されることになります（UNESCO, 2005）。そこではそれまでの環境教育の考え方そのものを変えていく作業がなされます。

スターリングら（Sterling/EDET Group, 1992）は持続可能性のための教育は、「人間の行動と意思決定が資源、地域社会、地球社会、そして環境全体に影響を及ぼすことを人々が理解する。持続可能な開発に効果的に関わることができるように人々の意識や能力、価値観を育成し、より公正で持続可能な未来に向けて取り組めるようにする。環境教育と開発教育の異なったアプローチの有効性を認め、既存の学問だけでなく、環境教育・開発教育の方法や他の関連する学際的な教育のアプローチを統合して、持続可能性の諸概念を積極的に発展させる。」ことが大切であると述べ、SD実現のためには教育が不可欠であるとしています。フィエン（Fien, 1993）は環境教育の世界的な展望を述べる中で2つの大きな価値を挙げています。一つ目は生態学的持続性（ecological sustainability）であり、二つ目は社会的公正（social justice）です。前者の中には生物多様性、種間の公正、相互依存関係があり、後者には基本的な人類のニーズ、人権、参加、世代間の公正が入るとしています。

国連のリオデジャネイロのサミットの後に国連が開催した会議では、１９９４年にカイロで人口問題を主題に「国際人口開発会議」、１９９５年にコペンハーゲンでは「世界社会開発サミット」、北京では女性問題を主題に「第４回世界女性会議」、１９９６年にはイスタンブールで移民をテーマに国連の会議がおこなわれましたが、環境教育関係の会議はありませんでした。

環境教育概念の変遷の中での次の大きな国連の会議は、１９９７年の国連のテサロニキ会議になります。テサロニキ会議は環境教育からＥＳＤの考え方への最大の転換点となる会議です。そこでは最終的に「テサロニキ宣言」が採択されることになります（UNESCO, 1997）。テサロニキ会議はユネスコとギリシャによって運営され、84カ国から約１２００人の専門家が集まりました。テサロニキ宣言は29章で構成される宣言文で、その精神は第10章と11章にある文章に端的に示されています。以下にその文章を引用します（阿部ら、1999）。

> 10章　持続可能性に向けた教育全体の再構築には、全ての国のあらゆるレベルの学校教育・学校外教育が含まれている。持続可能性という概念は、環境だけではなく、貧困、人口、健康、食糧の確保、民主主義、人権、平和をも包含するものである。最終的には、持続可能性は道徳的・倫理的規範であり、そこには尊重すべき文化的多様性や伝統的知識が内在している。
>
> 11章　環境教育は今日までトビリシ環境教育政府間会議の勧告の枠内で発展し、進化して、アジェンダ21や他の主要な国連会議で議論されるようなグローバルな問題を幅広く取り上げてきており、持続可能性のための教育としても扱われ続けてきた。このことから、環境教育を「環境と持続可能性のための教育」と表現してもかまわないといえる。

テサロニキ宣言では、これまでの環境中心の環境教育は、もっと広範囲な問題とリンクさせるべきと考え、持続可能性という概念を取り込み「環境と持続可能性のための教育」へと変容すべきであると述べられています。これは「持続可能な開発のための教育（ＥＳＤ）」へと環境教育の側から大きく接近したものといえます。この宣言によって、国連は「アジェンダ21」の精神を土台にして環境教育からＥＳＤに向かって環境教育の進路を大きく変更したといって良いでしょう。

## 6　国連持続可能な開発のための教育の10年（ＤＥＳＤ）

リオデジャネイロに続く第2回国連持続可能な開発会議（ヨハネスブルクサミット）は、２００２年に南アフリカのヨハネスブルグで開催されました。リオの会議の10年後になります。テサロニキ会議から5年後です。この間に開催された国連の教育に関する会議は２０００年4月セネガルのダカールで行われた「世界教育フォーラム」です。このフォーラムはユネスコ、ユニセフ、ＵＮＤＰ（国連環境計画）、ＵＮＦＰＡ（国連人口基金）、世界銀行の共催で行われました。フォーラムには世界１８１カ国から１５００名の関係者が集まりました。この会議では１９９０年にタイのジョムティエンで開催された、「万人のための教育（ＥＦＡ：Education for All）」会合で決議された「万人のための教育宣言」及び「基礎的な学習ニーズを満たすための行動の枠組み」の、その後の進捗状況の把握及び今後の展開の方向性等に関する討議を行ったものでした。このテーマもＥＳＤの枠組みに入りますが、特にＥＳＤにフォーカスを当てたものではありません。

さて、第2回国連持続可能な開発会議（ヨハネスブルグサミット）ではわが国が「持続可能な開発のための教育（ＥＳＤ）の10年（ＤＥＳＤ）」を提言しました。この提案は同年の第57回国連総会本会議で採択され、ユネスコがその主導機関として指名されました。この決定を受けて２００３年、ユネスコより「ＥＳＤの10年国際実施計画２００

5～2014」の草案が出され、2005年から実施計画がスタートしました。「持続可能な開発のための教育（ESD）」を進めていくためには環境のみならず、平和、識字、開発、ジェンダーなど幅広いテーマで市民へ啓発活動を展開していくことの必要性が認識されています（UNESCO, 2005 ; Sato, 2006）。

以下に「国連持続可能な開発のための教育の10年（Decade of Education for Sustainable Development）」の国連総会決議を示します。

1 「持続可能な開発のための教育」が持続可能な開発を推進するためにきわめて重要であることを再確認する。

2 ユネスコが指名されたリードエージェンシーとして、他の国連諸機関と調整しつつ、また、開発途上国の特殊な必要性を考慮し、「国連持続可能な開発のための教育の10年」を促進することを要請する。

3 ユネスコが、世界教育フォーラムで採択された「ダカール行動枠組」及び「国連識字の10年」等既存の教育プロセスとの関係を明確にしつつ、各国政府、国連及び関係国際機関、NGO、その他のステークホルダーと協議し、可能な限り早期に、好ましくは本件10年の開始までに、国際実施計画案を策定し終えるよう求めることを国連事務総長に要請する。

4 ユネスコ事務局長が国際実施計画案をその最終の検討と採択のためにユネスコの運営組織に提出するよう求めることを国連事務総長に要請する。

5 各国政府に対し、国際実施計画の完成・採択をうけて、「国連持続可能な開発のための教育の10年」を実施するための措置をそれぞれの教育システム及び戦略、また適当な場合には、開発計画に盛り込むことを検討するよう奨励する。

6 各国政府に対し、特に「国連持続可能な開発のための教育の10年」の開始に際して、市民社会及び他の関連ステークホルダーが関与する協力や取り組等を通じ、この10年に関する人々の認識及びより広い参加を促進するよう呼びかける。

7 ユネスコ事務局長が「国連持続可能な開発のための教育の10年」の実施3に関する中間報告を準備し、第65回国連総会の「国連持続可能な開発のための教育の10年」と題する副議題の下に提出するよう呼びかけることを、国連事務総長に要請する。

このようにESDはもはや旧来の環境教育には納まらない広範な対象を包みこむものとなり、扱うテーマは環境だけではなく、貧困、人口、健康、民主主義、人権、平和といったきわめて幅広い分野へと拡大することになりました。前述のUNESCOのDESD国際実施計画（DESD-IIS）の付属文書Ⅰ「持続可能な開発のための教育の背景」（UNESCO, 2005）の中ではESDについてもはや普遍的なモデルは存在しないとしながらも下記のような具体的な取り組みの方向性を示しています。

・持続可能な開発の基礎となる原則と価値観に基づく。
・環境、社会、経済という持続可能性の3つの領域全てが健全な状態であるように取り組みを行う。
・生涯学習を推進する。
・地方に根ざし、文化的にも適切である。
・地方のニーズ、認識、状況に基づくが、地方のニーズを充たせば国際レベルでもその影響が及ぶことが多いということも認識する。
・フォーマル、ノンフォーマル、インフォーマル教育に取り組む。
・進展していく持続可能性という概念の本質に対応していく。
・状況、世界的な問題、地方ごとの優先事項を考慮に入れて、教育の内容を検討する。
・コミュニティに基づいた意思決定、社会的寛容、環境的責任、変化に適応できる労働力、生活の質という課題に対処できる市民の能力を育成する。
・学際的である。ESDは1つの学問分野に収まるものではなく、あらゆる学問分野がESDに貢献できる。
・参加型学習および高次元の思考技能を育む様々な教育方法を活用する。

このようにＥＳＤを実施する方法は無数にあるといって良いでしょう。さらに、地方の地域社会にあるそれぞれの環境や社会、経済の状況に応じた取り組みを行わなければならないことになります。

## 7　わが国における環境教育の新しい方向性への転換

このような国連の議論の流れを受けて、わが国に於いても１９９９年、中央環境審議会は、「これからの環境教育・環境学習―持続可能な社会をめざして―」と題する文書を表し、環境教育の新しい方向性を示しました。すなわち、環境教育・環境学習は持続可能な社会をめざして行うものであり、環境のみならず、平和、識字、開発、ジェンダーなど幅広いテーマで市民へ開発活動を展開していくことの必要性が認識されなければならない（中央環境審議会、1999）、ということに変わったのです。これは、環境白書（2003）の表現を用いれば、「持続可能な社会の実現のためには、環境問題のみならず、現在のライフスタイルや社会システムを構成している様々な事項、側面にも目を向けていかなければならない」というものです。つまり「環境のみならず、社会や経済、そして人間の精神的な側面なども見据えた上で、各人の毎日の生活、活動に、持続可能な社会の実現につながる具体的な行動を組み込んでいく（中央環境審議会、1999）」ことが必要であるということです。

さらに、国連ＤＥＳＤ採択を受けて２００６年3月の関係省庁連絡会議で、わが国における「国連持続可能な開発のための教育の10年（ＤＥＳＤ）」実施計画が決定されています。その要点を以下に示しておきます。

**持続可能な開発、持続可能な開発のための教育**

・持続可能な開発とは、将来の世代のニーズを満たす能力を損なうことなく、現在の世代のニーズを満たすような社会づくりのこと

・すべての人が健康で文化的な生活を営むための取り組が必要
・貧困の克服、保健衛生の確保、質の高い教育を確保することなどが必須
・性別、人種等により差別されず、公平に向上するよう取り組まなければならない
・資源の有限性、環境容量の制約、自然の回復力などを意識した節度あるものとする
・戦争や紛争は、難民を生み、環境を破壊するため、平和への取り組が必要
・世代間の公平、地域間の公平、男女間の平等、社会的寛容、貧困削減、環境の保全と回復、天然資源の保全、公正で平和な社会
・環境の保全、経済の開発、社会の発展を調和の下に進めていく
・私たち一人ひとりが、日常生活や経済活動の場で、意識し、行動しなければ実現しない
・私たち一人ひとりが、世界の人々や将来世代、また環境との関係性の中で生きていることを認識し、行動を変革することが必要である
・すべての人に対して識字教育を確保し、質の高い基礎教育を確保することが前提
・「開発」（development）については、「発展」、「社会の構築」などといわれることもあるが、この実施計画においては、いずれも同じ主旨として捉えた上で、「開発」という言葉を使う
・「教育」については、学校等の公的教育のみならず社会教育、文化活動、企業内研修、地域活動などあらゆる教育や学びの場を含む

## 8　21世紀環境立国戦略とＥＳＤ

さて、わが国では、21世紀環境立国戦略（図3-4）の中でＥＳＤの目標を次のように定めています（環境省、2007）。「ＥＳＤの目標は、すべての人が質の高い教育の恩恵を享受し、また、持続可能な開発のために求められる原則、

出典：環境省，2007。

**図３－４　わが国の21世紀環境立国戦略**

価値観及び行動が、あらゆる教育や学びの場に取り込まれ、環境、経済、社会の面において持続可能な将来が実現できるような行動の変革をもたらすことである」としています。

図３-５はわが国の21世紀環境立国戦略のなかでの「持続可能な社会」の位置づけを示したものです。持続可能な社会のためには、低炭素社会、循環型社会、自然共生社会が相互に結びついて成り立っていると考えます。

たとえば、循環型社会をめざした政策に３Ｒ政策があります。リデュース（Reduce）、リユース（Reuse）、リサイクル（Recycle）の頭文字をとって３Ｒとしたものです。リデュースは廃棄物の発生を抑制することを意味しています。リユースは再利用すること、リサイクルは再資源化を意味しています。

## おわりに

わが国におけるＥＳＤの現状を見ますと、教育の場での認識がまだ十分ではないと感じざるを得ません。特に高等教育を担っている大学の現場でさえ、ＥＳＤのことが十分に認識されているとはいえない状況です。特に教員養成系の高等教育機関が互いにもっと連携して、学生への教育プログラムの開発を進めていかなければならないと思います。また、特にＥＳＤという認識をもたずに活動している場合も見受けられますので、活動の意味づけを再検

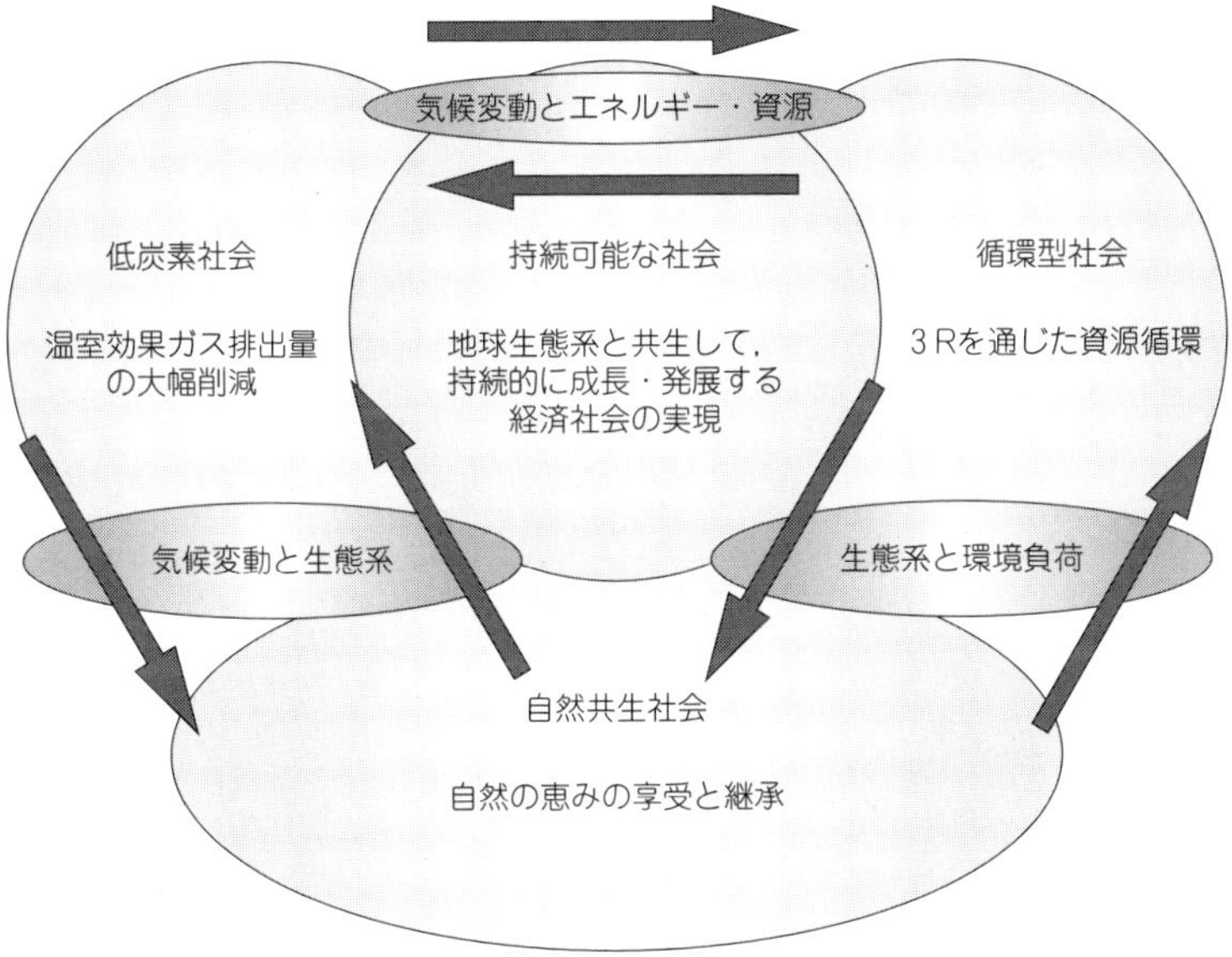


出典：環境省（2007）「わが国『21世紀環教立国戦略』」の概要を示したパンフレットより。

**図3-5　持続可能な社会に向けた総合的取り組みの展開を図にしたもの**

討することで、活動内容にＥＳＤの精神を新たに注ぎ込み、活動を推進する力につながっていくものと考えています。

## 参考文献


Fien, J. (1993) Education for sustainable living: An international perspective on Environmental Education. *Southern African J. Environmental Education*, (13): 7-20.

ＩＰＣＣ（気候変動政府間パネル）（2007）第４次報告書。

Roth R. E. (1970) Fundamental Concepts for Environmental Education. *J. Environmental Education*, 1(3): 65-75.

Sato, M. (2006) Similarity of the Conceptual Development Process between EE through a Series of International Discussion and ESD in DESD-IIS. *Kiyou of Faculty of Environmental and Information Studies, Musashi Institute of Technology* No. 8: 122-132.

Stapp, W. B. (1972) The Challenge of Environmental Education. *State Environmental Education Conference, Michigan*.

Sterling, S., EDET Group. (1992) Good earth keeping; Education, Training and Awareness for a Sustainable Future. *London: UNEP-UK*.

UNESCO (1997) Educating for a Sustainable Future: A

Trans-disciplinary Vision for Concerted Action. *Proceedings, International Conference on Environment and Society : Education and Public Awareness for Sustainability*, 8–12 December 1997, Thessaloniki, Greece. UNESCO, Paris, France.

UNESCO（2005）United Nations Decade of Education for Sustainable Development 2005–2014. *International Implementation Scheme*, UNESCO, Paris, France.

UNESCO-UNEP（1976）Belgrade Charter. *Connect*, I（1）: 1–9, UNESCO, Paris, France,.

UNESCO–UNEP（1978）The Tbilisi Declaration. *Connect, III*（1）: 1–8. *Inter–governmental Conference on Environmental Education*, 14–26 October 1977, Tbilisi, USSR. UNESCO–UNEP, Paris, France.

United Nations（1972）*The United Nations Conference on Human Environment, Declaration on Human Environment*, United Nations, NewYork, USA.

WCED（World Commission on Environment and Development）（1987）*Our Common Future*. Oxford : Oxford University Press.

阿部治（1992）「環境教育の問題」『小学校教員のための環境教育ガイドブック』日本ユネスコ協会。

阿部治（2009）「『持続可能な開発のための教育』（ＥＳＤ）の現状と課題」『環境教育』19(2): 21–30.

阿部治・市川智史・佐藤真久・野村康・高橋正弘（1999）「『環境と社会に関する国際会議：持続可能性のための教育とパブリック・アウェアネス』におけるテサロニキ宣言」『環境教育』8(2): 71–74.

外務省（2009）ラムサール条約（特に水鳥の生息地として国際的に重要な湿地に関する条約：http://www.mofa.go.jp/MOFAJ/gaiko/kankyo/jyoyaku/rmsl.html

環境省（2003）『環境白書』。

環境省（2007）『21世紀環境立国戦略』。

神田房行（1999）「釧路湿原における開発から保護思想への転換点」『環境教育研究』、2 : 1–7.

神田房行（2008）「地球環境の危機と環境教育の必要性」国際シンポジウム報告書『持続可能な未来をつくる環境教育―グローバルな視野と地域での実践―』: 5–14、北海道教育大学。

気象庁（2008）「気候変動監視レポート」。

佐藤真久（1988）「環境教育の概念と定義」『ＩＧＳワーキングペーパー：1–21』地球環境戦略研究機関（ＩＧＳ）。

佐藤真久・阿部治（2007）「国連持続可能な開発のための教育の10年の国際実勢計画とその策定の背景」『環境教育、』17(2): 78–86.

全国地球温暖化防止活動推進センター（ＪＣＣＣＡ）（2009）http://www.jccca.org/

中央環境審議会答申（1999）「これからの環境教育・環境学習—持続可能な社会を目指して」。

（神田房行）

コラム

## ボルネオの熱帯林にて

　ここはマレーシア、サバ州、ダナンバレー。鬱蒼と茂る熱帯林の谷間に架かるウオークブリッジから見下ろす川面は、幾重にも張り出した樹々の枝でさえぎられがちです。上を見上げると、天にまっすぐ伸びたフタバガキ類の巨木は四方八方に自由に枝を広げています。それら樹木は、アメリカインディアンの羽根飾りのような葉の列で幹を取り囲む着生植物のオオタニワタリ類、どこまでもしつこくまとわりつくツル植物、そして逆光を受けて縁取りを輝かせるコケ類を身にまとっています。じっと目を凝らせば、蟻たちは小枝の上をせっせと歩き回り、花の周りを飛び交う小さな蜂や名もない虫たちは生命のほとばしりを感じさせます。

　ボルネオ島の山間部にわずかに残されたこの天然林のエコツアーで、子どもを抱きかかえながら樹上を移動するオランウータン（写真1）をはじめ、キノボリトカゲ、巨大ヤスデなど多くの野生生物を、その本来の生息地と一体化した姿で見ることができました。同様に、サンダカンを起点とした、キナバタン川をボートでスカウまで遡るツアーでは、その支流や河跡湖を含めてのクルーズで、川沿いの樹から樹へと跳び移るテングザル、カニクイザル、シルバーリーフモンキー、上空を横切る奇抜なクチバシを持つサイチョウ、その他数々の生物を観察することができました。

写真１　オランウータンにも危機が迫る

　しかし、このような豊かな自然がボルネオ島の大部分を覆っていたのは２０世紀前半までで、過去半世紀の間に森林伐採、プランテーションの拡大、居住地域の拡大が急速に進み、天然林や自然度の高い二次林の面積は減少していきました。実際、スカウから州の南部の中心都市ラハダトゥへ移動するワゴン車の窓からは、車道沿いに延々と続く油ヤシ畑（写真2）や、油ヤシの実を満載したトラックを目のあたりにしました。また、ラハダトゥからダナンバレーのロッジに向かう林道上では、森林から伐り出した丸太を積載した大型トレーラー車と何度もすれ違いました。サバ州の州都コタキナバルからサンダカンへ向かう小型飛行機の窓からは、東南アジア第二の高峰キナバル山の雄姿に続いて目にはいってきたのは、林道が迷路のように這い巡らされた山地と油ヤシ畑が広がる低地の現状でした。キナバタン川の流域を最新の衛星画像で見ると、川の両サイドがどこまでも続く森林なのではなく、川辺に沿う帯状の林の裏側には広大な農地が迫っているなどの状況が見て取れます。

写真2　連綿と続く油ヤシ畑

このような開発による生態系の改変に伴い、スマトラサイ、アジアゾウ、オランウータンをはじめとした熱帯林の野生生物は住み場所を狭められ、その結果、個体数が減少し、絶滅の危機に瀕しています。これ以外にも、密猟や水質汚濁などもそれに追い討ちをかけています。木材の大量輸入につながる紙の大量消費や、ヤシ油を原料にした食材や洗剤を多用している私たちのライフスタイルは、回りまわって熱帯林の生物多様性の衰退に手を貸していることになります。しかし、私たちのライフスタイルを変えるだけで問題が解決するわけではありません。マレーシアの人々の生活の質の改善をどう実現していくのかという問題をクリアーしながら、地球の貴重な恵みである生物多様性を維持していくという、持続可能な開発の難問に取り組まなければなりません。これからの環境教育には開発のあり方にもアイデアを出し合いながら、グローバルに考えを巡らせるＥＳＤのパラダイムが不可欠になるでしょう。

（生方　秀紀）

# 第4章　学校環境教育における子どもの人格形成と教師の力量形成

## ——協同的活動主体形成と教師の指導

### はじめに

本章では、小学校を中心とした「教育を地域と結ぶ学校環境教育」のあり方について、子どもの人格形成と教師の力量形成に焦点を当てた、具体的な教師と子どものやり取りの分析（斎藤、1977）から論じ、環境教育のみならず教育実践が混迷するわが国の学校教育の状況を打開する視座を提示したいと思います。

「教育を地域と結ぶ学校環境教育」研究は、次のような課題に迫ります。

「教育を地域と結ぶ」ことに関わり、南里悦史（2008）は長年にわたる子どもの生活と学力形成の実態調査研究から、子どもが地域生活で様々な体験を豊かにすることが教育の土台であり、生活のもつ教育力に着目し１９７０年以降から現在までの日本の学校教育と子どもの発達に対し警鐘を鳴らし続けています。

現在、生活科・総合的な学習の時間の設定による生きる力という学力観と基礎基本重視の学力観という二項を軸とした揺れが教育界を覆い、ＰＩＳＡの学力観・フィンランドの社会構成主義学力観及び活動理論のわが国への紹介（福田、2008 山住、2004 等）によって、さらなる揺れを生じさせています。学力観は単にそれだけの問題ではなく、指導観・子ども観等を伴う教えと学びのパラダイム転換を含みます。

また、わが国の環境教育の源流として公害教育と自然保護教育が挙げられます（沼田、1978）が、持続可能な開発のための教育／持続可能な社会に向けた教育（ＥＳＤ）として環境教育の拡張を視野に入れた時（テサロニキ宣言、1997）、あらためて１９５０年代の東井義雄の「村を捨てる学力」「村を育てる学力」の提起、その後１９７０年代の地域に根ざす教育というわが国の教育が浮上してきます。系統学習からではなく、地域（生活・自然）の課題から生じた公害教育と自然保護教育は、地域に根ざす教育と通底します。

「教育を地域と結ぶ学校環境教育」は、再び三度、学校と地域の結合・教育と生活の結合という教育原則の再考と、それに伴う教えと学びのパラダイム転換を促す社会構成主義学力観と活動理論（エンゲストローム、1998）の援用から、正に現代的な課題として登場します。

本章では、以上の課題意識を踏まえ、失われた10年といわれる１９９０年代から２００５年度までの「教育を地域と結ぶ学校環境教育」実践を分析します。取り上げる実践は、第47回読売教育賞等を受賞した大森環境教育実践で、小学校教師大森のインストラクター・コーディネーター・ファシリテーター・インタープリターとしての指導（ユネスコ第45回国際教育会議宣言 1996 に加筆）と子どもの言説と活動を客観的にまた主体的に分析し本章の目的に迫ります。具体的に以下の東京都公立小学校環境教育実践事例を取り上げます。

【事　例①】協同的活動主体といえる子ども像を発見した実践「僕の木を切ったのは誰だ」（生活科２年生、1992）
【事　例②】子どもたちの所与としての世界を課題としての世界に変え、子どもたちがもう一つの世界を構想した実践「音無川はこのままでいいのか」（生活科２年生、1992）
【事　例③】トンボと共存できる地域を生み出した住民運動から教師が学び、実践を創造した「ぼくらはトンボ探検隊」

（理科・社会・総合　5年生、1995）
【事　例④】現実世界に子どもたちの夢を創造した実践「ほったぞ！ぼくらのじまんの池」（理科・総合　3年生、1999）
【事　例⑤】子どもが社会参画し公園を変えた実践「隅田公園再生プロジェクト」（総合　6年生、2005）

教師は子どもを客体的な存在として観るのではなく、子どもを協同的活動主体としてとらえ、子どもたちが協同的社会関係の中で自分たちの環境意識を育て、環境計画を生み出し、当事者性と主体性をもった学習によってより良い環境を生み出し享受する原体験を行う教育によって、子どもはエンパワーメントされます。それら一連の子どもの環境教育実践で活動と学びが統一され、内容知・実践知・原体験知（＝情動・感情・暗黙知）を豊かに学びます。その時、子どもの学びの協同体に発展する指導を行うことを通して、子どもを協同的活動主体に育てる教師の力量形成がなされます。

## 1　教育を地域と結ぶ学校環境教育実践を生み出す教師の力量形成

### 学校環境教育実践の構造と協同的活動主体という子ども観

学校環境教育実践構造を次のように概念化し（図4-1）、子どもと実践を創る過程で教師の力量形成と実践に参加する子どもの人格形成がなされます。概念化するにあたり、環境教育の目標カテゴリーとして「認識、知識、態度、技能、関与（参加）」（トビリシ勧告、1977）、環境教育のアプローチとして「環境についての・環境の中での・環境のための」教育（ルーカス、1972）、「環境のための教育」に環境教育は収斂される（フィエン、1993）、という3つの定式を援用しました。

学習者である子ども自身が問いをもち協同的社会関係の中で探究することが学びの前提です。

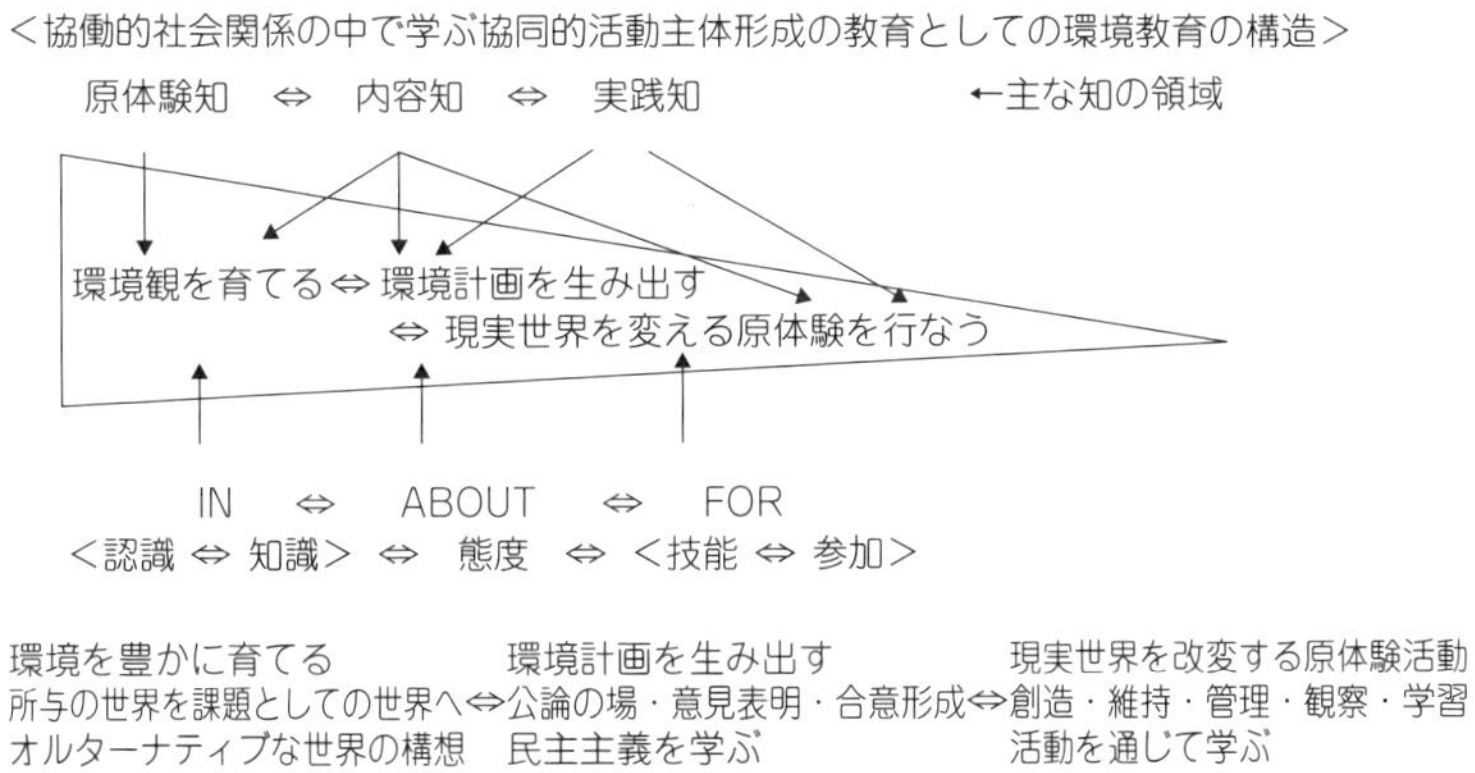


**図4－1　学校環境教育実践構造**

教師は子どもとの関係性において教師であり、教師が子どもをどう観るかは、教育的関係性の構築にとっての根幹を成します。子ども観は先行する世代が子どもたちとどのような関わりを構築するかを考察する上でも重要な視点であり、将来の社会像に関わる教育はまさに次世代を担う子どもをどう観てどのように育てるのかが問われます。

ベオグラード憲章（1975）では「環境教育の目的は…個人や集団で働くための知識、技能、態度、動機そして参加の意欲をもつ人々の世界的な数を増やすこと」と述べ、「環境教育の目標カテゴリー」（トビリシ勧告、1977）として「認識・知識・態度・技能・関与」という環境教育の順序性とゴールについて示唆しています。子どもの環境教育には、より良い環境を主体的協同的に生み出すために、「人々をなりゆきまかせの客体から、自らの歴史をつくる主体にかえていく」という学習権宣言（1985）や、子どもの意見表明権として人間関係構築の権利＝応答関係の保障（福田、2001）と社会への参画を謳った子どもの権利条約（1989）のいう子どもを権利主体としてとらえる子ども観が流れています。

1947年教育基本法及び現教育基本法の教育目的に「人格の完成」と「国家及び社会の形成者」という2つがあります。個々の人格の完成は、主権者として社会の形成者として成長することを通じてなされ、「活私開公」（金、2002）という新しい公共性を担う市民性教育を視野に入れながら、社会をつくる実践的な知の形成を促します。たとえば「子どもは小さな町づくりびと」(埼玉県鶴ヶ島市教育委員会教育スローガン)は子どもを権利主体として社会に参画させる教育スローガンです。社会をつくる実践的な知の形成、なりゆきまかせの客体から自らの歴史をつくる主体の形成、単に知識を獲得したため込む教育から個人や集団で働くための知の形成は、子どもの環境教育実践研究パラダイム検討に重要な視座を提供します。

子どもが、学びの協同体として発展する可能性をもつ学級集団と共に、学習対象と格闘しながら、解に向け探究する活動の中で、当事者性主体性をもった学びが展開されます。子どもは、学びの集団としての協同体意識を育むと共に社会的に構成されている知を獲得していきます。教師は、子どもの学習対象の選定、実在との出会い、学習のゴール等、子どもの学びの大枠をデザインし、インストラクター・コーディネーター・ファシリテーター・インタープリターとして子ども及び学びの協同体に関わります。

以上を協同的活動主体形成の教育(日本の学校教育では、認識主体を育てる協同的学習主体形成Ⅰと実践主体を育てる協同的学習主体形成Ⅱという2つの形成過程を通じてなされる。同時に2つが統一されて実践される場合もある)としての環境教育として、生き生きと活動と学び(実践と認識)を統一させていく子ども像を協同的活動主体としました。協同的活動主体の子どもの姿は、活動と学びを統一した「教育を地域と結ぶ学校環境教育」実践の中で登場します。

### 子どもの活動と学びを統一する環境教育における教師の指導

学校における教育実践の手法は多様に個性的に生み出されますが、協同的活動主体形成の教育として、教育を地域と結ぶ学校環境教育実践創造の視点から論じます。

子どもたちが周りの世界を単に所与の世界としか見なければ、子どもは当事者として主体的能動的には動き出しません。人はオルターナティブな世界を思い描いた時、誰もが当事者として立ちあがる(中西・上野、2003)スタート地点に立ちます。学習者の所与の世界を課題の世界に転換することが、「教育を地域と結ぶ学校環境教育」実践のスタートとなります。ところが、学習者であり生活者でもある子どもたちが生活する地域は、子どもにとって日々当たり前に過ぎていく子どもとほとんど関わりのなくなった生活空間であり、今日取り立てて学習課題として浮上することはありません。生活者でもある教師が地域を問題として自覚しない限り、子どもの地域生活は抽象化され問題化されません。教育と地域を結ぶ学校環境教育では、地域の実在（人・モノ・自然）から何を学習対象とし探究的協同的学びを進めどのような知の形成を行うか、というスタートとしての子どもたちの問いをいかに生み出すかが重要となります。教師は子どもと地域の応答関係を構築する何らかの生活現実とのコーディネートから授業をはじめます。子どもの生活を切り口とし、子ども自らが探究の視点を生み出し、地域の過去と現在を比較することで地域は不変ではなく変化してきたことを認識し、これからの地域の未来を想像し創造しようとする子どもたちが出現してきます。都市化された空間では勿論、比較的自然の残る空間でも、子どもたちの生活と精神は都市化されています。教師は、子どもたちの成長発達にとって地域の自然――とりわけ野生小動物――との応答関係（認識・作用・社会性）（嘉田、1993）を築き、共存していた野生動物や生活環境から地域環境を見直す環境観を育む指導を行います。子どもが、共存する異界の他者を認識することから人間認識を深め、人間の生きる環境とは何かを考える契機を生み出すことは、子どもの関係不全問題解決に向けた一つのアプローチも生み出します。子どもは地域をめぐる人々の様々な思いや地域を創る力関係がどのように働いてきたのかを学ぶことで、主権者として社会を形成するとは何かということを学びます。授業を創造するにあたり、相反し対立する意見を取り上げ、自由に子どもたちに考えさせ、地域環境を形成する具体的な人々の活動から子どもが学ぶという教師の指導が求められます。

地域環境観を育てる学びを経て、子どもたちは地域を課題としての世界として認識し環境保全計画を生み出していきます。この実践領域では、子どもの当事者性主体性と教師の指導の微妙な関係が現れます（大森、2009）。環境保全計画とは、教室空間・学校空間・地域に対する活動計画を含んだ環境改善計画であり活動計画を含み、子どもの発達に応じて、それは共同の夢を表した絵であったり、データを調べた計画であったり様々ですが、当事者である子どもたちの夢が詰まったものです。その夢の詰まった想像からその創造への橋渡しとして、子どもたちが意見表明し合意形成する公論の場を教師は組織します。子どもは参画した人たちの様々な意見から自分たちの環境観を修正しながら環境観を豊かに形成していきます。合意形成された環境保全計画に基づき、関係者・機関と協働しながら、公的な事に関わる原体験として現実世界の改変に関わることで、子どもたちはエンパワーメントされ、自己肯定感を育てます。地域と学校を結ぶ教育が環境教育によって結合され、協同的活動主体を念頭とした活動と学びが統一された――認識と実践の主体形成――知の形成がなされます。この地平に来て、子どもの環境教育実践はより豊かに展開されていきます。ただし、地域によってはこのような学校環境教育の展開の根底にある子ども観に対し様々な見解があり、教師は困難にぶつかることが多いでしょう。

子どもたちは公共空間にどのように関わるのか、公共空間に関係する人たちはどのような環境観をもっているのか等を学び、合意形成するためのプレゼンテーション・情報収集・コミュニケーションを通じて、現実世界を変える知恵と力とわざを獲得し子どもたちはエンパワーメントされます。

## 教師は制度知／学校知を相対化する実践的研究者として立ち現れる

以上のような学校環境教育実践は子どもにどのような学校知の形成をしていくのか、という教師自身の指導を省察させ問いを生じさせていきます。これに関して、図4-2に示す内容知・実践知・原体験知（情動・感情・暗黙知）という知の枠組みを提起します。

内容知とは事実と事実の解釈に関わる知であり、これまで学校環境教育はどんな内容知を生み出してきたのか、これからの内容知には何が必要なのかを検討します。内容知分析は、「工業化社会のための教育」から「環境のための教育」へ転換する（フィエン、1993）視角および持続可能性に向けた教育への視角からすすめます。

実践知とは社会参画に関わる社会を創る実践的な知であり、持続可能な社会に向けた主権者としての実践的な知です。政治教育・シティズンシップ教育からの検討により、豊かな概念構築を進めます。

原体験知は情動・感情・暗黙知に関わる知で、人間の行動を左右するのは情動である（ダマシオ、2003）という研究や、黒磯中学校女教師刺殺事件は情動コントロールのできない中学生（坂元、2000）の問題といった情動への着目、知っているけど日常生活で生かされない事に対する問題、体験から生じる意識化されていない知の学校知への取り込み等、以上を視野に入れた知の形成を検討するための一つの仮説です。現在、日本の学校教育はパッケージ化された記号・文字による明示知の効率的な獲得によって、知っているけどわからない（「僕らはトンボ探検隊」中学生座談会記録2005）状態が蔓延しています。たとえば、国民主権という言葉を知っている国民は大多数ですが、国民主権を現実世界の自身の生活・社会の状態からくる多様な暗黙知と結合して国民主権をわかる国民は増えてはいるでしょうが、まだまだ多くの国民はわかる状態には至っていないでしょう。暗黙知（ポランニー、2003）と結合された明示知の獲得により、単に記号・文字で知っていることからわかることへと統一され、生きる力として日々の生活の指針に転嫁可能な知を獲得していきます。原体験知は、以下の例のような環境教育での知の形成の検討を促していきます。たとえば、宮沢賢治の「注文の多い料理店」は、食物連鎖の網の目に生きている野生の世界に連れ戻された現代人の「人は食べるけれど食べられない」という感覚を揺るがすという新たな知の体験を促します。また、行動展示で有名な北海道旭山動物園での参観者の歓声——たとえば、水槽の中のトンネルから水中を泳ぎまわるペンギ

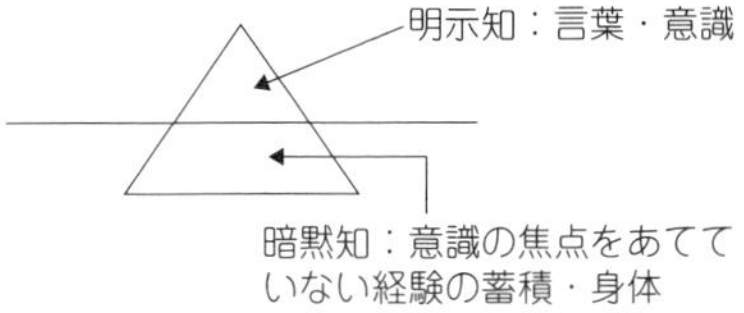

出典：田中昌弥（2006）。

図4－2　知の枠組み

ンを見て出る歓声には、ペンギンという明示知を豊かに再認識する原体験知があります――等は、野生の世界を再認識させるものです。

これらは、生物進化を経て社会進化によりヒトから人に成った人間（小原、1985）を見直す契機となる内容知からのアプローチとは違った知の形成を促すでしょう。

## 2　教育を地域と結ぶ学校環境教育

前節までを踏まえ、実践での子どもの言説と活動から子どもの人格形成を読み解き論じます。以下、教育実践記録①から⑤の必要個所を切り取り論じますが、実践記録全体については本章末に掲げる文献を参照願います。

### 協同的活動主体としての子どもの言説と活動

教師は日々子どもと学びを創造しながら教師になっていきます。実践することで教師の子ども理解は揺らぎ、省察する中で、子ども観が鍛えられ、協同的活動主体という子ども像を発見しました。


【事　例①】

ある朝、2年生の男子が教室に飛び込んできた。

「先生、みんな大変だ」話を聞くと「公園の僕の木を切っている大人がいて、僕は怖くて注意できなかった」という。学級の子どもたちは、その話に興味を示し、質問や意見を言い出した。

「何で注意できなかったの」「それは密漁だ。上野動物園のゾウにやるんだ」…。そして吉田真理が発言する「公園の木なら区役所に聞けばわかるかもしれない」その後、区役所への電話の仕方を班ごとに相談し、当事者の男子が電話をかけたが要領を得ず、「公園の木の前で説明してもらおう」と話し合いで決め、実際に公園で説明を聞くという午前中の生活科の授業であった。

「僕の木」とは、通学路の木という公共物を自分の木として手作り名札を付け、自分との関わりをもたせるツールとして使い1年間観察する、子どもたちと地域の生物の応答関係を育てる一つとして実践した。

区役所公園緑地課職員による剪定を見た男子が、問いを学級に持ち込み、学級が学びの協同体として立ち上がり、探究の方法を話し合い、区役所に電話しその問いを解決していった。その間、教師は、インストラクター的指導ではなく、子ども相互の話し合いにファシリテーター（伴走者）として、区役所職員との出会いを組織するコーディネーターとして、子どもの学びの協同体に指導を行った。


【事　例②】

学級の子どもたちのお化けの噂から出てきた「自分たちの学校ができる前はお墓だったのか?」という問いから、おじいちゃんに聞くグループ・おばあちゃんに聞くグループ、そして、斎藤博之グループは、毎日学校近くの公園の地面から貝殻を掘り出し、「ここは昔海だった（?）」と意気揚々発表したが、翌日反論が出た。

…やがて、この地域には音無川が流れ、タヌキがいたことがわかり、今何故ないのか・いないのか、調べはじめた。

…子どものお化けの噂から音無川はどうなったのか・タヌキはどうしていなくなったのか・昔は海だったのかという3つの問いを生み出し、昔調べを行い、今と比較し、「暗渠になった音無川を掘り出したい」と子どもたちは地域の未来について2時間以上も話し合った。


事例①②では、子どもが学習対象から学習課題を生み出し協同で立ち向かい、社会的諸関係の中で学びを展開した能動的な姿から、協同的活動主体としての子ども像を発見し、学びを育てる教師の指導を構想し、学校環境教育実践研究を進める契機となりました。

【事　例③】

荒川区ひぐらし小学校学区域横の住民団体「下町みどりとなかまたち」（事務局長野村圭佑）が荒川区旭電化跡地を「トンボの楽園」として残した運動から、野村らの獲得した地域環境観・それに基づく地域環境計画案・実現に向けた都／区議会への請願／署名運動を教師は聞き取り、それらをもとに学びのデザインを描いた。

都市部に共存するトンボのための公園を誰がどのように創っていったのか、都市部における野生小動物との共存をどのように考えるのか、東京下町の原風景を探り未来を創る思い、等について子どもが主体的能動的に当事者性をもった協同的活動主体として学ぶにはどう授業を構想するのか教師は構想を練った。

水泳指導の始まる数週間前の屋上プールで、一人一つの網を持ちプールの底を探らせることから実践は展開した。泳ぐためだけに在ると疑いもせずに思っていた屋上プールにヤゴが棲息し、毎年、水泳指導の始まる前のプール清掃で排水口から流されていたことを子どもたちは実感した。手作りペットボトル水槽で「自分のヤゴ」を育て昆虫学習を行った後、教師のねらい通りに、羽化した「私のヤゴはどこに行くのだろう（松岡）」「そもそもヤゴはどこから来たのだろう（金原）」という問いを子どもたちは生み出し、保護者と日祭日、自転車で区内中の水辺探しを行う「トンボ探検隊」が誕生した。

やがて「原っぱと水たまりの広場＝都立尾久ノ原公園＝旭電化跡地」を発見し、三河島下水処理場屋上に建設されコンクリートで囲まれた「区立荒川自然公園」と比較し「ここは荒川区なのにどうしてこんな自然がいっぱいあるのだろう（斉藤）」という問いを生み出し、「原っぱと水たまりの広場」誕生の経緯に迫っていった。

屋上プールのヤゴからトンボ探検隊の組織化そして区内の水辺比較を経て、協同的学習主体Ⅰとして主体的当事者性をもち、住民団体「下町みどりとなかまたち」を学習対象として選択していった。

次の事例④⑤では、実際に子どもたちは協同的学習主体Ⅱとして現実世界を変える活動を行っています。

【事　例④】
東京下町を流れる荒川下流域河川敷に２ｍ×６ｍ×１ｍのトンボ池を掘った。

【事　例⑤】
東京都墨田区の隅田川桜並木横に在る隅田公園のブランコの高さを上げたり、鳥の巣箱を設置したり、市民に呼びかけて清掃活動などを行った。学級の子どもたちが主体性当事者性をもった学びの協同体として社会的諸関係の中で活動・探究しながら知を獲得した。

協同的活動主体とは、認識主体を育てる協同的学習主体形成Ⅰと実践主体を育てる協同的学習主体形成Ⅱを経て、またはそれらを統一してなされる主体形成であり、指導と保護を伴いつつ権利主体として成長する子どもの人間関係構築の権利としての意見表明権と社会参加権が保障される子ども観に依拠しながら学びを組み立てることによって形成される主体です。

## 子ども自身が環境観を育てる

80年代から90年代は、全般的に情報・商品流通が広がり子どもの自然離れと地域・野生小動物との応答関係の希薄さが進んだといえます。たとえば、事例①②から身近に共存する「スズメを知らない」(江幡)、「木（街路樹・公園樹木）って生きているの」(坂本)、「これ（オナモミ）、どこで売っているの」(平野) 等の子どもの言説が挙げられます。

事例③では、屋上プールを見ながら「こんな汚い水に生きものなんていないよ」(市川)。

事例④では、荒川河川敷ヨシハラから突然出てきた１匹のクロベンケイガニを囲み、為す術もなく子どもたちの輪はカニの動きに合わせ右往左往していました。

「先生、息子に誘われて荒川河川敷に来るようになりました。何十年もここに住んでいますが、こんなにカニがいたなんて知りませんでした」(宮石、父)。毎日良かれと思い飼育していたクロベンケイガニを石鹸で洗っていた子・

お母さんの香水をアゲハの幼虫にかけていた子、等が挙げられます。

このような、子どもたちと地域・野生小動物との応答関係に揺さぶりをかけることから実践は始まり、次のような地域環境観を獲得していきます。


【事　例③】

「土に雨水がたまり、草が生えトンボが来て鳥も来た。だから、都立ではなく自然が作った自然立尾久ノ原公園だ」（岡田）。

「いらないコンクリートは剥がせばいい」（蝦名）。

「今まで、僕はただトンボを取って喜んでいたけど、トンボにもトンボの人生があるとわかった」（岡田）。

「トンボも人間も一生懸命子ども（卵）を産んで必死に生きている。トンボも人間も同じ」（廣島）。

ここでは、日本の自然の復元力のすごさとそれを促す人間社会のあり方、人間と同じ生き物でありトンボとしての生き方をしているというい わば異質平等観に基づく共存するトンボへのまなざしの変化があった。


【事　例④】

子どもたちのもつ荒川観はまとめてしまえば「きたない・あぶない・ちかよらない」であり、保護者も同僚教師もほぼそうであった。荒川河川敷での野生小動物との関わりから「荒川は生き物がいっぱいいて僕らの自慢です」（恩田）「（実際にヨシハラと泥の中でヤゴの放流をした子どもたちは）ジャングルのようなすごいヨシハラはヒヌマイトトンボにとっては大切なところです。そのままにしておいてほしい」（畔上）という共存する野生小動物と棲息する場所に対する観方の変化を、前述したカニを石鹸で洗う・アゲハの幼虫に香水をかける子どもたちにもたらした。

自分の生活や自分の思いなど自分を基準とした環境観から、共存する異界の他者のまなざしを取り込んだものへと変化して行った。

【事　例⑤】
「小さい頃から遊んでいた公園がごみで汚れるのは嫌だと思っていた（でも，今までは何もしなかった）」（小泉）
「みんなは，グループごとに色々やりはじめたけど，私はそういうのは苦手でやりたくなかった。でも，自分たちの考えがこの公園に生かされ，みんながこの公園を前よりもっと使ってくれるようになるのがうれしくなって，やりだした」（外山）
「私たちは，ブランコの高さを上げたいと思った。公園に来た母子や学校のみんなにブランコの高さを上げるのがいいか聞き，アンケートを取った。…ブランコが上がり，すごくうれしかった」（浅見）
「私たちはゴミを捨てないよう看板を作った。今までは，看板を見ても何も思わなかったけど今は違う。一人ひとりが何かをやることが大切だ」（小泉）

子どもたちのまわりに広がる世界を所与の世界として何の関わりもない世界から，少しでも変えたいという課題としての世界に変え，働きかけることで子どもたち自身がエンパワーされ，自分や自分たちのもつ力を自覚することが重要です。持続可能な社会に向けた教育は，このようにして社会を想像し創造する知恵と力と技の獲得がめざされなければならないだろう。

## 3　環境計画を生み出し活動と学びを統一する子どもの能動性・主体性・当事者性の発現

所与の世界を問い，課題としての世界が広がった時，子どもたちは当事者として世界に立ち現われてきます。子どもたちの学習対象によって，その課題は左右されます。教師は，子どもたちの学びのゴールを視野に入れながら学習対象の選択・実在との出会いと学びの協同体の組織化・子どもたちが獲得するだろうと思われる知の検討を行っていきます。


【事　例②】

学びのゴールは、子どもたちの2時間以上の討論を経た「音無川を掘り出したい」という合意形成だった。当時の実践はそこまでだが、たとえば、関係行政に手紙で子どもたちの意見を送り、道路に看板を立てる・路面に川の絵を描くなどいくつかの学びのゴールが考えられる。

事例②から学習者である子どもの想像を創造する手立てをどうするかが教師の課題として自覚されていった。

【事　例③】
子どもたちの当事者性を引き出し主体的能動的に、現実世界の住民運動を学習対象とし、その地域環境観とそれを現実化した主権者の行動を具体的に学び、「何年も都議会区議会と戦った野村さんたちの考え方は僕と同じ」（洪）等の認識を生み出した。

事例③までの実践は、子どもたちが自分たちの環境計画を生み出すことはしませんでした。というよりは、教師自身にそのような発想はなく、次の事例④から課題となりました。


【事　例④】

教師は、（当時）建設省荒川下流工事事務所計画課との話し合いおよび勤務校より上流域の東京都板橋区のトンボ池視察を行い、学びのデザインを構想した。

学びのゴールを現実世界に協同的学習主体Ⅱとして「トンボ池」を造り出すことに置いた。すなわち、保護者と子どもたちの荒川観を野生小動物との交感で揺さぶり、他者性の認識を育て、「自分たちもトンボ池を掘りたい」とする課題としての世界を表出することであった。

ここで、教師大森は、痛恨のミスを犯した。当時河川法の改正により、荒川流域自治体毎に「荒川を良くする○○区民の会」が組織されていた。建設省荒川下流工事事務所ではその情報を流さなかったのだが，教師大森は独自に「荒川河川敷を子どもの学びの場へ」という趣旨の呼びかけを地域に行い，ガールスカウト世話人・ＰＴＡ副会長などと「トンボ池掘り」の確認を行っていた。
　その後，トンボ池掘りが進んでいくことで，「荒川を良くする墨田区民の会」のクレームを受けることになるのである。また，子どもたちが地域に意見表明し合意形成を図るという重要な教育過程を素通りしたことも省察されている。

【事　例⑤】
　本来子どもたちの身近な遊び場である公園に，高学年になるほど遊ぶ姿が見られなくなる。子どもたちが地域住民の一員として公園改修の意見表明をし，当事者として公園を変えた実践である。町会長５人・公園ボランティア２人・区公園担当職員３人を教室に招き公論の場を教師は組織し，意見表明し合意形成された事を実際に区役所職員・公園ボランティア・区民と協働しながら子どもたちが活動し，変えていった。

　知識の獲得がゴールではなく，知識を生かし生活と環境をより良くするために協同的主体的に判断し，集団・個人として行動できる知恵と力と技を育てることが環境教育実践だとすれば，子どもの環境教育実践はそれらを念頭に組み立てることが重要です。子どもの環境教育実践は，思考と実践の基本的な枠組みを育て，生涯にわたり学ぶ力とより良い環境を生み出し享受できる知恵と力と技の獲得をめざすことが重要です。子どもたちの生活する地域環境のために活動する体験で実践知・原体験知・内容知を獲得するより良い環境を創出する原体験の組織化という教育実践が求められるでしょう。

## 4　教育を地域と結ぶ学校環境教育における子どもの人格形成と教師の力量形成

地域環境をより良くする活動と学習を統一することで、子どもの学習は主体的な当事者性と協働的社会諸関係の中で探究的に進められました。子ども自身の認識・作用・社会性を視野に、野生小動物との関係性の構築、過去を調べ現在と比較し未来を展望する地域環境観の構築から所与の世界を課題としての世界へと誘う教育過程を経て、子どもたちは当事者として現実世界に立ち現われてきました。

第一に、地域を創る住民運動の自己教育活動から、第二に地域調査活動・オルターナティブな地域環境観の創出・公的空間に社会的に合意された空間を生み出す実践活動から、第三に環境観を育てる過程・環境計画を生み出す過程・公論の場での意見表明と合意形成と請願署名運動による社会参画の過程・現実世界を実際に変え維持管理する過程から、という3つの実践的な視角から子どもの環境教育実践をとらえ、子どもが協同的活動主体として生き生きと学びエンパワーされた展開を示してきました。

生涯にわたり持続可能な地域社会を生み出す知恵と力と技の獲得をめざし基礎的基本的な思考と実践の枠組みを育てることは、オルターナティブな地域を構想し創造する子どもの学習と実践が統一される――認識と実践の主体形成――学校環境教育実践で、展開されます。

最後に、教育を地域と結ぶ学校環境教育における活動と統一した学びを、子どもたちの言説から紹介します。

【事　例①】

大田君は「音無」という漢字を一生懸命に練習帳に書いていた。
その後、掌にも書いた。「だって、町探検でこの漢字を見つけられるかもしれいでしょう」。
音無川探しに行くことが決まった時、子どもは自主的に漢字練習をはじめた。

【事　例②】
「次に何がわかるかワクワクする」（金原）
「私は和尚さんに質問できなかったけど、みんなの質問を聞いて良くわかった」（岡胡）
「何で、鹿島さんは、道路がいいっていうのかな。私は、鹿島さんの考えがよくわからないけど、やっぱり、川を掘り出したい」（伊藤）
「一人でも考えを変えない鹿島さんのような強い心がいいと思う」（岡胡）
音無川・タヌキをキーワードに生み出した子どもたちは、町探検に出かけ、日暮里駅前で「音無川消防署」を見つけ、善性寺前の道路に「将軍橋」という欄干を見つけた。

【事　例③】
「トンボが僕たちの学習を導いてくれた」（平野）
「私たちは学び方を学んだ」（廣島）
「中学校では、教科書を暗記するだけ。自分たちで調べ、ここはどうしてこうなるのか、わくわくどきどきして自分たちで調べることをしない」（平野）
学び方を学び、学ぶ楽しさに触れた子どもたちは、学校教育を相対的に見はじめた。

【事　例④】
「どうしてトンボ池の水がだんだんなくなっていったのかが、土の勉強でわかった。粘十が混じっていたからだ」（池田）

「青虫（アゲハの幼虫）は、（ヤゴの呼吸と比較し）お尻でもない。口でも鼻でもない。どこで息をしているのだろう。…腹の穴でしていると思った」（中村）
「（アゲハの幼虫とヤゴの比較から）親に似た子はさなぎにならない」（ぼくらはトンボ探検隊）
活動から生じた疑問を理科学習で取り上げることで、子どもたちの探究的共同的な学びを生じさせた。

【事　例⑤】
「毎月1回区民に呼びかけて清掃活動をやり、自分たちで看板を作り、初めてわかったことは、そのように町のことを考えていた人たちがいたことだ」（小泉）
「公園に関わることで私たちはいっぱい学んだ。…楽しみながら公園を綺麗にできた」（矢島）

活動と学びを統一する学校環境教育により、学習者と生活者が統一され、現実世界を課題としての世界としてとらえ、子どもは協同的社会関係の中でエンパワーされ自己肯定感が育ち、社会的に構成された知を獲得していきます。

子どもの当事者性を育んだ環境教育は、現代の学校と社会の枠組みの中においても、環境教育実践として環境と発達のパラダイム転換によって展望することができます。

**参考文献**
マイケル・コール（天野清訳）（2002）『文化心理学』新曜社。

アントニオ・R・ダマシオ（田中三彦訳）（2003）『無意識の脳　自己意識の脳』講談社。

ユーリア・エンゲストローム（山住勝広ほか訳）（1999）『拡張による学習』新曜社。

堀尾輝久・河内徳子編（1998）『教育国際資料集』青木書店。

ジョン・フィエン（石川聡子ほか訳）（2001）『環境のための教育』東信堂。

福田誠治（2008）『子どもたちに未来の学力を』東海教育研究所。

福田雅章（2001）「あらためて子どもの権利を問う」『教育』No. 668、国土社。

嘉田由紀子（1993）「環境問題と生活文化」飯島伸子編『環境社会学』1有斐閣。

中村和夫（2004）『ヴィゴツキー心理学』新読書社。

中村和夫（1998）『ヴィゴツキーの発達論』東京大学出版会。

沼田真（1982）『環境教育論』東海大学出版会。

南里悦史（2008）「子どもと教育を育む地域の生活と共同性の構築」『教育と生活の論理』光生館。

小原秀雄（1985）『人［ヒト］に成る』大月書店。

大森享（2004）『小学校環境教育実践試論——子どもを行動主体に育てるために』創風社。

大森享（2005）「子どもと環境教育〜学校環境教育論」朝岡幸彦編『新しい環境教育の実践』高文堂。

大森享（2009）「ドイツ学校環境教育事情報告その2」『子どもと教育No. 505』ルック。

大森享編著（2006）『環境学習をはじめよう』ルック
大森享・伊藤幸男編著（2006）『21世紀の環境教育』ルック。

折出健二（2003）『市民社会の教育』創風社。

マイケル・ポランニー（高橋勇夫訳）（2003）『暗黙知の次元』筑摩書房。

斎藤浩志（1977）『教育実践とはなにか』20-21青木書店。

坂元忠芳（2000）『情動と感情の教育学』大月書店。

佐貫浩（2002）『イギリスの教育改革と日本』高文研。

佐々木毅・金泰昌編（2002）『日本における公と私』東京大学出版会。

田中昌弥（2006）「子どもの学力と学び」有賀克明・前島康男編著『現代の子ども・教育・教師を読む』創風社。

東井義雄（1984）『村を育てる学力』ほるぷ出版。

レフ・ヴィゴツキー（柴田義松訳）（2001）『思考と言語』新読書社。

山住勝広（2004）『活動理論と教育実践の創造』関西大学出版部。

山田雅彦（2002）「求められる『社会形成と教育』の研究」『教育』No. 681、国土社。

矢野智司（2002）『動物絵本をめぐる冒険』勁草書房。


（大森　享）

コラム

# ドイツカールスルーエ市の森の幼稚園〝森のきつね〟を訪ねて

２００8年12月末に2週間ほどドイツに滞在し、カールスルーエ市の調査を行いました。その中から森の幼稚園〝森のきつね〟についていくつかご紹介しましょう。

カールスルーエ市では、１９９８年に設立された唯一の森の幼稚園〝森のきつね〟を訪問しました（写真１）。定員30名を保育士４名が担当し、３歳以上で定員に空きがあれば自由に入園できます。この幼稚園は午前９時から始まり12時半に終わります。母親の自転車の後ろに引かれたバギーに乗り、８時半頃から園児たちは集まってきます。

12月はドイツ中が各地域の広場でのクリスマスマーケットで盛り上がっていて、幼稚園では昼のおやつタイムに代表者が順番に保育士手作りのカレンダーのその日の袋からお菓子を取り出し、園児みんなが食べていました。

訪問した日は寒さと雨のため園児たちは森には行かず、〝馬車ごっこ〟をして園庭を走り回っていました。〝森のきつね〟は、園庭も園舎もない〝森の幼稚園〟ではなく、普通の幼稚園と〝森の幼稚園〟の中間に位置する森の幼稚園です。

（写真提供）松田雅央（Business Media 誠：http: //bizmakoto. jp/makoto/articles/0805/27/news016.html）

**写真１　森のきつね**

プラウ園長に話を伺いました。

「〝土、水、火、空気〟という自然を大切にしています。まず園児の興味から始まり、五感を通した直接体験を大切にしています。園児は自然や仲間から学びます。保育者はそれを支援するのです。例えば、落ち葉を見つけた園児に対して『その落ち葉はどの木から落ちたの？』と問いかけたり、その木の名前を知りたくなった園児には教えます。また、園児に落ち葉やクリの数を数えるように促したりします。園児たちの興味と想像力を引き出し、時には保育士や保護者の力を借りながら遊びます。森の中の切り株がテーブルにあるいは椅子にあるいは大きな船になったり、柳の枝を束ねてトンネルを作ったり、枝からロープをつるしてターザンごっこをしたり等が行われます。園児たちはストレスの少ない生活を送っていると思います。

クリスマス行事以外に3つの行事（復活祭、夏祭り、ランタン祭り）がありますが、それ以外はすべて森の中で遊びます。ただし、寒さや雨の状況によって園児は園庭で過ごすこともあります。普通の幼稚園に比較すると、森の幼稚園は社会性の発達、経験の豊かさ、能動性、判断力、自主性、想像力（ファンタジー）、知性に優れています（ピーター・ヘフナー『ドイツの自然・森の幼稚園』2009年、公人社　参照）」。

昼のおやつの時間では、昼食として持参したお弁当を食べる園児がいました。園児が持参したお弁当を見るとパン・チーズ・果物等で、他の場面でも感じたのですがドイツの昼食は全般的に質素だなと感じました。

また、友達と離れ一人だけ違うテーブルで食べていたので、「あの子はどうして一人ですか」と尋ねると「一人で食べたい時もあります」と保育士は答えました。

日本の保育士ならどうするでしょう。ドイツでは、小さい時から、まず「その子の考え」を大事にしているように思われます。

園庭の隅にはバイオトイレの小屋とコンポストがあり、屋根には太陽光発電が設置され、冬場の水道凍結により、保護者が毎日交代で水を運んでいるそうです。日差しが少ない時は照明が暗くなり、水も使い過ぎると途中でなくなり、もちろんお湯はありません。

「それらの生活が、園児にとって自然と人間の生活を考える上で貴重な体験となります。小学校入学当初は文字学習で多少遅れをとるようですが。話すこと、自主性、集中力は優れています。書くことは3カ月もすれば追いついてしまいます」とプラウ園長は力強く話しました。

森の幼稚園を見学して、人工物に囲まれるのではなく森の生き物に囲まれる森を活用した「環境の中での教育」について考えさせられました。

園児が仲間とともに保育士の支援を受けながら、森にある自然物と生き物に関わり遊ぶことで園児同士の共同・想像・創造を通した知識・技能・感情等が学ばれている事を感じました。

（大森　享）

# 第5章　地域の教育力としての〈ローカルな知〉

## 1　グローバリゼーションと持続可能な開発のための教育（ESD）

「環境教育」という言葉から多くの人がもつ印象と、その先にある複雑な課題の解決を求められている学問や実践の基本的なスタンスとの間に、ズレを感じることがあります。屋久島の巨大な縄文杉や白神山地のブナ林などの豊かな自然の中で、クマやカモシカなどの野生動物を観察し、自然の仕組みや知恵、共生の仕方について学ぶこと、あるいはノーベル平和賞の受賞者アル・ゴア元米副大統領の映画『不都合な真実』から地球温暖化の深刻さを理解し、私たちに何ができるのかを考えること。これらのいずれもがまさにいま求められている「環境教育」の一つの姿であり、多くの人々がイメージする環境教育は「自然」そのものの本来のあり方とそれを回復する方法を学ぶことでしょう。

しかし、私たちが目にしている自然の多くは、人や社会との深い関わりの中で生み出されたものです。その危機を直視して、自然と人間との関係に様々な問題を引き起こしている私たちの生き方や人間らしさのあり方、社会のあり方を基本的なレベルから問い直すことが求められています。人と自然との共生を模索することは，自然の向こう側にある人の生き方や社会のあり方を見すえ，すべての人に保障されるべき「人間らしさ」を基本にすえて，持続可能な地球の未来を描き出すことであるともいえます。

私たちが生きているグローバリゼーション（globalization）という時代状況と切り離して，環境教育の意味や役割を語ることはできません。グローバリゼーションのもとでの社会はインターナショナル（国際的）な社会やワールドワイド（世界的）な社会とは異なり，国家や地域を前提とせずに自由に動く資本や情報，人やモノの流れを最優先とする世界です。グローバリゼーションが生み出しつつある世界を〈帝国〉（ネグリ［A. Negri］＆ハート［M. Hardt］）もしくは「ポストコロニアリズム（post-colonialism）」（スピヴァック［G. Spivak］）とみなし，それを克服するための主体として「マルチチュード（multitude）」（後述）や「サバルタン（subaltern）」（後述）などの人びとが想定されています。これを学習論の視点からとらえなおすと，スピヴァックにより「学び捨てる（unlearn）」の一語で表現される行為が求められることになります。すなわち，「あらゆることに関して自分が学び知ってきたことは自らの特権のおかげであり，またその知識自体が特権であることを認めること。そのことと同時に，それが自らの損失でもあると認識し，特権によって自分が失ったものも多くあることを知ることで，その知の特権を自分で解体する」（本橋，2005）ことです（図5-1）。「豊かさ」を実現する手段として位置づけられてきた開発や経済発展がもたらす矛盾や弊害に対して，私たちが「環境」を対置するだけでは問題を解決することはできません。むしろ制度化され，画一化された私たちの生き方や学び方そのものに主体的・批判的に向き合うことが求められます。「環境教育」という言葉が世界で一般的に使われるようになったのは，１９７２年の国際人間環境会議（ストックホルム会議）以降のことです。その後，環境教育は「持続可能な開発（sustainable development）」概念の提起を受けて，「持続可能性のための教育」（EfS）または「持続可能な開発のための教育」（Education for Sustainable Development／ＥＳＤ）という考

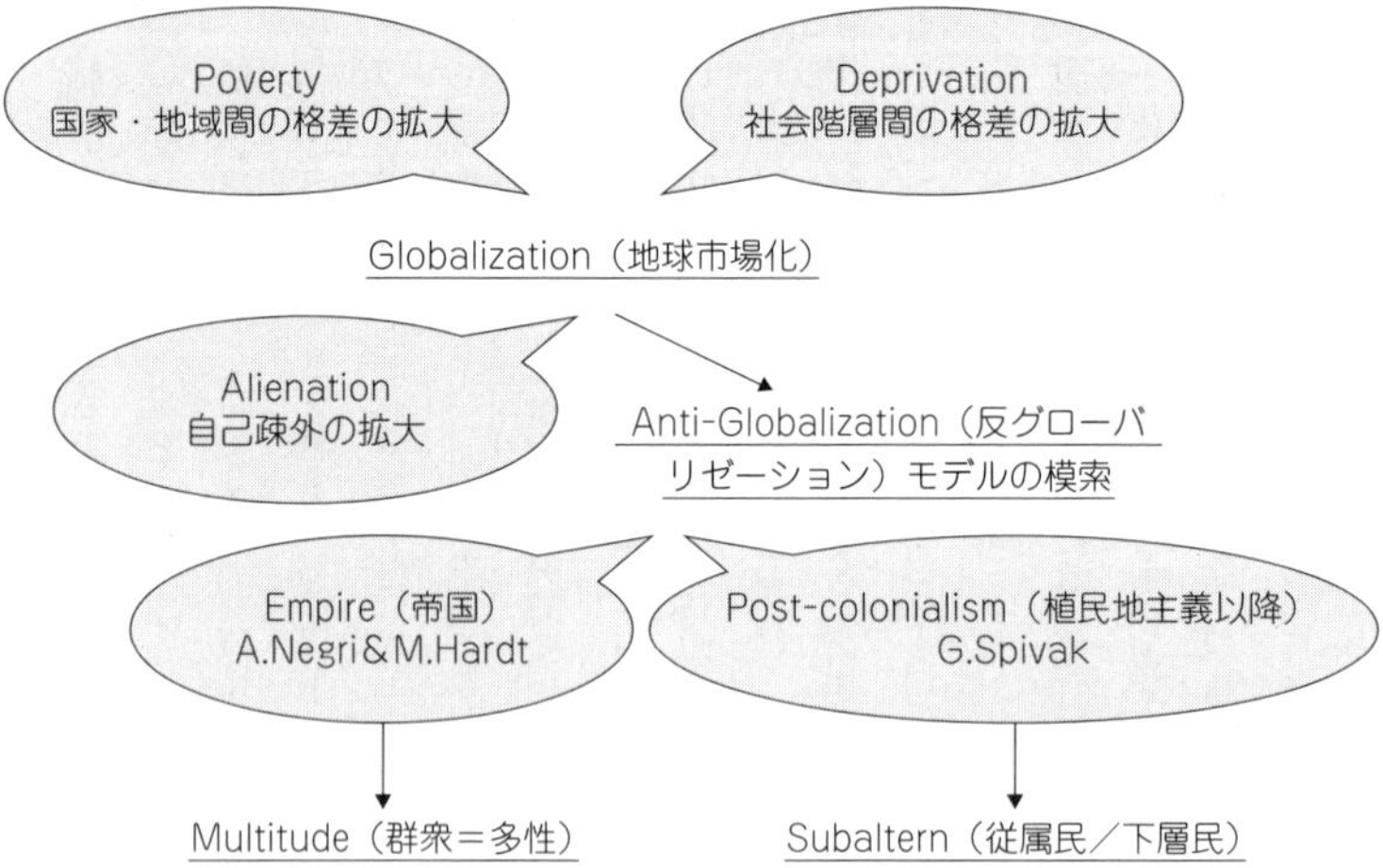


**図５-１　グローバリゼーションのもとで進む貧困化**

え方へと発展してきました。だれもが認めざるをえないことは、「環境教育」が私たちの生きる世界の変貌とともに変化してきたということです。さらにいえば、「持続可能な開発のための教育（ＥＳＤ）」は、私たちにグローバリゼーションがもたらす未来とは異なる「もう一つの未来（alternative future）」の可能性を提起しているととらえることができます。

　環境教育を通して「もう一つの未来」を模索することは、すべての人に主体的に生きる権利を保障することと切り離されるべきではありません。ユネスコ学習権宣言（1985）は、「学習権とは、読み書きの権利であり、問い続け、深く考える権利であり、想像し、創造する権利であり、自分自身の世界を読みとり、歴史をつづる権利であり、あらゆる教育の手だてを得る権利であり、個人的・集団的力量を発達させる権利である」と、人が主体的に生きるために学習が不可欠の権利（基本的な人権）であると宣言しました。現在だけでなく、未来世代のすべての人に「自ら歴史をつくる主体」となることを保障するためには、持続可能性とともに徹底した民主主義を求める思想と仕組みが不可欠です。その意味では、環境教育学もしくは持続可能な開発のための教育（ＥＳＤ）には、それらの学問が展望する「持続可能な社会」のあり方を提示することが求められているともいえます。ここでは、その基本的な概念として「地域主義」と「地域社会」の可能性に注目します。

## 2　教育における地域主義の意味

### グローバリゼーションのもとでの教育学の模索

教育学におけるグローバリゼーション研究について本格的に議論されはじめたのは、日本教育学会『教育学研究』誌における「特集　グローバリゼーションと教育の課題」（72巻3-4号、2005）と、日本社会教育学会編（2005）『グローバリゼーションと社会教育・生涯学習』です。それ以前の数少ない先行研究として、魚住忠久のグローバル・エデュケーションに関する研究（魚住、1994）を挙げることができます。魚住は１９７０年代末から80年代にかけて著しい発展をみせた米国のグローバル・エデュケーションの流れを整理して、目標や戦略が必ずしも一枚岩的ではないものの、子どもたちがその時代でよりよく生きるための教育的な努力から成立する教育運動をグローバル時代のシチズンシップ（L.F. Anderson）と定義しました。また、魚住は「グローバル社会の本質」を①Ｋ・Ｅ・ボールディング（K.E. Boulding）が指摘した地球の有限性についての認識、②都留重人らが指摘する宇宙船「地球号」には定員もなく船長格のリーダーもおらず「ジョイント・マネージメント」（小島明）の方向が探られている現実と理解したうえで、「地球人（globalist）」としてのグローバル・シチズンシップを育てるグローバル・エデュケーションの創造と展開が不可欠の教育課題であるとしています。その意味では、１９９０年代以降のグローバリゼーションの進展をどのように評価するのか、グローバリゼーションが引き起こす問題を克服する主体をどこに見いだすのかが、その後のグローバリゼーション研究とのちがいを考える大きな鍵となります。魚住らが民衆を、グローバル・シチズンシップをもつ「地球人」、いわばグローバリゼーションを積極的に担う地球市民であると見るのに対して、ネグリやハートの「マルチチュード」やスピヴァックの「サバルタン」は地球市民であることから疎外されたまたは拒否した人々ととらえてられます。このちがいがグローバル・シチズンシップを育てるグローバル・エデュケーションと、WTO体制への抵抗運動という「闘争の場」での学び（N. Chomsky）や「学び捨て（unlearn）」（Spivak）を不可欠のものとする教育観のちがいにつながると考えられるのです。

他方で、日本社会教育学会では識字教育、ジェンダー教育、多文化教育などの領域でグローバリゼーションにかかわる研究が蓄積されてきました。その中で、同学会編による『国際識字10年と日本の識字問題』（1990）は、「教育への権利」の思想と現代的人権の立場にたって社会教育ないし生涯教育・生涯学習のあり方を問い直すという国際識字年（1990）のグローバルな視野からの提起に対して、「外（第三世界）の問題」に終わらせるのではなく、「日本の〝内なる〟識字問題」をも深く認識し、現代的人権の視点から日本の社会教育・生涯学習のあり方をとらえかえすという課題意識にもとづいて編集されたものでした。その後もこの分野での研究が活発化したことを受けて刊行された『多文化・民族共生社会と生涯学習』（1995）は、日本における「民族共生社会」と「多文化社会」という二つの軸を通して、社会教育実践と社会教育研究の課題を明らかにするものでした。その中で元木健は、年報の基本的スタンスを「多文化・民族共生社会」は一つの国のなかの課題であるとともに、国際社会・地球社会の理念でもあり、このような課題へのアプローチは、何よりも比較教育研究の領域であると提起しています。こうした蓄積のうえに、『グローバリゼーションと社会教育・生涯学習』（2005）が刊行されました。

こうした動きに対して、環境教育学研究及び環境教育実践の領域では「持続可能な開発のための教育（ESD）」が提起され、ESDがビジョン（未来指向性）をもった対話と参画を重んじる新しい教育のアプローチであり、組織・社会変革をめざすことから、組織・社会としての学びや状況的学習を重視するものであり、教育の新しいジャンルではなく既存の教育からのアプローチが可能なものである、とESD-Jによって定義されています（降旗、

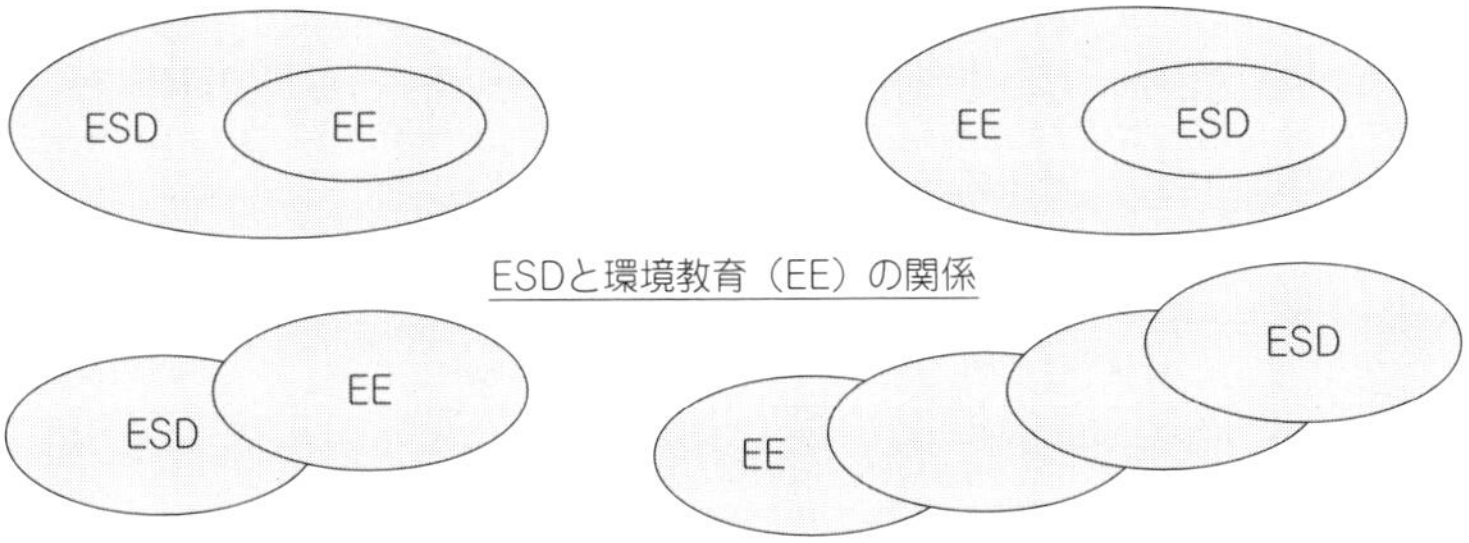


ESDは，ビジョン（未来思考性）をもった対話と参画を重んじる新しい教育のアプローチであり，組織・社会変革を目指すことから，組織・社会変革をとしての学びや状況的学習を重要視するのであり，教育の新しいジャンルではなく既存の教育からのアプローチが可能なものである。したがって，ESDの内容は地域の自然や社会・文化・歴史などの違いによって多様であり，地域の自己決定を重視すべきものである。（ESD-J 報告書）

**図５－２　持続可能な開発のための教育（ESD）構想の意味**

2005）（図5－2）。したがって、ＥＳＤの内容は、地域の自然や社会・文化・歴史などの違いによって多様であるべきで、地域の自己決定を重視すべきものであるとされます。ここでは、まず日本の社会教育における「地域主義」の伝統とその変質の意味に注目します。

### 社会教育における地域主義の伝統と変質

戦後日本の社会教育理念の根幹をなす概念の一つとして、地域主義の伝統を挙げることができます。社会教育法は憲法及び教育基本法（とりわけ１９４７年法）の理念を前提として、教育の民主化・自主性・地方分権化という諸原則に基づいて１９４９年に制定されました。そのなかで地域主義の考え方をもっともよく表しているのが、１９５２年に文部省が作成した『社会教育の手引き』の以下の文章です。「ただ社会教育行政において特筆すべきことは、社会教育の行政の基礎単位を市町村に置いたことである。これは社会教育行政が、その対策とする住民にもっとも効果的な機能を発揮していくためにはなるべく小範囲の地域を基礎にして展開されるべきであって住民の意向に従って諸計画が立案され、実施されてはじめて社会教育の意義を有するからである。」社会教育行政における「市町村中心主義」と呼ばれるこうした考え方は、社会教育法第21条で「公民館は、市町村が設置する」

と規定されることでより明確化されています。これは法第20条の目的で「市町村その他一定区域内住民のための」教育機関であると規定するとともに、公民館が国及び都道府県などの広域的な地域を対象としたものではないことを明示するものです。こうした規定を背景に市町村立公民館が公民館の大勢を占める状況がつくられてきました。

しかしながら、市町村を基礎単位とする社会教育行政の理念は、次第に、より広域的な概念へと置き換えられていきます。１９７１年の社会教育審議会答申は「ひとびとの学習要求に根ざし、地域の実状と特性に応じた社会教育を推進して、ひとびとの日常生活からの要請に直接こたえる役割をになうものは、第一次的には市町村であり、これを補完するものは都道府県である」と述べました。それまでの市町村の社会教育が第一次的なものであり、都道府県によって補完されざるをえないものであると規定することで、市町村社会教育の自立性を事実上否定していきます。さらにすすんで、１９８７年に閣議決定された『教育改革推進大綱』では、生涯学習体制の整備として「(1)…都道府県における生涯教育推進体制の整備促進及び市町村における教育・文化・スポーツ施設等の整備並びに放送大学による学習機会の拡充等を中心とする生涯学習の基盤整備に努める」と規定しています。

社会教育行政における市町村から都道府県への施策の中心の移行は、同時に「社会教育」概念から「生涯学習」概念への移行を準備するものでした。１９８１年の中央教育審議会答申は、生涯教育の意義について「これらの学習は、各人が自発的意思に基づいて行うことを基本とするものであり、必要に応じ、自己に適した手段・方法は、これを自ら選んで、生涯を通じて行うものである。その意味では、これを生涯学習と呼ぶのがふさわしい」と、生涯教育を特徴づけるものとして「生涯学習」概念を使用しました。さらに、この「生涯学習」概念を中心に施策化したものが、先の『教育改革推進大綱』（１９８７年、以下『大綱』）です。『大綱』は「(2)…民間教育事業との連携のあり方を含め社会教育に関する法令の見直しに速やかに着手し、成案を得る」と表明することで、のちの「生涯学習の振興のための施策の推進体制等の整備に関する法律」（生涯学習振興法、1990）の基本的な性格と日本版「生涯学習」概念の本質を規定しました。それを端的に示すものが、「(5)…民間活力の導入等による一定の地域を総合かつ重点的に整備するための施策についての所要の調査研究を進める」という項目でした。

つまり、社会教育法の制定時において市町村中心主義という形で住民自治の概念と深く結びついていた「社会教育」概念が、その後の文部省の政策変更によってその中心的な役割を市町村自治体から都道府県へと次第に移行し、ついには生涯学習振興整備法に特徴づけられる「生涯学習」において、もっぱら都道府県が施策の主体として位置づけられていることに、戦後社会教育行政における地域主義の変質をみることができます。むしろこうした変質は、社会教育行政における地域主義から市場主義への移行と特徴づけることで、１９９０年代の行政改革・規制緩和政策のもとでの生涯学習政策の役割を明確に表現することができるのです。

## 社会教育学における〈ローカルな知〉の模索

日本社会教育学会はプロジェクト研究「グローバリゼーションのもとでの社会教育・生涯学習」の研究成果を受ける形で、２００４年度から２００７年度まで新プロジェクト研究「グローバル時代における〈ローカルな知〉の可能性」に取り組みました。プロジェクトの責任者である前平泰志は、local knowledge とは異なる〈ローカルな知〉を basic や minimum を支える独自の概念として自らつくったものであると説明しています。前平はまず、「生涯学習は、その成立の経緯、その概念にこめられる内容や方法など、いずれを取っても、その全き意味で地球的＝グローバルであることを宿命付けられてきた」と、グローバリゼーションを社会教育・生涯学習への外在的な要素とみなすことを批判します。「女性」「子ども」という概念すらグローバルな世界における制度化であると見なす視点は、国際条約などによる権利規範の普遍化を通じて「教育の世界システム」（Mayr）と呼ばれる教育の同質化を引き起こすＩＧＯ（国際政府間組織）やＮＧＯ（非政府組織）の役割を問題にするのです。「ＵＮＥＳＣＯや世界銀行を含む国際政府間、非政府間組織のネットワークを通して、識字教育のように、人類にとって教育の欠如自体が不名誉なことであるという認識が広まったこと、他方では、平和問題や環境問題、人口問題のように、国民国家を超えてグローバルに解決されなければいけない諸問題への覚醒の手段としての教育の必要性が認識されてきたこと、この両者があいまって、教育言説のグローバル化を引き起こしていることは、否定できない。」（前平、2004）

その意味では、国民総生産（GNP）や人間開発指標（HDI＝Human Development Index）などの「複雑でソフィストケートされた指標」が表す「豊かさ」や「貧困」そのものが、教育にどのような含意を迫ってくるものなのかも問う必要があります。「国連や世界銀行の提唱する『貧困』という概念が成立するのは、貨幣経済が浸透している社会においてであり、市場経済が支配していない社会においては、『貧困』を数値化することは意味のない作業である。…（中略）…『貧困』はこの過程の中から生じてくるのであって、この過程以外ではない。グローバリゼーションの進行は、かつて『貧困』など無縁だった人たちが、『貧困』の烙印を押され、そして単に烙印を押されるだけでなく、文字通り生存に必要なラインを下回る貧困者として登場することを余儀なくさせる」（前平、2004）。

これらのことから前平は生涯学習・社会教育について、「生涯学習とは、概念の歴史的な発生を別にすれば、その地域住民が生き残りをかけていずれの時代にも、いずれの共同体にも存在した、地域のもつ様々な課題を解決するために生み出された、多様かつ地域固有の学習の様式を意味するのではなかったのか？（だからこそ、日本の『社会教育』という概念は世界にまれな、普遍化されない概念としてあるのであり、これはこれで誇りうるべきことがらであろう）」と考えました。そして、〈ローカルな知〉（＝社会教育で実践される知）は「本来的に、時間と空間に限定された局所的で一時的な知から出発している」ものであり、「この知を支えているのは、まぎれもなく〈ローカルな時間〉と〈ローカルな空間〉なのである」と定義するのです。

したがって、〈ローカルな知〉にもとづく生涯学習とは、「グローバルな言説というテクストをコンテクストに置き直し、一度テクストを壊してみること、そしてもう一度壊したテクストを再建しようとすること、この繰り返しを永続的に続けること、生涯にわたる学習とはこれ以外にない」とされます。さらに、「ローカルな知とは、単にある一定の地域や地方において、保護されたり、継承されるべき知や文化をさすのではない。それは、制度によって再生産することも、他者に交換することも不可能な個有の知をも含む、局所的、局在的な空間と知の関係の様式を問題にするダイナミックな概念である。個人にあっては、これ以上分割できない知という意味で、ローカルな知の究極の形態は、身体の動き＝五感の働きに根ざした知であろう」（前平、2005）。こうして〈ローカルな知〉は個人に行き着きます。社会教育学会における〈ローカルな知〉に関する研究は、２００８年度の『〈ローカルな知〉の可能性』としてまとめられています。

このような知のあり方は、阿部謹也の「教養」のとらえ方に通ずるものがあります。阿部は「なにを職業とすべきかを考える中で『いかに生きるか』という問い」が「教養」の始まりであったと考えます（阿部、1997）。すなわち、一般的に理解されている「教養」とは対照的に、ひとりひとりの職業（生業）に根をもち、各人が属する時間的・空間的に限定される「世間」に規定された「教養」のあり方が問われているのです。その例として、阿部は江戸中期の篤農家・田村仁左衛門吉茂の教養のあり方を取り上げました。『吉茂遺訓』、『農業自得』に見られる吉茂の教養は、「若いときに寺子屋に行くよう勧められながらもそれを断り、算術の勉強も断って農業ひとすじに働き、「生半可な学問は鼻を高くさせるだけで、百害あって一利なし」として、「教養のすべてを農業の中」に見いだそうとしたものです。また阿部は、吉茂の教養は一人で獲得したものではなく、「多くの農民たちとのつき合いの中でそれらの人々との共同の労働の中で身につけていったものであった」と指摘します。ここに、「ローカルな知」の具体的なあり方としての農民の「教養」の一つのあり方を見いだすことができます。

## 3 地域社会の可能性

環境問題に限らず、高度の技術やシステムから成り立つ問題は、一部の専門家のみが「正しい解決方法」を知っていればよく、一般市民や子どもにはその方策を知らせて協力してもらうだけでよい、と考えられがちです。狭い意味での「啓蒙」・「啓発」などの概念で語られるこうした教育観は、高学歴社会となった日本において、二重の意味で批判されなければならないといえます。

まず第一に、環境問題の正確な分析と正しい解決方策をほんとうに専門家が知っているのか、という問いです。環境問題のスケールが大きくなり、問題が複雑化し、その技術を裏づける専門性のレベルが高くなればなるほど、問題状況の理解と対処法はより試行錯誤的で暫定的なものにならざるをえません。専門家でも間違う可能性があること、どのような技術も完璧ではないこと、多様な視点と専門性による評価や見直しが絶えず求められていることを強く意識する必要があるといえます。

第二に、将来世代に大きな影響を与える環境問題の解決方法を、一部の専門家だけで事実上決めてよいのか、という問いです。環境問題が社会構造に深く根ざした問題であり、地球全体に与える影響が大きくなっている状況のもとで、どのように問題の原因と構造を理解し、どのような解決方策を選択するのかが、将来の人類社会のあり方そのものを決定しかねません。私たちが基本的な人権の保障を前提とした民主的な社会をめざす以上、社会の未来のあり方にかかわる基本的な決定はすべての市民の討議に委ねられるべきという考え方は否定されるべきではありません。すなわち、テクノロジーの視点からも、デモクラシーの視点からも、いずれにせよ専門家が知識を専有していて、これを市民に「啓蒙」「啓発」しなければならないという発想には限界があると考えます。

ここで、環境教育の方法を構想するためのもっとも基本的な概念として、「形成」に注目したいと思います。かつて教育学者・宮原誠一（1949）は社会的生活における人間の「形成」の過程には、①社会的環境、②自然的環境、③個人の生得的性質、④教育の4つの力が働いていると指摘しました。そのうえで、（前3つの力の）「自然生長的な形成の過程を望ましい方向にむかって目的意識的に統御しようとするいとなみ」を（第4の力である）「教育」と名づけています。人間の社会には「形成力」と呼ぶべき「人を育てる力」があり、良い意味でも悪い意味でも子どもが大人になる過程で社会の形成力の大きな影響を受けているといえます。

たとえば、広田照幸（1999）は「しつけ」についても「意図的なしつけ」と「無意図的な人間形成機能」とが関与していると述べています。ただし、ここでいう「しつけ」とは基本的生活習慣や礼儀作法、公衆道徳などを習得する狭義の「しつけ」だけではなく、「望ましい（とされる）人間をつくろうとする、子どもに対する外部からの作用全体」にあたる広義の「しつけ」を指しているため、〈労働のしつけ〉〈村のしつけ〉を含む広範な内容と方法を含んでいます。その意味で、たとえば〈村のしつけ〉には①「分際」という名の差別や抑圧が組み込まれ、②意識的な配慮をともなわないがゆえに望ましくない結果を生むことがあり、③イエやムラからはみだした子どもたちに何の配慮もなされず、④ローカル・ルールで社会全体には通用しない、などの問題や限界があり、子どもの発達や成長にとって必ずしもよいものばかりとはいえないものでした。とはいえ、「しつけ・教育という意図的なものが重視されるあまり、無意図的な人間形成機能に信頼が置かれなくなっている」、「親や教師からは学べないものを子どもたちが周囲の環境から学んでいっているのも事実である」などの理由から、「プラスの意味の人間形成機能を再評価してみる必要がある」と指摘しています。

ただし、〈村のしつけ〉にみられるように社会がもつ「形成」機能には、既存の社会や大人のルールを所与のものとするばかりか、世間の悪習（よからぬこと）を子どもに教えることにもなりかねないという問題があります。学校教育は、あえて社会や組織がもつ形成機能を分離し、または学校に従属させることで、意図的な統御の過程としての教育機能を高度に組織化しようとしたものであるといえます。子どもや大人に対する意図的な統御の過程である教育は、社会的装置としての学校においてその機能を十分に発揮することができます。定型教育（formal-education）としての教師（教える側）と生徒（教えられる側）との関係は、教師がほぼ独占的に教育内容と教育方法とを特定して計画的にすすめる（カリキュラム化）という意味で、もっとも整備された統御システムであるといえます。

他方で、社会に対して他者と協力しながら主体的・積極的に働きかける市民の生き方の中に、「主体形成」の契機があると考えられはじめています。また、問題解決に前向きに粘り強く取り組む大人たちの行為の中に大人自身の学習の契機があるばかりでなく、その「後ろ姿」を見て育つ子どもたちにも「正しい形成力」（教育力）を発揮できるともいえます。持続可能な開発のための教育（ＥＳＤ）を通して、形成と教育という２つの概念にまたがる新しい教育のイメージが求められています。それを具体化するキーワードとして、「地域」や「ローカル」という概念があると考えることができるのです。

**参考文献**

阿部謹也（1997）『「教養」とは何か』講談社現代新書１３５８。

魚住忠久（1994）「グローバル・エデュケーション」『教育学研究』第61巻第3号。

降旗信一（2005）「国連持続可能な開発のための教育の10年（ＤＥＳＤ）の可能性と課題」（『日本社会教育学会紀要』No. 41）。

降旗信一・高橋正弘編著（2009）『現代環境教育入門』筑波書房。

社会教育推進全国協議会編（2005）『社会教育・生涯学習ハンドブック第七版』エイデル研究所。

ガーヤットリー・チャクラヴォルティ・スピヴァック（上村忠男・本橋哲也訳）（2003）『ポストコロニアル理性批判』月曜社。

ガーヤットリー・チャクラヴォルティ・スピヴァック（上村忠男・鈴木聡訳）（2004）『ある学問の死』みすず書房。

ガーヤットリー・チャクラヴォルティ・スピヴァック（上村忠男訳）（1998）『サバルタンは語ることができるか』みすず書房。

ノーム・チョムスキー（藤田真利子訳）（2003）『グローバリズムは世界を破壊する』明石書店。

日本教育学会（2005）『教育学研究』第72巻第3-4号。

日本社会教育学会編（1990）『国際識字10年と日本の識字問題』東洋館出版社。

日本社会教育学会編（1995）『多文化・民族共生社会と生涯学習』東洋館出版社。

日本社会教育学会編（2005）『グローバリゼーションと社会教育・生涯学習』東洋館出版社。

日本社会教育学会編（2008）『〈ローカルな知〉の可能性』東洋館出版社。

アントニオ・ネグリ／マイケル・ハート（水島一憲ほか訳）（2003）『〈帝国〉』以文社。

広田照幸（1999）『日本人のしつけは衰退したか』講談社現代新書１４４８。

本橋哲也（2005）『ポストコロニアリズム』岩波新書９２８。


（朝岡幸彦）

## コラム　屋久島のエコツーリズム

かねてからの念願であった屋久島を訪れる機会を得ました。屋久島には亜熱帯から冷温帯の高山帯までを含む世界でも類を見ない生態系が、この小さな島に凝縮されているということで、屋久島の生態系に興味を抱いていました。しかし近年の縄文杉ブームで屋久島は大変な数の人が訪れるエコツアーのメッカと化していました。老若男女が縄文杉を目指して登山道を長い列を成して登っていました。

屋久島は標高1936mの宮の浦岳をはじめとして九州にもない高い山々が集まっており、山頂では3～6mの積雪を見、平地ではメヒルギのマングローブやウラジロガシ、スダジイといった照葉樹から成る亜熱帯の植生を持ち、わが国の九州から北海道までの自然環境を凝縮したような植生の垂直分布をしています。また、ヤクシマシオガマやアクシバモドキをはじめとする多くの固有植物やアセビのように北方から分布して屋久島が南限になっているもの、スナヅルのように南方から分布して屋久島が北限となっている植物が混生する島です。動物ではヤクザルやヤクシカといった亜種レベルの屋久島固有動物が生息しており、特異な島嶼生態系を維持しています。このようなことから、1993年12月には自然遺産としてはわが国で始めての世界遺産として登録されたのです。

屋久島には天然のスギが生育しており、標高1800mまで分布していますが、樹齢1000年以上のスギが屋久杉と呼ばれています。屋久杉の中でもさらに樹齢の高い推定2600年から7200年とみられるスギが発見されて「縄文杉」と呼ばれ、ブームになったのです。この縄文杉をめざして、まるで巡礼のように全国から人々が訪れています。

屋久島では世界遺産を見るためのエコツーリズムが盛んです。エコツーリズムのツアーガイドだけで生活していけるところは日本ではまだそれほどないと思いますが、屋久島ではそれが成り立っています。私も今回始めての屋久島であり、日程も余りありませんでしたのでエコツアーに申し込みました。エコツアーでは縄文杉を観察することや屋久島の自然の垂直分布、世界遺産の体験などを行うことができました。全行程は22kmあり、早朝に出発し、登り6時間、下り4時間合計10時間という大変ハードなものでした。

登山口から3時間近くは、屋久杉切り出しのためのトロッコの線路を通って登ります。今はありませんが、途中で昔の小杉谷集落跡を通って大株歩道入り口まで比較的緩やかな登りが続きます。この行程では亜熱帯常緑照葉樹から温帯落葉広葉樹への移り変わりを眺めながら登ることになります。縄文杉は標高1396mの高塚山の南斜面に生育しており、登山口からは標高差が約700mもあります。ツアーといってもれっきとした登山でした。これまで毎年学生と大雪山を登山してきたとはいえ、老いた身（還暦です）にはきつい登山でした。トロッコの線路がなくなると後はもう花崗岩のガレ場をひたすら上ります。縄文杉にたどり着いたときには体はへとへとでした。しかしガイドさんの丁寧な説明と屋久島の自然を満喫しながらの登山でした。

写真1　屋久島の縄文杉

なぜこんなにも多くの人が縄文杉を目指すのでしょうか。縄文杉にたどり着いてその圧倒的な存在感と、日本の歴史をカバーするほど長い期間を生き延びて、我々の歴史を何千年も見続けてきた巨大な生命体であるということを思うと、その訳が分かるような気がします。そういう存在に会ってみたいと誰しも思うのではないでしょうか。この背景にはわが国に古くからあるアニミズムや御神木信仰、立山の山岳信仰などとも深く関わっているように思います。

ただ、車での入り込みはできないとはいえ、これほどの人が訪れて、スギ林を登るとなると当然のことながら、踏圧による植物や地形への影響、とりわけ屋久杉の根への負荷が起きています。それを防ぐための木道の設置が行われていますが十分とは言えません。また、長時間の入り込みに伴うトイレの利用の問題、入り込み数の制限をするのかどうか、するとしてもどのようにするかの判断などが求められています。さらに昔から屋久島に住んでいる人たちの伝統的な牛活・文化・習慣とツーリズムとの両立ないしは調整の問題も残された大きな課題となっています。

**参考文献**

神田房行（2009）世界遺産屋久島とエコツーリズム。ESD・環境教育研究、11(1) 31-39.

（神田　房行）

# 第6章　持続可能な観光を築く地域における教育のあり方

## はじめに

本章において観光を取り上げる理由には、筆者の3つの問題意識があります。一つ目は、観光が持続可能な開発という今日的課題と向き合うのに最も適したテーマの一つであるという観点です。観光は、旅行業、宿泊業、輸送業、飲食業、土産品業等、裾野の広い様々な産業で成立する経済活動の総体です。観光開発や観光振興をめぐる人間活動は地域の自然環境や経済、生活、文化にさまざまな影響を与え、その影響は無視できない状況にまで及んでいます。現在、観光が地域にもたらす影響を適切に管理し、改善させていく、地域住民による主体的な取り組みが求められています。そして、そのプロセスで見えてきた地域課題の解決への取り組みを、観光を通した地域づくりにおける学習プロセスとして位置付けていく地道な作業がなければ、観光は持続可能なものとはなりえません。

二つ目は、世界的な観点から、観光は国際社会が2015年までに達成すべき国連ミレニアム開発目標（MDGs）に掲げる目標の一つである「貧困の撲滅」につながる手段として、多くの開発途上国が注目している産業であるという観点です。観光が外貨獲得の資源であり、雇用の機会を生み、他の産業への波及効果も高いことなどから、途上国の発展を考えていく上で重要なものとなっています。観光は経済効果をもたらすだけでなく、国と国、人と人との相互理解の増進や、世界の文化的発展と平和、開発と環境保全との調和、自然資源の持続的な利用等の面でも重要な役割を果たすものであることも認識されています。したがって、開発途上国の貧困削減における観光の役割は大きく、観光の負の側面をできるだけ抑えながら、どのようにして観光開発をすすめていくのかが課題になっています。また、先進諸国の高度な近代化が生み出したマス・ツーリズムの弊害が、世界全体が抱える環境問題や南北問題に深く関係することから、この観点は観光と持続可能な社会づくりに関わる地球的規模の諸問題とのつながりをみることを可能にするものです。

三つ目は、観光が人々に、あるときは消費者＝観光客（ゲスト）として自らの観光行動を見直す機会を提供し、あるときは観光の受け入れ側（ホスト）の立場になって観光が地域にもたらす影響と向き合うという、異なる双方の立場に身を置かせることができるという観点です。コミュニティ意識に気づかせ、自分との関わりから学習課題を創出できる、きわめて身近なテーマとして観光があることも看過できません。

このように、観光の多面性とそれが地域社会にもたらす影響を、国内外問わず構造的な問題として位置づけ、観光開発や観光振興をめぐって起こる問題の解決へ導く学習プロセスを、持続可能な開発のための教育（Education for Sustainable Development／ＥＳＤ）の実践と重ねていくことは、観光を通した地域づくりの教育的意味を明確にするものといえます。また、広義においては従来理解されてきた観光の教育的意味を整理し、観光に関わるすべての人々を対象にしたＥＳＤ推進の可能性を示すことにつながります。

本章では、以上のような問題意識のもと、持続可能な観光とは何なのかを世界観光機関（ＵＮＷＴＯ）の定義に基づいて概観し、観光を通した持続可能な地域づくりの教育的意味に着目します。そして、従来の観光と教育の関係から、観光がもつ多様な形態や文脈をESDにおける学習場面や学習課題に発展させていく試みについて論じていきたいと思います。本稿の構成は、まず第一節で「持続可能な開発」にルーツをもつ「持続可能な観光」の意味を整理し、ESDとの接点を述べます。第二節では、地域づくりと観光を結びつける「観光まちづくり」を取り上げ、観光とまちづくりの関連性を考察します。そして第三節では、観光教育の特徴を概観しながら、観光の教育的意味の分類を試み、持続可能な観光をめざす地域づくりとESDの関係性と学習内容の要素を論じます。

## 1 持続可能な観光とESD

ここでは、まず「持続可能な観光」の定義を概観し、ESDとのつながりを探ります。

### 持続可能な観光とは

持続可能な観光（sustainable tourism）という言葉は耳慣れない方も多いことと思います。これは、1980年代末から1990年初めに世界全体で「持続可能な開発」（sustainable development）の考え方が広がり定着していく中で、この概念を観光という人間活動に応用していく必要性から生まれた言葉です。これまでの観光開発、特に1960年代中頃から急増した現代観光を象徴する〝大衆観光〟を意味するマス・ツーリズムがもたらす負の効果を抑え、それに取って代わる新しい考え方を内包する〝代替可能な観光〟（alternative tourism）の立場を意味します。2002年の「持続可能な開発に関する世界サミット」（通称：ヨハネスブルグサミット）で、あらためて観光が持続可能な開発の先導的な役割を果たす産業であることが確認されたことを追い風に、国際舞台においても「貧困削減」という国際的な開発目標の達成のために観光セクターがもつ可能性への認識が高まりつつあります。特に、観光産業が開発途上国の経済活性化や外貨獲得、雇用創出などにもっとも貢献する分野であるという認識もなされるようになりました。世界の観光の発展を推進する国連機関である世界観光機関（ＵＮＷＴＯ、１９７５年創設）では、持続可能な開発の理念にならって、「持続可能な観光」の考え方を次のように整理しています。

まず冒頭で、「持続可能な観光開発のガイドラインと管理の実践は、すべての旅行目的地のタイプにおいて、マス・ツーリズムやさまざまなニッチ（隙間）ツーリズムを含む、すべての観光の形態に適用することができる。持続可能性の原理は、観光開発における、環境、経済、社会文化的な側面に関係しており、長期的な持続可能性を保証するためには、これら３つの次元の間に適切なバランスが取れていなくてはならない」（ＵＮＷＴＯ、2004）と謳っています。これは、持続可能な観光開発の考え方が、マス・ツーリズムにも当てはまるとすることを意味しています。すでに多くの開発途上国の経済が観光に依存するようになったものの、実際のところ経済効果の大部分が漏出（リーケージ＝leakage）してしまっている現状や、マス・ツーリズムがもたらす経済効果の裏側には無秩序な観光開発による環境の破壊や汚染の問題が存在していることが指摘されています。しかしながら、現実としていまだ「大量の観光客を生み出す」マス・ツーリズムが主流であり、この観光スタイルが無くならない以上、マス・ツーリズムによる悪影響を改善していくことが期待されているのは当然のことといえます。

そして、「持続可能な観光は、①観光開発のカギとなる要素としての環境資源の最適な利用と必要不可欠な生態学的プロセスの維持、自然遺産や生物多様性の保存に役立つべきである。②（観光地となる）受入れ地域の社会的・文化的な真正性（authenticity）を尊重し、過去および現存する文化遺産や伝統的価値を保存し、異文化間の理解や寛容に貢献しなくてはならない。③発展可能な長期的な経済運営を保証し、受入れ地域に対する安定した雇用、所得獲得機会、社会的サービスを含めて、すべての利害関係者に社会一般的利益をもたらすとともに、公平に配分し、貧困の緩和にも貢献すべきである」（ＵＮＷＴＯ、2004）と定義を示しています。

## 持続可能な観光とＥＳＤのつながり

ここで提示されている持続可能な観光に必要な要素とＥＳＤとのつながりには3つの側面があります。第一に、観光開発において、環境のみならず社会文化的側面や経済的側面を重視しつつ長期的な持続可能性を保証するためには、これら3つの側面間の持続可能なバランスを保つことの重要性を強調している点にあります。これは、ＥＳＤが環境破壊や貧富の格差拡大、人権侵害など地球的課題にバランスよく取り組み、将来世代を含む世界中の人びとが安心して暮らせる社会を構築するための活動をめざしていることと共通しています。

第二に、これまでの観光開発が、集客力の向上や産業振興を優先するという経済的な視点からの開発行為が先行されることが多かったのに対し、「持続可能な観光」の考え方においては、観光の行き先となる〝受け入れ地域〟という地域レベルの固有性の価値に焦点をあてている点です。これは、観光の資源となる地域の自然環境資源の保全や生物多様性の維持という視点からも重要な指摘です。

そして、第三に、持続可能な観光の考え方にみられる観光社会学的視点においては、安村（2005）が分析するように、これまでの先進諸国がもたらしたマス・ツーリズムの弊害が特に開発途上国に顕著であり、観光の経済効果の流出から始まり観光地の環境破壊の問題、先進国の経済的豊かさが受け入れ地域住民の生活や価値観に影響を及ぼし、その地域の文化を変容させるといった文化変容（acculturation）の問題、そして経済的に優位な観光客の、貧しい観光地住民に対する支配的関係が築かれることによる新植民地主義（neo-colonialism）の問題といった深刻な負の効果を生み出してきたことへの批判と置き換えられるでしょう。

## 2　地域づくりにおける観光の役割

次に、地域づくりやまちづくりにおいて、観光はどのような役割や立ち位置をもっているのでしょうか。近年注目されている観光まちづくりという考え方からその関係を考察してみます。

### 「観光にひろがるまちづくり」と「まちづくりに向かう観光」の融合

昨今、観光に対する見方がこれまでの他力依存型から大きく変わり、地域の住民自らが関わる領域として観光を捉え始めてきたことから、地域づくりにおける観光の役割が大きく変化してきました。それは、「観光まちづくり」や「観光地づくり」というように、地域づくりのテーマとして観光を取り上げたり、観光地としてのまちをつくっていこう、というような動きが多くなってきたことからもわかります。

このことは、２０００年に開催された国の観光政策審議会の答申の中で、個性ある観光まちづくりの理念の確立と普及について触れているところで、観光まちづくりに「まちづくりが観光に至ったという側面と観光がまちづくりにまで拡がってきているという側面の2つの面がある」（西村、2002）ことを指摘していることからも理解することができます。西村（2002）によれば、まちづくりに取り組む基本は生活基盤としての「まち」にあり、活動の中心はまちに住む生活者であるとしています。そして、「観光地」づくりは必ずしも観光客のためのものではなく、ましてや部外者の思いだけで行われるものでもありません。その地域に住む生活者がまちづくりに取り組み、いきいきとした自信と誇りにあふれた地域をつくれば、それこそが観光の対象になるという、地域の生活者に主眼をおいた新しいまちづくりの形が提案されているのです。

答申に先立って設立された「観光まちづくり研究会」（座長・西村幸夫）では、観光まちづくりを、「地域が主体となって、自然、文化、歴史、産業など、地域のあらゆる資源を活かすことによって、交流を振興し、活用あふれるまちを実現するための活動」（観光まちづくり研究会、2000）と定義し、観光はまちづくりの結果の一つのあらわれであり、まちづくりの仕上げのプロセスを意味しているとしています。本来、観光はまちづくりの中に適切に位置づけられるべきであり、地域の課題解決に取り組む元気な地域が新しい観光を育てていくという期待が込められているものでなければなりません。そういった意味で、住民が主体となる観光まちづくりのプロセスには、その地域にとって「持続可能な観光」とは如何なるもので何をめざすのか、という住民間の合意に基づいた共通認識が図られていることが必要であり、その達成に向けて何をどのように展開していけばよいのかといった具体的な内容を、自ら築いていくことが求められます。

## 観光のもつイメージの転換とまちづくり

また、「観光」と「まちづくり」の関係について、野原（2008）は、この両者が必ずしも並列的な概念ではないとし、観光自体をまちづくりの一部であるとも考えることができ、これまでの観光のイメージも変化しつつあると述べています。これまで観光というと、関係するのは旅館やホテル、観光施設や土産物品店といった観光業者や商工関係の限られた領域が関わるだけで、地域づくりやまちおこしなどに取り組む人々には無関係だと考えられていました。そして、観光には、流行やブームといった側面ばかりがつきまとい、地域を切り売りしたり、訪問地にゴミを残して通り過ぎていくだけといったマイナスのイメージが強いのも事実です。いまだにそれが解消されていない現実もありますが、今はそれだけでないプラスのイメージが、受け入れ側に醸成されてくるようになってきました。人々は単に風景やエンターテインメント施設を求めてやってくるのではなく、新たな出会いやふれあいを求めたり、訪れる場所のことを学び、そこで体験できることを通して知的な学びの機会を得るためにその地を訪れるようになってきたのです。もちろん、疲弊している地域が抱える問題の解決方法のひとつとして、観光への取組みを大きな足がかりにしたいという願いも受け入れ側にはあるでしょう。しかしながら、受け入れる側も自らの地域を訪れてくれる人々との交流の大切さを深く認識し、自らも様々な地域から訪れる人々とのつながりをつくることができると考えるようになってきました。そこでは、地域の人たちにとっては当たり前の風景や出来事であったりすること、何でもないことも、実はそれが訪問者にとっては魅力の一つと成り得ることに気がつくことが必要です。つまり、あらためて地域を見直し、地域の人々が自らの生活に自信と誇りをもつようになることで、暮らしそのものが地域の魅力となり、多くの人々をひきつけるような時代になってきたことの理解が求められているのです。

これは、地域が観光を柔軟に捉え始めてきたということであり、同時に地域づくりにとって観光の役割が大きく変化してきていることを意味しています。このような変化の背景の一つには、観光のもつ持続可能な地域づくりとしての潜在的な役割があると考えます。また、観光振興は、とかくイベント的な取り組みに力が注がれてしまう傾向がありますが、本来、継続性や持続性が求められており、その過程で持続可能な観光をめざして取り組まれる教育・学習活動は、地域住民が主体的且つ創造的に持続可能な地域づくりに参画することを機軸にしているESDとの接点が存在するのではないかと考えます。ESDが持続可能な地域づくりに果たす役割が極めて大きいことは、全国各地における地域づくりの実践に基づく経験において認められているものの、これからはその継続的なESDを展開していくための視点の分析、ならびに住民の学びによるエンパワーメントの果たす役割を実証していくことの必要性が指摘されていることもあり（阿部，2006）、その対象として観光とまちづくりを教育的な意味合いで取り上げていく価値が存在します。

## 3　観光のもつ多様な側面を活かした教育の可能性

では、これまで観光と教育の間の関係性において両者は互いにどのように位置づけられてきたのでしょうか。ここでは、観光と教育の関係に着目し、これまでの観光教育を概観しながら、観光のもつ多様な側面を異なる教育的意味合いの視点から分類することを試みます。そして、観光のもつ教育の可能性を持続可能な観光の実践と結びつけていきます。

### 観光教育からの期待

観光教育という言葉から多くの人は、何を思い浮かべるでしょうか。おそらく、観光産業に従事する人材に対する実務教育をイメージするのではないでしょうか。観光教育についての研究においては、観光学領域を専門とする徳久球雄や安村克己、宍戸学らによる観光の発展を支える観光教育のあり方を論じた研究の蓄積があるものの、観光と繋がりのある他の多くの分野からの教育的意味を論じた研究はそう多くはないように思われます。

このことは、すでに、宍戸（2006）によって、観光教育が観光サービスを行うための人材育成のための教育に閉じたものであり、その源流は技術教育にあるという観光教育の歴史的変遷の検討結果を踏まえた指摘がなされています。これは、観光の現場が求める、観光産業に関わる人材を対象とした教育という点では、従来の見方と今日のそれとはそう大きく変わっていないのかも知れません。しかしながら、観光教育のあり方を観光社会学的視点から研究している安村（2001）は、兼ねてより観光の実務教育偏向のあり方について批判し、見直しを図る必要性を説いています。また、観光教育を専門とする宍戸（2006）は、「観光学の近年の傾向は、観光のもつ多様性を理解することへと移行してきており、様々な解釈がされるようになってきている。それを踏まえて考えれば、多様な観光教育のとらえ方と取り組みが行われることが、観光現象の健全な発展には不可欠であろう。そして、観光がもつ多様な文脈は、多様な教育への適用が可能となるものと考えられる。その結果、従来の特定のサービス技術やビジネスのための専門教育だけでなく、普遍的かつ一般的な意味合いをもつ観光教育の取り組みは促進されるべきではないだろうか。」と、観光教育がもつ教育的意味の広がりと可能性を示唆しています。これは注目に値することであり、これまで観光の発展のための人材育成が実務教育を中心として展開されてきたことに対する、新しい挑戦として受け取ることができます。

## 観光教育の教育的意味合いの分類

ここで、従来の観光教育のもつ多様な側面を意識的に使い分けるために、その教育的意味合い（目的）と主な学習場面を分類することで、観光教育を見直すことを試みます。その際、「観光の中の教育（education in tourism）」、「観光についての教育（education about tourism）」、そして「観光のための教育（education for tourism）」という3つのアプローチを用いて、観光教育の役割とその可能性を概観します。このアプローチは、筆者が専門とする環境教育（environmental education）の領域において、環境の中で（in）、環境について（about）、環境のための（for）という、環境教育の体系やカリキュラム編成の枠組みとして広く用いられ長く共有されてきたものです。観光と教育の関係を「in＝方法」、「about＝内容（知識）」、「for＝目的（価値・態度・積極的行動）」というアプローチで分類することに限界があることは承知の上で、ここでは観光教育を多様な学習や学びの場に取り組んでいくことの可能性を示す意味で応用してみたいと思います（表6-1参照）。

表6－1　観光の教育的意味による分類

| | 教育的立ち位置 | 教育的意味合い（目的） | 主な学習場面や対象 |
|---|---|---|---|
| *IN*<br>Education in tourism<br><br>観光の中での教育 | 観光現場における教育<br>※狭義な観光教育（tourism education） | 観光サービスや観光経営に従事するために必要な技術の習得，実務教育，職務能力の教育訓練 | 職場，観光関連産業の従事者，職業専門学校（旅行業，宿泊業，サービス業等），インターンシップ（職業体験）等 |
| | 教育のための観光<br>※教育観光（educational tourism） | 自己啓発をねらいとしたレジャーやレクリエーション価値としての観光，旅や伝統的意味合いにおいて継承される観光，教育的意味を伴う旅行，人格形成の修練や体験的教育 | 校外学習，修学旅行，スタディツアー，'通過儀礼'としての旅等 |
| *ABOUT*<br>Education about tourism<br><br>観光についての教育 | 観光について学ぶ | ・観光の全領域および観光を成立させる産業について包括的な知識の習得<br>・観光開発，観光振興をめぐる正と負の問題について学際的かつ多面的に学ぶ<br>・観光を取り巻く問題をローカル（地域）な視点からグローバル（地球全体）な視点にいたるまで調べ，異なる意見，ものの見方，価値観について学ぶ<br>・観光の社会文化的影響について，多様な立場で理解する | ・学校教育（地域資源学習，地理学習，総合的な学習における時間・調べ学習等）<br>・職業専門学校（旅行業，宿泊業，サービス業等）<br>・大学等高等教育（観光関連大学，社会学部等）<br>・生涯学習（まちづくり，観光地づくり等） |
| *FOR*<br>Education for tourism<br><br>観光のための教育 | 持続可能な観光のための教育 | ・1人ひとりが身のまわりにある観光をめぐる問題に対してどのように対応していくべきかを考える機会を提供する<br>・観光の持続性や観光資源の持続的活用のあり方を地域の実情に沿って考えることができ，観光を取り巻く事象に責任を負えるような適切な態度や価値観を育む<br>・持続可能な観光のために行動がとれる市民（消費者と従事者，という異なる立場をもつ）の育成 | 観光を支え実現させる人や組織（地域住民，行政，旅行業者，観光客，研究者等） |

注：教育観光と分けるために，従来用いられている観光教育を，ここでは狭義の観光教育として限定して用いている。

①「観光の中での教育」(Education in tourism)

「観光の中での教育」には、『観光現場における教育』と『教育のための観光(educational tourism)』の2つを位置づけました。先行研究で言及される観光教育(tourism education)を狭義な意味においての観光教育に限定すると、それらは実践的な観光産業の現場に従事するために必要な技術の習得が目的であり、観光の現場の中で行われる教育として展開されているものです。職場においては採用時における新入社員教育、および様々な職位やセクション別においても研修や職場教育といった名称で実施されています。インターンシップ(職場体験)もこの分類に属します。

次に、『教育のための観光』ですが、安村(2001)によると、観光の教育的意味は、〝教育観光〟という形でとらえられ、受け継がれ実践されてきており、教育観光は研究者によってさまざまな定義がなされているものの、一般的には「教育の一環として実施されるあらゆる観光活動を意味する」としています。教育のための観光の代表とされるのが、修学旅行です。そもそも修学旅行は、学校行事の一つとして学習指導要領に位置づけられており、日本独特の学校教育の一環として制度化されてきた歴史を持ちます。修学旅行については、都道府県・政令指定都市の修学旅行実施基準が定められており、すでに航空機利用が許可されていることもあり、平成19年度には国公立の中学校24校、216名、高等学校458校、7万3332名の生徒が海外での修学旅行を体験している実態があります(財団法人日本修学旅行協会、2009)。

また、最近は、特別活動としての小学校での「遠足・集団宿泊的行事」や中学校・高等学校での「旅行・集団宿泊的行事」である修学旅行や移動教室などの教育旅行において、「体験的な学習活動」を実施する学校が増えています(財団法人日本修学旅行協会、2008)。たとえば、グリーンツーリズムの名のもとに、農山村での農業・林業・酪農などの体験を農家民泊しながら体験する機会を提供しています。このような体験的な学習活動が重視され定着してくるとともに、地方において地域の様々な生業や生活文化などを観光資源化し、地域の人々と生徒たちがふれあい交流するというプログラムが進展してきていることも多様化する教育旅行の表れとみることができます。

「観光の中での教育」には、職場や学校教育だけでなく、社会教育の領域で展開されている旅行もあります。それは、教育のための観光に位置づけられる、ＮＰＯ・ＮＧＯが途上国で実施しているプロジェクトへの訪問や現地の方々との交流を通して、開発の問題や自分たちの役割について学ぶといったスタディツアーです。ツアーの中では、現場でのボランティア活動が含まれているものもあります。また、ＮＰＯ・ＮＧＯの活動目的や活動国・地域などに応じて、団体ごとに特色のあるスタディーツアーが比較的少数規模のツアーとして企画されており、参加者も目的を明確にしてツアーに臨み、中味の濃い体験をして満足度が高いことが特徴です。ツアープログラムの計画には現地との入念な打ち合わせが必要であるのと同時に、現地受入側と築かれた信頼関係のもと実施されることがほとんどです。

「ＥＳＤの目標、基本的な考え方、育みたい力、学び方・教え方」（文部科学省、2009）の中に、「単に知識・技能の習得や活用にとどまらず、体験、体感を重視して、探究や実践を重視する参加型アプローチとすること」と述べられていますが、事前学習や事後学習等にも力点を置く修学旅行やスタディツアーは、量より質を重視する教育のための観光とＥＳＤをつなぐ具体的な実践例といえます。しかしながら、修学旅行には実施形態や費用等に制限があり、現場教員の積極的な関わり無しには高い教育効果は望めないという欠点があります。また、教育旅行としての修学旅行には、日本独特の旅行業者の定型化された発注請負システムが長年存在することもあり、その枠を超えることも困難な課題の一つとみられています。

②「観光について学ぶ」(Education about tourism)

「観光について学ぶ」という範疇は、観光に関する理解をより広めるという意味で、扱う範囲はとても幅が広いといえます。それは、観光とは何であり、その構造とあらゆる事柄とのかかわりを学ぶことから始まり、観光の全領域を扱うからです。観光の現代的意義や歴史、現状等の理解から、観光対象となる観光地の資源、そして観光関連産業から観光政策、観光行政までを学ぶことで、観光が社会的な行動であることが理解できるでしょう。観光が日本において21世紀のリーディング産業として認識され始め、観光立国をめざした政府主導の動きが活発化する中、観光の全体像やしくみを一人でも多くの人々が学ぶことの意義は大きいといえます。

この「観光について学ぶ」という教育的意味には、観光の光と影の部分を冷静に学ぶ場を積極的に提供することが期待されています。特に、観光開発や観光産業が地域にもたらす止と負の影響を取り上げることは、観光によって生活環境が破壊されたり、観光資源へのダメージ等に代表される、いわゆる「観光公害」と呼ばれるような事象について自分の観光行動を見直す機会を与えるでしょう。そして、その克服のためにどのように管理し、改善していくのか、それに地域の住民がどのように主体的に関わっていけるのかといった、自分のコミュニティでも起こり得ることとして自分事に置き換えて考えることを容易にするでしょう。

表6-2は、観光が地域にもたらす正と負の影響を考える指標を可視化したものですが、経済、環境、社会、文化の表面的な事象だけでなく、その深く意味するところを押さえながら観光による影響をとらえる必要を示しています。

また、学校教育、特に初等中等教育における学習場面として、２００８年に改訂された新学習指導要領において、地域の観光資源を掘り起こす機会が提供されています。それは、社会科（小学校中学年）における内容の取扱いにおける記述が、「自然環境、伝統や文化などの地域の資源を保護・活用している地域を取り上げること。その際、伝

表６－２　観光による正と負のインパクトの相互関連性

| プラス | | マイナス |
|---|---|---|
| 直接的な経済効果 | 経済的視点 | 地元に利益が還元されない |
| 雇用創出効果 | | 単純労働（職務格差）や季節雇用 |
| 起業の高揚 | | 大企業との競合 |
| 社会整備など間接的利益 | 社会文化的視点 | 犯罪の増加（治安の悪化や密売等） |
| イメージアップとアイデンティティのアピール | | イメージと現実とのギャップ |
| 地域資源の再認識 | | 地域資源の切り売り |
| ホスピタリティの向上 | | ホスピタリティの強要，プライバシーの侵害 |
| 国立公園や世界遺産指定 | 自然環境的視点 | 混雑や過剰利用を招く |
| 保全ルールの構築 | | 従来の活用が制限，特権乱用 |

出典：島川（2007），Moscardo（2008），Mason（2006）をもとに加筆作成。

統的な工業などの地場産業の盛んな地域を含めること」（文部科学省、2008）（傍点は筆者）と改訂されたことで、「観光」という観点で学習内容の事例を開発していくことを可能にしています。例えば、地域の多様な自然を守りながら、あるいは歴史ある建造物や町並み、祭りなどの伝統行事を継承し、保護・活用しながら、特色あるまちづくりや観光などの産業の発展に努めている営みを具体的に調べることに繋がっていくでしょう。そして、子どもたちが自分のまちを紹介する観光パンフレットを作成し、実際に観光情報コーナーや地元の宿泊施設に置いて、観光客の手にわたるという場面を創出します。

　このような学校教育における地域資源学習（＝地域の資源を保護・活用している地域を取り上げた学習）は、総合的な学習における時間の調べ学習や地域学習においても同様に展開され、地域を歩いて調査するといった現場での学習が意味をもつことになります。そういう意味で、教える側のフットワークやフィールドワークの指導力量の向上が必要です。

　また、地元にある世界遺産を学習の対象とする取り組みは、世界遺産という観光資源について学ぶことの教育的意味をＥＳＤにつなげる好事例となります。ＥＳＤの視点からみると、世界遺産は多様な切り口をもった教材であり、自分たちの住む地域の文化財や自然景観を見直し、地域を大切に思う気持ちを育成します。奈良の世界遺産学習に取組む小学校の事例（田淵・中澤，2007）では、世界遺産の保護・継承を通して環境教育に取り組み、負の世界遺産を通じて平和教育や人権教育へと発展させ、外国人観光客へのインタビュー体験を通じて国際理解を深められるなどＥＳＤとの関連を明確にした教育へと発展しているものです。しかしながら、観光地としての世界遺産は、観光事業の増加による脅威にさらされている事実もあり（松浦，2008）、地元における適切な保護管理体制の構築が必要ですし、一方、観光客にも世界遺産という顕著で且つ普遍的な価値を次世代に伝えるという義務を認識することや、世界遺産をじっくり鑑賞する姿勢＝観光行動が求められていることは言うまでもありません。

③「観光のための教育」（Education for tourism）

「観光のための教育」は、ＥＳＤとの関連が深い教育的意味合いをもつものです。それは、観光の持続性や観光資源の持続的活用のあり方を地域の文脈に沿って考えることを提供するだけでなく、持続可能な観光のために消費者＝観光客（ゲスト）として、また観光の受け入れ側（ホスト）としてどのような行動がとれるか、という責任をもった行動がとれる市民の養成を意味しているからです。例えば、旅行前に宿泊施設や移動手段を選ぶ際の基準をどこにおくのか、旅行中の行動はどのようであるべきか等、ひとりの観光客として観光の行動に責任をもつことは、観光のための教育から培われるものです。ただ有名だから行ってみよう、という気分だけで世界遺産登録地を訪れるのではなく、その歴史的に普遍的な価値と素晴らしさをしっかりと体感し受け継いでいくことの意味を理解できる観光客でありたいものです。そういった意味で、観光のための教育は、持続可能な観光のための教育と置き換えても差し支えないでしょう。

また、現在では、環境ぬきに観光を語ることができず、環境を守ることが観光資源を守ることであると、当事者らは正しく認識する必要があります。そのためには、ガイドラインを策定するなどして自然の許容量を超える人の入域を制限しなくてはならないでしょうし、入場料の徴収で環境の保全を賄うシステムの構築も必要となります。このような動きをつくるためにも、環境を守ることが観光資源の価値を高めるという、付加価値をもった観光のあり方を、まず、受け入れ側の地域の人々が理解することが重要です。そうすることで、健全なエコツーリズムの展開が可能となります。エコツーリズムの重要な構成要素の一つに、エコツアーの中で学習活動や教育を担う、解説者であるインタープリターの存在とその重要性も認識すべきでしょう。このような一連の動きは、エコツーリズムという観光が環境教育の場として重要な役割を果たせることを確かにしてくれます。

## おわりに

1960年代中頃から急増した現代観光を象徴するマス・ツーリズムがもたらしてきた負の効果を抑え、それに代わる環境、経済、社会、文化的な側面においての持続可能性を保証するための、バランス良い管理と実践が観光の形態に適用されることをめざして、持続可能な観光が提唱されました。これまで、観光にまつわる事象に関する問題は、経済や経営といった商業活動の範疇でとらえられ、その固定観念が観光領域における学習の広がりを阻害してきたともいえます。このことは、観光が多様な産業間における消費活動を伴う複雑なものであるため経済的効果に関心が集まってしまうことがその一因です。これが観光事業を支える人々への教育、つまりは観光サービスを行う人材育成のための技術教育という側面が強調されてきた所以です。しかしながら、観光を取り巻く事象は、その多様性と学際的な学問であることの理解もされつつあり、観光教育という切り口からも新たな教育活動としての適切な視座が求められているのは確かです。

また、「観光にひろがるまちづくり」と「まちづくりに向かう観光」の融合は、まちづくりが人づくりであり、そこに持続可能な観光をめざす地域づくりの学びの場をいかに創りあげるか、また地域づくりの教育的価値をどう位置付けていくべきかという課題を明確にするものです。

「国連持続可能な開発のための教育の10年」の全体に貫く目標は、「持続可能な開発の原則、価値観、実践を教育と学習のあらゆる側面に組み込むこと」（『ＥＳＤ国際実施計画』、2005）であり、観光をめぐる諸問題に向き合うことは、それを教育や学習場面に落とし込むことで、ＥＳＤに学習課題の設定という内容論の構築を導く可能性があることを提起します。

**参考文献**

UNWTO（2004）“Sustainable Development of Tourism Conceptual Deffinition”. http://www.world-tourism.org/sustainable/concepts.html
United Nations Decade of Education foe Sustainable Development（2005-2014）: International Implementation Scheme, UNESCO, 2005. 6.

阿部治（2006）「ＥＳＤの総合的研究のめざすもの」『農村文化運動』No. 182、農山漁村文化協会、3-17。

観光まちづくり研究会（2000）『観光まちづくりガイドブック』（財）アジア太平洋観光交流センター、5。

財団法人日本修学旅行協会（2007）『教育旅行にみる「体験的な学習活動」の実態と課題―政令指定都市の国公立小学校・中学校の調査から―』財団法人日本修学旅行協会、2-5。

財団法人日本修学旅行協会（2009）「平成21年度都道府県・政令都市の修学旅行実施基準の概要について」『教育旅行』（2009年6月号）、財団法人日本修学旅行協会、4-5。

宍戸学（2006）「観光教育の拡大と多様化を考える　観光教育とは何か」『月刊地理』（2006年6月号）、古今書院、28-40。

田淵五十生・中澤静男（2007）「ＥＳＤを視野に入れた世界遺産教育―ユネスコの提起する教育をどう受け止めるか―」『奈良教育大

学教育実践総合センター研究紀要』16、59-66。

西村幸夫（2002）「まちの個性を活かした観光まちづくり」『新たな観光まちづくりの挑戦』ぎょうせい、16-32。

野原卓（2008）「観光まちづくりを取り巻く現状と可能性」『季刊まちづくり19号』（2008）、学芸出版社、30-37。

松浦晃一郎（2008）『世界遺産―ユネスコ事務局長は訴える』講談社。

文部科学省（2009）「ＥＳＤの目標、基本的な考え方、育みたい力、学び方・教え方」

http://www.mext.go.jp/unesco/004/004.htm　２００９年12月アクセス
文部科学省（2008）『小学校学習指導要領解説　社会編』東洋館出版社。

安村克己（2001）「第１章観光教育の現状と問題点」徳久球雄・安村克己編『観光教育　観光の発展を支える観光教育とは』くんぷる、10-13。

安村克己（2005）「観光事業にかかわる現代観光の動向」『観光事業論講義』くんぷる、11-13。


（大島順子）

コラム

# イエローストーンに見る環境教育の源流

北海道教育大学の現代GP「持続可能な社会実現への地域融合キャンパス」に基づく活動の一環として、2009年9月上旬に、アメリカ合衆国のイエローストーン国立公園にて現地調査を行ってきました。

イエローストーン国立公園は、アイダホ州、モンタナ州およびワイオミング州にまたがる、世界で初めての国立公園です。これは、1872年に当時のグラント大統領がイエローストーン法に署名したことによります。

その敷地はワイオミング州北西部を中心として3470平方マイル（8980平方km）にわたります。これは日本でいうと四国の面積の約半分にあたり、非常に広大です。公園内には森や草原、滝、湖のほかに温泉もあります（写真1）。各所にさまざまな見所が点在しており、自動車がないとても移動はできませんし、自動車で2時間くらい走っても、反対側にはたどりつけません。こうした広大な敷地のなかに、グリズリーやオオカミ、アメリカバイソン、エルクなどの群れが生息しています。これらの動物は餌付けされておらず、野生のままになっています。また、公園内のオオカミはすべて個体が識別されており、縄張りもしっかり把握されています。オオカミは数が少なく、とても貴重なのですが、ケガをしたり病気になったりしても、人間が治療することはありません。あくまで野生のままです。

写真1　公園内では間欠泉が定期的に熱湯を噴出させている

アメリカの国立公園では、国立公園内はあくまで自然の掟に従い、人手を加えずにそのままの状態に放置しておこうという思想が貫かれています。たとえば、1988年の夏に、公園内で大きな山火事が起こりましたが、「人為的に消火しない」という原則が貫かれたことから、

写真2　宣誓するジュニアレンジャーたち

園内の各所で火災が2ヵ月半にわたって続き、9月に降った雪でようやく鎮火したとのことです。

　現在でも、山火事の跡はさまざまな場所に見受けられます。そのとき燃えた木なども、すべてそのままになっています。しかし、悪いことばかりではありませんでした。木が密集して生育している場所では、根元近くまで日差しがほとんど入らず、新しい芽が出ることもなかったのですが、火事のおかげで地面にまで日差しが届くようになったことで白樺なども息を吹き返し、高熱でしか種が開かない松ぼっくりが芽を出すなど、結果として森が再生し、野生動物が食物を摂取しやすくなりました。ですから、現在でも公園内の火事は、どの場所で生じているかの確認のみとし、道路に木が倒れたり、公園内の建物に火が燃え移ったりする恐れがある場合を除けば、燃えるままにされています。

　公園内にはレンジャーと呼ばれる保護官が何人も勤めていて、公園の保護や警備、ガイドなどにあたっています。イエローストーン国立公園では、釣りをするのもキャンプをするのも許可制で、あらかじめ釣りやキャンプの場所が指定されます。この許可を受けるときに、その時期の野生動物の活動に関する注意事項や禁止事項などのレクチャーを受けます。どこにどのような野生動物がいるか、もし見つけたときはどのような行動をとらなければいけないか等のルールはとても厳格です。オオカミの縄張りの情報も事前に提示され、オオカミに近づきすぎたことが判明すると厳しく注意されます。また、重大なルール違反者を勾留するための留置場さえありました。このように、イエローストーン国立公園のレンジャーは大きな権限を持っているのです。

　こうしたレンジャーの取り組みを子供たちに広く知ってもらうために、訪れた子どもたちが参加できるジュニア・レンジャー・プログラムもあります。このプログラムに申し込むと、指定された動物の生態を調べたり、植物をスケッチするなどの課題を与えられ、それをクリアするとジュニアレンジャーとして認められます。今回の調査旅行では、たまたま、2人の少年の入隊式を見ることができました。大きな声で名前を呼ばれ、宣誓を行うと、レンジャーとして認められたことが告げられます。居合わせた観光客たちの拍手を受けながらレンジャーバッジを授与される子どもたちの晴れがましい姿がとても印象的でした。こうしたプログラムは毎日開かれており、地元の人たちや、家族連れの観光客に人気を呼んでいるとのことでした。

日本の国立公園はアメリカの国立公園を手本にしたものであり、たとえば自然保護官（レンジャー）と呼ばれる人たちがいますが、活動内容や権限の面で大きな制限があるようです。このほか、日本の国立公園は、制度上も、そして財政的な支援の面でも、アメリカの国立公園とは大きく事情を異にしています。これは、単なる規模の問題だけでなく、思想的な背景が異なっているからだと考えられます。アメリカでは、フロンティアの開発に伴い、人の手が入っていない原生自然（wilderness）をいかに保護していくか、そしてそれをレクリエーションの対象としていかに保全していくか、という発想が根本にあると言えます。それに対して日本の国立公園は、もともと人の手がたくさん入っている地域を国立公園に指定したという事情もあり、統一的なルールを共有することが難しいほか、観光による町おこしという意味合いが強いと感じられます。ですから、たとえば野生動物についても、観光の目玉にしようとする思惑からか、餌付けがなされたりして、「自然をありのままに保存する」という試みはあまり行われていないように思われます。

環境教育についても、日本の国立公園でもさまざまな取り組みが実施されていますが、残念ながら、一般の人々にはあまり認知されていないように思われます。何より、ガイド養成の仕組みがほとんど整備されていません。日本の自然は非常に豊かなのに、とても「もったいない」ことです。

アメリカの国立公園にも問題がないわけではなく、日本の国立公園と比較して無条件に優れていると言うわけにはいきませんが、見習うべき点はまだまだたくさんあるように感じられました。

（川崎　惣一）

# 第7章　地域教育力を活かしたＥＳＤ人材育成

## はじめに

「持続可能な開発」は、未来世代の必要を損なうことなく現世代の必要を満たしながら、人類、生物、生態系、自然資源を包括し、貧困との戦い、ジェンダー、人権、健康、安全、文化間の対話などを統合した開発であるとされます（UNESCO, 2009）。「持続可能な開発のための教育」（ＥＳＤ）は、私たちが持続可能な生き方をするために、現在の社会的、環境的問題から学ぶ中で、態度、スキル、知識を獲得し、それらに基づいて意思決定をし、行動していくことをめざしています（UNESCO, 2009）。

ＥＳＤは、持続可能な社会を築くための学びをプロデュースすること、と言い換えることもできます。この営みは、これまでのように学習者が個々の頭の中に知識を形成するという教育ではなく、現実の社会や環境の現場に学習者が入り込み、ステークホルダー（利害関係者）と交流し、協働的に問題を解決しながら、生きた知識や態度、ソーシャルスキルを形成していくような場を保証する教育でなければなりません。このような参加型、協働型の学習を実践する場は、お互いの顔が見え、声が聞こえ、喜びや悩みに共感することが可能な社会、すなわち地域社会こそふさわしいといえます。現在、小・中学校で行われている総合的学習の時間では、このような地域の教育力を活かした教育活動が可能になっていますが、教員の力量やＥＳＤの考え方の普及の不足のため、十分行われていないのが実情です。

小・中学校の教員を養成する大学教育において、このような地域社会と強く連携し、共に考え、行動する、ＥＳＤ人材を意識的に養成するカリキュラム・教育方法はこれまでほとんど行われてきませんでした。筆者は、勤務校である北海道教育大学で２００６年度に学部課程再編が行われた機会に、釧路校「地域教育開発専攻」発足に向けた取り組みの中で、ＥＳＤと通底するカリキュラム構築、教育方法の策定に深く関わりました。この専攻のカリキュラムおよび教育方法の特色は、地域の自然環境と人間社会を一体のものとしてとらえ、地域の教育力を活用しながら、持続可能な社会に向けて教育実践や地域活動を行う能力や意欲をもつ人材を養成するものです。本章では、この専攻のカリキュラム構築や、その後の運用の実態や成果について紹介するとともに、教員養成大学におけるＥＳＤ人材養成のあり方について論じることにします。

## 1　これまでの教員養成教育

環境、社会、人間が相互に入り組みながら複雑にかかわりあうグローバルな問題や、国・地域社会の問題を全体的（ホリスティック）にとらえ、それら問題の解決に向けて取り組んでいくことのできる人材の養成は、これまでの大学、とりわけ教員養成学部における伝統的な教育内容・方法から飛躍的に脱皮しなければ成し得ません。

それでは、第二次世界大戦後からごく最近までの教員養成教育はどのようなものだったでしょうか。終戦直後、師範学校制度への反省の上に成立した、教員免許制度の開放制のもとでの教員養成教育は、学芸大学・学芸学部という発足当時のネーミングに象徴されるように、諸科学および芸術を正しく教授することに主眼を置いたものでした。これは結果として全国の教員養成大学・学部をミニ総合大学化することになり、理学部や文学部（あるいは大学院）等出身の大学教員が、たとえば物理学・歴史学等の学問的知識伝承の立場に立ち、それぞれ理科・社会科等の教科専門科目を担当してきました。そのため、小学校教員養成課程においてすら、学生を各研究室（例、物理学研究室、歴史学研究室）に分属させ（ピーク制と呼ばれる）、指導教員が自分の専門分野に関する知識や視点を系統的に伝達しようとする傾向が強くみられました（木岡、1998：および船寄、2008を参照）。これでは、対象を特定の狭い専門分野の視点から認識しようとする人材が育つだけであり、現代社会における各種の地球環境問題や開発・人権・貧困・平和といった、相互に関連しあう複雑な問題に対処する能力は育成されないでしょう。

地球環境問題の顕在化やグローバリゼーションの勢いが増大した1980年代末以降、それに呼応する形で全国の教員養成大学・学部に環境や国際・人間・情報といった冠がつく分野・領域に関する学際的なコースが数多く発足しました。これは、少子化に伴う初等・中等学校の教員採用数の急減に伴う教員養成課程の学生定員縮減と引き換えに行われた学部課程改組という側面がありました（森田・羽田、2008）。そのため、これら「新課程」（卒業要件に教員免許取得を義務付けないことから、ゼロ免課程とも呼ばれる）の担当教員の大部分は旧来の教員養成課程担当からの学内異動あるいは兼担によりまかなわれ、多くの場合新旧両課程の授業を掛け持ちしていました。このようなこともあって、これらの学際的なコースにおいても、その授業内容や方法は旧来のものと比べてあまり代わり映えのしないものが多くありました。

大学の教員養成課程に入学した学生は、入学当初から各研究室に配属され、担当の指導教員（1名から数名）の指導のもとで当該の専門分野についての学習を積み重ねるという指導体制がこれまで通例となっていました。学生はその中でどれか特定の学問分野の知識体系、方法論を身につけていくという、いわば研究者の「縮小再生産」とでもいうべきプロセスが広く行われていました。その結果、学生の研究対象の認識方法は特定の専門分野に立脚した切り口、分析方法で行われることになります。そこでは、対象世界をこれらのフィルター越しに、第三者的な視点から観察し、それを分析・考察するという仕方が常態化します。このスタンスでは、学生は環境問題も地域社会における諸問題も、対岸の火事のように、自分とは独立な客観的事象のように受け止めてしまい、それらの問題と自分との関わり、すなわち当事者性を欠落させたままで現実社会や環境についての認識をもつという結果となりがちです。

## 2　ESDに向けた教師教育の変革

上に述べたような旧来の教員養成教育で、様々な立場の人々と連携・協力しながら現実社会の問題に立ちむかっていくESD人材がうまく育つでしょうか。ESD人材養成は、蛸壺型の狭い専門教育から脱して、対象を学際的・ホリスティックに認識させるものでなければならないでしょう。さらに、その対象を被観察物として眺めるのではなく、観察者自身を「るつぼ」の中に混ぜこんだ現在進行形の状況として認識することが求められるのではないでしょうか。これは、現実問題に当事者として、責任ある立場で関わっていることを前提とした見方にほかなりません。ESDの場における教員と学生との関係は、これまでのように知識を高所から低所へと流し込むというものではなく、両者が同じ現場に立ち、教員は学生の課題意識と問題解決への意欲をかきたて、持てる知識や物の見方を必要な場面ごとに提供し、学生の主体的な取り組みを通した学びを支援するというものでなければなりません。

## 3 「地域教育開発専攻」におけるＥＳＤ人材養成

以下に、ＥＳＤ人材養成の一端を担いつつある、北海道教育大学釧路校「地域教育開発専攻」の教育理念・専攻教育カリキュラム・教育方法の構築の経過と、専攻発足後の教育活動の実践について紹介しながら、ＥＳＤ人材養成のあり方について論じたいと思います。地域教育開発専攻の詳細および最新情報については同専攻の公式ホームページ（章末のリスト参照）を参照してください。

### 専攻発足までの取り組み

「地域教育開発専攻」は２００６年度の北海道教育大学の大規模な課程再編によって発足した教員養成課程を構成する釧路校の３つの専攻のうちの一つで、「自然環境や地域社会をフィールドに、地域教育や環境教育に関わる総合的なプランを開発し、実践することのできる教員を養成」するという教育目標を掲げています。同校にはこの専攻の他に、「学校、家庭、地域と連携した教育実践を展開する教員を養成」する「地域学校教育専攻」と、「学力低下問題などに対応できる教科の専門的な知識に強い教員を養成」する「学校カリキュラム開発専攻」があります。

「地域教育開発専攻」のカリキュラム構築および教育方法の策定に際しては、再編後にその専攻を担当する予定の教員に再編の専門委員の教員を加えたメンバーにより、アイデア・情報・意見の交換のための会議が幾度となく開催されました。筆者を含む担当予定教員は、時には学内有識者を招いての夜遅くまでの勉強会や、湿原のほとりのロッジに合宿しての研修会も行いました。専攻カリキュラムができ上がるまでの経過や論議の詳細については、生方ほか（2007）で知ることができます。

その一連の論議の初期段階で、筆者は、専攻の教育内容・方法に採用すべきこととして、次の3つを挙げています。①「野外教育、体験教育、冒険教育、食と農の教育などの地域における教育が心身の発達や心身の健康に与える影響を研究・教育する。地域での実践的な教育活動を多く取り入れる」、②「地域の自然環境を構成する諸要素のつながりを、実際の調査・体験活動を通して研究・教育し、それら自然環境の価値やそれを守る教育のあり方について、地域における実践を通して開発していく」、③「人間の経済活動や社会活動と環境との関係を、地域における実践を通して教育・研究し、持続可能な開発を実現するための教育のあり方を探る」。その後、同僚教員からもいくつかの提案が出され、それらを付き合わせながらカリキュラムや教育理念を練り上げていきました。

また、筆者は、専攻カリキュラム全体の編成方針の重点として、①専攻カリキュラムが個々ばらばらな授業科目の寄せ集めではなく、科目相互が有機的につながり、カリキュラムの全体像が描けるものであること、②教科の枠を意識した他の専攻とは異なり、「地域」・「環境」・「教育」をキーワードに総合的・融合的な内容のカリキュラムを構築すること、の二点を提案しました。さらに、教育方法として複数教員が異分野相乗りの演習を行うアイデアも提示しました。これらのアイデアは同僚教員の提案と融合しながらカリキュラム構想に組み入れられていきました。引き続く議論を通して、この専攻では「地域教育分野」と「環境教育分野」の2分野からなる教育を相互連携しながら行うことで意見が一致し、様々な経験やアイデアを交換しながらその内容・方法をさらに煮詰めていきました。

その議論の中で、担当予定教員の一人である北澤一利教員は、専攻の理念と特色化に関連して、次のような提案を行っています（生方ほか、2007）。「野外・自然・地域社会をフィールドとした実践活動を行う」、「地域連携や地域との共同事業を推進する」、「現代社会が求めている教師の育成をめざす」。そして、この提案の理由について次のように述べています。「地域社会活動に関する授業は、学生に企画段階から運営と実施に至るまで学生に組織的に参加させる。学生は、スケジューリングの調整、関係機関や住民との協働などの障害や困難を乗り越える中で、マネージメントスキルやソーシャルスキルを身につけ、さらには自尊心・責任感・社会貢献の意欲を高める」、「教育界で求められている教員の資質における『実践』というキー概念は、『学校現場で子どもと巧みに接する技術』のみを意味するのではなく、教育成果をあげるために必要な人的社会的環境を、実社会の中で整備していく力量を含むものでなくてはならない。こうした力量を育てるためには、大学内部の講義だけでは不十分で、広く大学外部の実社会との接点を用意し、そこで学生に一定の実務的訓練を与える必要があるだろう」。北澤教員によるこの提案は、それまでの地域健康教室を通した学生教育の実践の成果を踏まえたものであり、地域社会を基盤としたＥＳＤ人材養成の意義付けを与えるものの一つとなりました。

この提案を受けての「地域教育分野（その時点ではアニメーター教育分野と仮称されていた）」担当予定教員の集まりにおける論議を北澤教員は以下のようにまとめています（生方ほか、2007）。

【地域教育開発専攻の目的】

今日、学校教育は地域の力に頼らずには成り立たなくなっている。それは決して、学校や教師の無力を嘆く意味ではない。きわめて大胆に、かつ緻密に運営されている学校でも、あるいは、いかに勤勉で熱意のある教師が多数で束になってかかっても、地域にはそれを上回るほどの底力があるということを意味している。地域教育開発専攻では、こうした学校が持たない地域の潜在能力を積極的に教育に活用していくために必要な資質と技能を備えた人材を育成することを目的とする。

【アニメーター（animator）教育の目標】

アニメーターとは、組織や人に元気と勇気を与え、その活力を高める人のことである。このアニメーター教育分野では、北海道の雄大な自然環境を舞台としたアウトドア活動と、住民と一緒に汗を流す地域社会活動を通じて学校と地域に希望を与え、両者の間にかたい協力関係を築きあげるコーディネーターの役割を果たす人材を養成する。（中略）アニメーターがフットワークよく地域を廻れば、一つの学校だけで閉じこもってやっていた文化活動を、小学生と地域住民がコラボレートする重層的な活動へ発展させていくことができるだろう。（中略）小学校教員といえども、今日問題となっている高齢者の健康や生きがいづくりの問題に、できる限り力を尽くすことは、地域住民の一人として求められる道義的任務である。アニメーターは、こうした難問に力を尽くす経験を通して、それまで無縁だった人と人を結びつけ、地域から孤独を取り除き、互いに刺激を与え、力を高めあう元気な社会をつくるのである。人々に元気を与え、活力の震源地となるアニメーターは、学校に不足している様々な力を地域から自由自在に引っ張り出してきて、教育に有効利用することができるだろう。お年寄りの「ことば」に耳を傾け、その貴重な財産を一つ一つ拾い集めて子ども達に聞かせてやることができるだろう。教師に不足した技能や経験をもつ人材を、地域から探して手をかしてもらうことも簡単である。（後略）

ここでは、明確に「地域の教育力」のパワーが浮き彫りにされ、地域と学校とが融合した教育がもたらす効果への展望が語られています。また、この中で用いられた「アニメーター」という人材イメージは、現在の専攻で養成されている「ＥＳＤプランナー」（後述）の原型をなすものとなりました。

## 専攻の教育理念

専攻担当予定教員によるアイデアや意見そして勉強会の成果を練り合わせ、表7-1に示すようなこの専攻のカリキュラム・ポリシーである「専攻の教育目的と特色」ができあがりました。その仕上げの段階で、筆者は次のことがらを強調しました。「地域の自然や生活の中に学習素材を見出し、教科の枠にとらわれず、体験を通して児童・生徒の生きる力や自己教育力を培う、創造的かつ総合的な授業を開発する力を培う」、「フィールドワーク、地域との連携を盛り込み、内容と方法が一体化した教科融合型の指導体制をとることで、総合的な授業を自在に展開する力量をもった教員を育成する」。

表7-1に示された専攻の目的の特色は、後段に端的に示されています。すなわち、「分野融合的な教育を目指し、

表7－1　地域教育開発専攻の教育目的と特色

| |
|---|
| これからの学校教員や生涯教育に携わる人材には，地域の自然や生活の中に学習素材を見出し，体験を通して子どもたちの感性を育て，自分で考え，行動する力を培う，創造的で総合的な授業開発力がますます求められている。<br>そのため，この専攻は，地域に学び，地域の魅力を高めるための地域教育や環境教育を開発する能力を育成することを目的として作られている。そこでは，大学のある道東の豊かで多様な自然環境，酪農をはじめとする農林漁業などの産業の営み，地域の生活に溶け込んだ文化活動を題材とした教材や教育内容を開発し，授業プランにまで高め，広く教育界に発信する能力を育成するプログラムを用意する。<br>この専攻は，大きく，地域教育と環境教育の二分野で構成される。地域教育分野では野外教育，地域活動，地域文化，地域情報ネットワークにかかわる実践的，創造的な教育プログラムの開発を行う。環境教育分野では，釧路湿原をはじめとする自然環境の探求，地域社会と環境，産業技術と環境との調和などを題材とした環境教育プログラムの開発を行う。<br>さらに，この専攻は，分野融合的な教育をめざし，フィールドワークや地域との連携を豊富に取り入れ，体験と知識を結びつけるカリキュラムによって，教科の壁を越えた総合的な授業を自在に展開する力量と，児童・生徒の感性や生きる力を育む技量を合わせ持った教員の養成をめざす。 |

出典：2006年度北海道教育大学釧路校履修基準による。

フィールドワークや地域との連携を豊富に取り入れ、体験と知識を結びつけるカリキュラムによって、教科の壁を越えた総合的な授業を自在に展開する（中略）教員の養成をめざす」です。学生は、大学でのこのような学習活動を通して、地域の現状を、教科を超えた総合的視点でとらえるとともに、チャレンジ精神とコミュニケーション能力を、そして地域に入り込んで共に汗をかき、学校と地域社会のために活動する力をつけることになります。

## 専攻の教育方法

この専攻は、特定の教科にとらわれずに地域をフィールドに総合的な学びを作り上げていくものであり、それに応じて教育方法にも、従来の大学教育にはあまり見られなかった、次のような新しい試みを取り入れています。具体的には本章後半の各授業科目の紹介のところで述べます。

・異分野の教員集団による統合的・協働的シラバス構築
・数名の教員が緊密に連携した授業運営
　～統合的チームティーチング～
・学生の主体的授業参加：ミニリサーチ、総合討論

・地域をフィールドにした体験・実践型授業
・地域人材、とくにステークホルダーを招いての授業
・NPO・社会教育施設との連携
・協力校における授業づくりへの参加
・地域活動・環境活動への学生参加

**地域の教育力の開発**

この専攻では、地域がもつ教育力を最大限引き出すことをめざしています。地域には、地場産業、伝統芸能、祭り、互助組織、お年寄りの智恵、自然の恵みの持続的利用など、学校教育にまさる潜在的な教育力があります。学生たちを地域社会に積極的に入り込ませることで、地域の人々と交わり、言葉、しぐさ、付き合い方、感じ方、喜び、悩みなどに触れる貴重な経験を得させます。それだけでなく、彼ら自身も地域の中で自分の意見や感想をのべ、共に活動や作業を行うことで、教室では決して学び得ない様々のことがらや、考え方、感じ方、対処の仕方を学ぶことができるのです。このように、本や文献、ネット情報などから得られる文字情報やデジタル画像からではなく、地域で暮らす人々と直接触れ合い、語り合い、生の声を聞いて現実の社会や環境を認識し、学生自身が自分達の考え方や意思を作り上げていくのです。こうした地域の教育力の中で育まれ、成長した人材は、地域に立脚した教育者あるいはファシリテーターとして、やがて次の世代を同じように地域の教育力を活用しながら育てることができるに違いありません。

## 地域融合キャンパス

従来、大学は、高い塀に囲まれ、威厳のある門を構えていることに象徴されるように、地域住民から見て敷居の高い存在でした。大学の門は、あたかも知性の府である大学と、庶民による雑多な生業と生活からなる現実社会である巷とを物理的にも精神的にも遮断するものでした。研究中心で最先端を突き進む大学は、もちろん今後も必要であり、そのような大学が静謐な研究環境を維持するために垣根を維持することは当然といえます。しかし、地域で子どもたちの教育にあたる学校教員を養成する大学は、それ自身、地域に開かれたものであるべきです。

地域教育開発専攻は、地域社会に対して門戸を大きく開いて、住民を学内に招き入れて諸事業に参加する機会を提供するとともに、学生がごく当たり前のように地域に出向き、歩き回り、住民と交わりながら学びを作れるようにしています。具体的には、地域の方々を大学の公開講座、授業公開講座、各種講演会、シンポジウム、ワークショップなどに積極的に参加してもらう一方で、学生は地域の町内会、NPO、学校PTAなどの活動に参加したり、地域の子どもたちや住民を対象とした教育実践活動を企画運営するなど、大学と地域社会の交流を活発に進めています。

筆者は、このような、大学を開放した、大学と地域社会との相互交流型の学びの場に「地域融合キャンパス」という名称を付すことで、その特徴を鮮明にすることを試みました。この名称は文部科学省の2007年度「現代的教育ニーズ取組支援プログラム（現代GP）」に筆者が代表して応募した教育プロジェクトのタイトルにも取り入れられました。厳格な審査の結果採択されたことから、これは申請内容をうまく特徴づける造語であったといえるかもしれません。その呼び方はどうあれ、今後、全国の大学で地域融合キャンパス的な教育活動が広く展開されていくことが望まれます。採択された現代GPプロジェクトの詳細については同プロジェクトの公式ホームページ（章末にリスト）を参照してください。

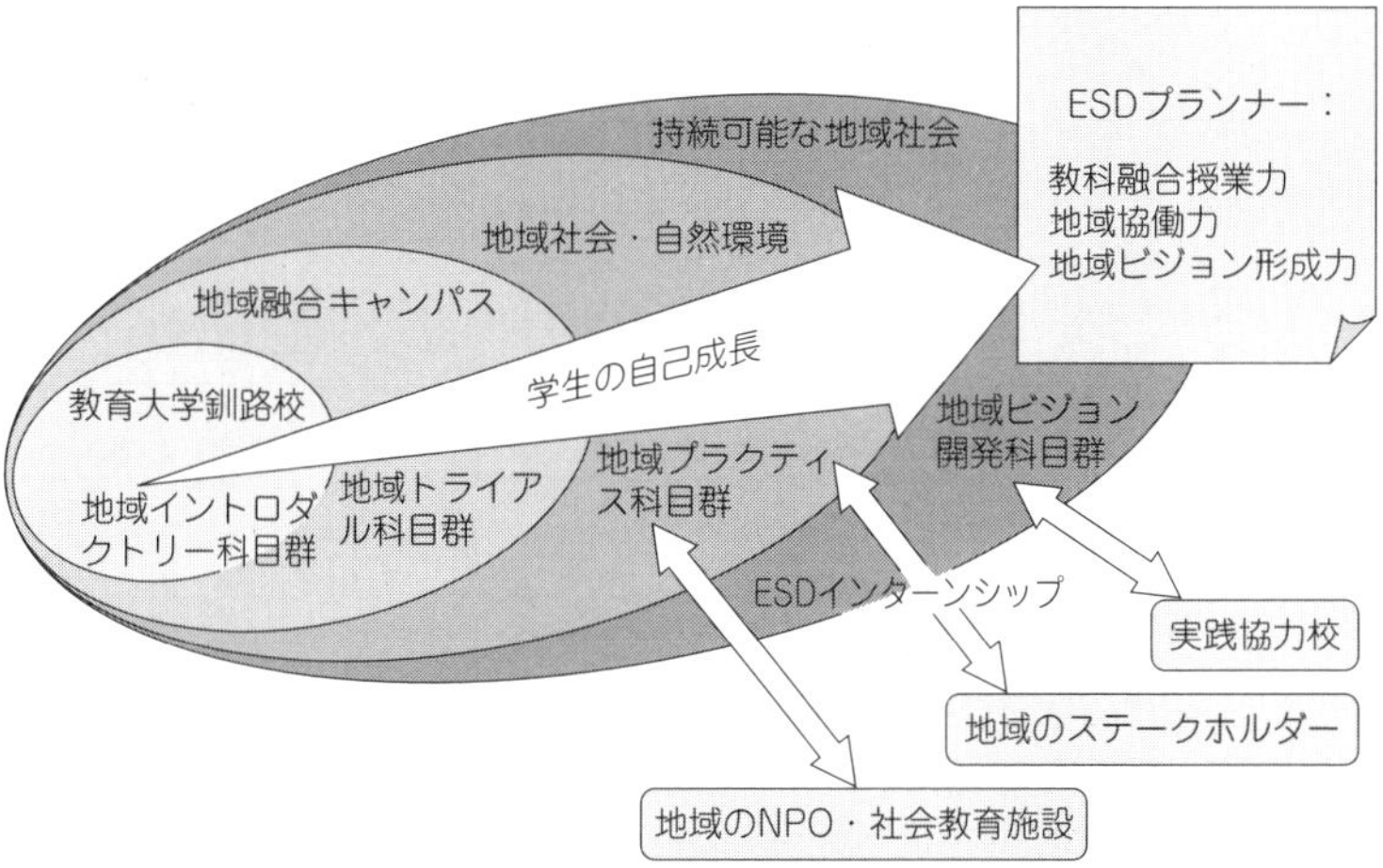


図7－1　地域教育開発専攻のカリキュラム構造と学生の自己成長のモデル

## カリキュラム構成

先に述べた専攻教育の理念を具体化するものとしての授業科目群の構成、すなわちカリキュラム構成は、学年進行に伴い、学生の知識や考え方、実践力が段階的に向上するように各科目を配置しました（図7-1）。それらは以下の4つの階梯的な科目群に整理されます。これら各科目群の名称は、教育プロジェクト申請に際して、その意味を明示的に表すために筆者がつけたものです。

①　地域イントロダクトリー科目群（1年次）

学生に地域教育や環境教育への動機づけを与えるとともに、基礎知識や問題発見のための切り口、視点を明示する科目であり、基礎購読および地域教育、環境教育に関連する入門的科目が置かれています。これらの科目群には複数の教員による授業が多く含まれています（詳細については後述）。

②　地域トライアル科目群（1～2年次）

学生をフィールドに頻繁に引率し、複数の教員が指導を行うものです。地域の自然に浸り、また地域の人々との交流や地域の生活を下支えするリサイクル産業の見学などを通して、地域社会や自然環境がもつ特性や解決すべき課題の発見と、体験的な理解を促すのが目的です。こうすることで、学生の興味・関心はより現実的・具体的なものへと導かれることが期待されます。

③ 地域プラクティス科目群（2～3年次）

学生が課題を発見または解決するために、自らフィールドに出向き、地域社会の産業や生活、自然環境の中で継続的に行動し、地域の人々の夢や悩みに共感しながら活動を行うものです。この活動を通して、地域に内在する価値や困難、矛盾や課題に気づき、その解決を模索して地域の人々とともに考え、行動する力を身につけていくことを狙いとしています。

④ 地域ビジョン開発科目群（3～4年次）

地域社会や自然環境の中で見出した課題を地域教育や学校教育を通して解決していくための、地域ビジョンや環境教育プログラムを学生が主体的に作りあげることを支援する科目群です。授業ではそのために必要な専門知識や授業開発力を授け、さらにプログラムの実践やビジョンの発信を促します。

この専攻では、学生を2年次進級に際して希望の分野（地域教育分野、あるいは環境教育分野）に分属させ、3年次進級の際に各教員の研究室に分属させる指導体制をとっています。したがって、地域イントロダクトリー科目群および地域トライアル科目群では研究室に分属する前の学生たちが同学年の横のつながりを大事にしながらこれら専攻共通科目を履修します。研究室分属後は、これらの科目群を通して得られた知識や体験をベースに、地域プラクティス科目群や地域ビジョン開発科目群を構成する演習や実習を積み重ね、4年間の学習の集大成としての卒業研究に取り組みます。

## 特色ある授業科目の紹介

①　基礎演習「環境を読む」（地域イントロダクトリー科目）

1年次学生対象の基礎演習として、「地域を読む」、「環境を読む」の2科目を必須科目として設定しました。それぞれ、地域教育分野、環境教育分野の教員（6～7名）が共同担当します。「環境を読む」の目的は、課題図書を各章ごとに丁寧に読み込み、ディスカッションを通じて、「環境」の意味や価値をさぐり、「環境問題」の奥行きや広がりを探るとともに、読解力、問題を把握する力、関係づけて考察する力、他者の意見を理解する力、批判力、調査能力などの基礎を培うというものです。方法としては、少人数授業できめ細かい指導を行うために、学生を6～7名ずつの6グループに分け、第1回目の全体ガイダンスと最終回の総合討論を除いては、筆者を含む6名の教員個々が1グループの学生を演習形式で指導する形態をとります。その際、各教員がもっとも専門性が近い分野の章を担当することとし、各学生グループの担当教員は2週間ごとに次の教員と順繰りに入れ替わる方式としました。学生は毎回の授業部分を予習し、レジュメを提出し、ディスカッションに参加します。最後の総合討論に際してはグループごとに選択した課題について、グループで調べたり討論した結果を全体の前で発表し、全体討論を行います。

②　複数教員が連携した導入的科目「環境リテラシー」（地域イントロダクトリー科目）

座学中心の地域イントロダクトリー科目群のうちの一つである「環境リテラシー」は、選択必須科目ですが、実質的に1年次学生全員に受講を推奨している専攻共通の基礎科目です。筆者がコーディネーター役を務めていることの授業科目は、基礎演習同様、教員6～7名が共同担当するものですが、1回の授業に必ず異分野の教員2名ずつを配置する「チームティーチング」を導入（写真7-1）した点、大学の授業としては大変ユニークなものといえるでしょう。

全15回のうち、最初のガイダンスに続く7回は各教員の専門分野をベースにした環境についての講義ですが、それに続く6回は学生の「ミニリサーチ」発表およびそれを受けてのディスカッション方式で実施し、このミニリサーチ発表に毎回組み合わせの異なる2名の教員がそれぞれの専門性（教育学、理科教育、生物学、地理学、社会学、農学、工学）の視点から、助言、講評、補足説明を行います。このミニリサーチ発表は、学生の発表時間の確保のためおよびフロアからの質問の機会を増すために、40名のクラスを2クラスに分け、2クラス同時進行で行っています。そのため、同時に4名の教員が指導のために配置されることになります。最後の1回はふたたび受講生全員一同に会しての総合討論となり、これにも数名の教員が参加しています。

写真7-1　複数教員が連携した授業「環境リテラシー」

この授業科目の目的は次のようなものです。「地域や世界規模の環境問題の解決に貢献できるような環境教育を進めていくためには、『環境とは何か』、『環境問題とは』、『環境問題の原因』についての知識を整理し、構造化し、さらに『環境と人間との関係』への深い考察を試みることが不可欠である。このような試みを行い、意思決定に生かしていく知的能力のこと『環境リテラシー』と定義する。この講義を通して、学生が環境リテラシーを身につけ、それを自ら磨き上げていくための方法に慣れることが期待される。」

学生にミニリサーチのテーマとして取り組ませるために、表7-2のような「メニュー」を用意しました。各2人からなる10チームが、この中から一つのテーマを選択します。場合によっては、学生がテーマを提案し、担当教員が承認することもあります。各チームは選択したテーマにかかわる資料を、7～13週間の準備期間中に、図書、文献、インターネットのサイトなどから収集し、考察を加え、発表資料（紙媒体、場合によってはパソコンによるプレゼ

表7-2　「環境リテラシー」で学生に選択させるテーマの例示

| | |
|---|---|
| ・環境論1 | 生物と環境，自然と人間，環境と進化，環境と情報，先住民と環境 |
| ・環境論2 | 環境倫理，環境と福祉，環境と人権，環境と文化，環境とNPO |
| ・物質環境 | 地球温暖化，環境ホルモン，リサイクル，砂漠化，河川管理と環境 |
| ・生命環境 | 生物多様性，エコツーリズム，生態系の破壊，保全の生態学 |
| ・農業環境 | 農薬と環境，遺伝子操作，BSE，有機農業，里山の保全 |
| ・地域社会 | グリーンツーリズム，共有地の悲劇，グローバリゼーション |

ンテーション を併用）を作成します。1回の授業で、毎回2チームずつ順に発表し、それを受けてフロアの学生との質疑応答・討論を行い、引き続き担当教員は講評および補充説明を行います。フロアの学生は配布されたコメント票に感想・意見を記入して教員に提出します。

この授業科目を受講した学生による授業アンケート（無記名）から以下に感想をいくつか紹介します。

・環境について色々なことを学べ、自分達で発表したり、とてもためになる授業でした。環境についてもっと勉強していくために、この授業はとても効果的でした。
・沢山の新たな情報を得ることができたし、自分がもっとしっかり調べて細かい部分までやらないといけないと感じました。
・自分から積極的に調べることで新しい分野に目をむけることができてよかったです。
・自分が調べたことはもちろん深く追求できましたが、いろんな環境や社会のことについて多くのことを知ることができました。
・授業の後半で各自興味をもったことについて調べ学習・発表はとてもよいと思いました!!自分自身で調べることで環境について深く考えるきっかけとなりました。
・自分ですべてを調べ発表するという難しさを身をもって感じた授業で、自己分析をするためにはいい授業でした。
・形式がよい。しかし学生がもっと発言すべきと思いました。先生方は分かりやすく、よかったです。
・様々な知識や考えを共有することができました。それぞれの価値観が違うので面白かったです。

このように、学生からは概ね高い評価が得られていますが、改善すべき点の指摘もあり、毎学期末の学生による授業評価アンケートの結果を分析し、授業改善を続けています。

② 複数教員が連携した自然体験授業「釧路湿原エコウォッチング」(地域トライアル科目)

入学直後の専攻学生に、釧路湿原を中心とした地域の自然環境にたっぷりと浸らせ、植物・昆虫・鳥について生態系の中に位置づけながら五感を通して体験させるフィールドワーク授業です。ガイダンスでは全体に共通の説明を行いますが、実際のフィールドワークは学生20人ずつの2班に分け、小型スクールバスに乗せて担当教員1名が、現地(釧路湿原の温根内ビジターセンター周辺の木道等)で観察を指導します。植物については神田房行教員が春(6月)、夏(7月)の2回実施し(神田、2007)、昆虫については筆者が7月に1回実施し、鳥については非常勤講師の渋谷辰生氏に指導を依頼して7月に実施しています。

ちなみにこのスクールバスは釧路校が地域連携授業に使用することを支援するため、地元の篤志家、加藤義美氏から寄贈されたものです。また、フィールドワークは、半日や1日、ときには1泊2日で行われますので、これまでは平日に行うと他の一般授業を欠席させざるをえませんでしたが、今回の釧路校のカリキュラム再編に際して、毎週木曜日に1日ぶち抜きのフィールドワークあるいは実験・実習を行うことが可能な時間割システムが採用されています。

以下、受講学生の感想(無記名)をいくつか抜粋して紹介します。

- 現存の釧路湿原の現状や問題に気付くことができました。
- 湿原の仕組みについてよく知ることができました。
- 身近にも絶滅したり、外来種に侵されたりしている種があるかもしれないと思う契機になりました
- エコウォッチングで初めて湿原に行き、自然に触れることができました。バードウォッチングなど初めての経験が多

く、これからの自然への考え方が変わりました。湿原をはじめ、環境に関する意識が変わり、これから環境の活動に参加していきたいと思いました。
・実はいつも身近にあった、というような小さなことの気付きがたくさんできたと思います。釧路でしかできない体験がとても興味深く、もっと様々なことを知りたいと思いました。
・自然の中を歩くことで、自然の美しさや鳥、虫の声に耳を傾けて自然を楽しめただけでなく、その自然の中に棲む生き物たちの生態系について知ることで、環境問題について改めて考える機会が増えてよかったです。
・環境問題が叫ばれていても、実際に体験したり観察したりしてみないと実感できないので、体験することができて良かったです。この授業を通して、以前よりも環境問題や現状について少しでも考えるようになりました。

③ 地域と連携した農業体験授業「環境教育活動Ⅰ」（地域プラクティス科目）

専攻の環境教育分野の共通科目の一つである「環境教育活動Ⅰ」（担当教員、田丸典彦教員）は、大学提携農園（前述の加藤氏が所有され、大学の教育用に無償貸与されているもの）におけるジャガイモ栽培（写真7-2）と、大学前の舗道の花壇に町内会と連携して花を植え、育てる内容で前期に実施しています。加藤氏には農作業についての特別講師も担当していただいています。また、この農場への往復にも同氏寄贈のスクールバスを使用しています。この授業実践の詳細については、生方ほか（2008）の中で田丸教員が報告しています。以下に学生の感想（無記名）を抜粋して紹介します。

写真7-2　連携農園における体験授業「環境教育活動１」

・農作業を通して、農業の大変さや楽しさを体験することができてよかったです。このような体験は普段行うことができないのでとてもよい授業だったと思います。

・この授業を受けるのが毎回すごく楽しみで、勉強になりました。農業という自然を相手にする事の大変さ、難しさも知りました。農業を通して、生命の大切さを知りました。田丸先生の生物に対する考え方もすごいなぁと毎回勉強になりました。
・じゃがいもやキンレンカを育てることによって愛着や栽培する苦労を知ることができて良かったです。小学校で指導するときも用具の使い方や種まきの方法など気をつける点が分かったので生かせると思います。土作りにも興味をもちました。
・今まで街路樹とか気にせずに歩いていましたが、街路樹の花壇作りを体験することで色んなところの植物を見るようになりました。また、種まきからすることで、植物に対してとても愛着がわいて、もっと緑を大切に扱わないといけないと感じました。この授業を通して、畑仕事の大変さと楽しさを知れたので良かったです。

④ 地域人材を活用した授業「地域文化と触れ合う」（地域イントロダクトリー科目）

専攻の共通科目である「地域文化と触れ合う」（担当、高橋忠一教員）は、大学周辺に住む中高年の方々を大学にお招きし、学生グループごとにお一方ずつにインタビューを行い、子どもの頃から現在までの生き方や暮らし方について、独自の語り口で語ってもらい、その録音をテキストに起こして冊子にまとめる内容です。同じ地域に住みながらほとんど接する機会のない世代間の交流を通して、地域の生活文化の一端に触れる授業です。以下は学生の感想（無記名）の一部です。

・聞き書きを行って、著名な人ではなくてもとても大切な歴史をもっていて、（むしろそういう人で文化は形成されていると思いますが）すごくそれを記録に残すことができて良かったと思いました。そのほかにもピナゴや赤い靴の少女などのお話も、有名人でない人の歴史こそ、その時代のことが分かるのだなと思いました。
・様々な文化や歴史について深く学ぶことができてとても楽しかったです。また、地域の方からお話を伺う機会があり、その方の歴史や考え方、この城山地区のお話などたくさん聞くことができて、とても良い経験となりました。今回、聞き書きという作業では、グループの人と分担し、協力してできました。自分自身頑張れたと思います。普段の授業でも話がとても楽しく、積極的に授業を受けることができたので良かったです。

・無名の人々にもしっかりとした歴史があるんだということを学ぶことができました。聞き書きを行うことで消えそうになった文化や忘れ去られた文化を記録に残すことが可能となります。しっかりと残していくべきだと思います。地域の人とのかかわりを生むことができました。同じ地域に住みながら全く関わりがないことは悲しいです。これからも積極的に交流したいと思います。

⑤　地域人材を活用した授業「環境教育活動Ⅱ」（地域プラクティス科目）

「環境教育活動Ⅱ」は環境教育分野に所属した2年次の学生の大部分が受講する実践科目で、教員（筆者と大森享教員）による講義、学生による環境教育の授業プランづくりと模擬授業形式での発表（この発表でも、2名の教員の同時担当による指導を採り入れています）、そしてフィールドワークから成っています。この授業のフィールドワークでは、地元の環境関連のエキスパートに特別講師として案内や解説をお願いしています。２００９年度には、釧路市立博物館の学芸員として釧路湿原の植生を長年調査・研究され、その後、湿地保全管理行政分野で活躍してこられた新庄久志氏に学生への現地解説を依頼し、自然保護と開発とを両立させる立場からのコメントを含めた指導をしていただきました（写真7-3）。このような地域のステークホルダーと関わりをもちながらのフィールドワークを通して、学生たちは「自然は大切だ、開発はよくない」という単純・素朴な考え方から一歩抜け出すことができると考えています。以下に受講学生のレポートの内容から感想を抜粋します。

・湿原を開発することによって生活空間を広げてきたため、湿原を保護するといってもそこに住んでいる人の生活を考えた上での対策が必要になります。（中略）牧場のすぐ隣が湿原という場所は日本国内でもあまり見られないと思います。だから必要以上に土地を広げたり、他の土地に影響を与えないような方法を用いて生活していくことが重要だと思いました。
・今回は釧路湿原の抱えている見かけだけでは分からない問題に関してその現場を巡ることができました。（中略）目の前の湿原ぎりぎりまで迫る牧草地を見ながら、こんなにも人の生活領域と湿原が肉薄してせめぎあっているとは思いもしませんでした。（中略）釧路川の流路復元工事も見学しました。（中略）ダメージを回復させようとするのにも莫大な費用と長大な時間を要するのだとよく分かりました。
・湿原を守りたいという声と、土地改良を進めたいという農家の声がありました。この、二つに分かれた意見を両立させるために、バッファーゾーンという物を作ろうと考えられました。（中略）今回、様々なことを教えてくださり、普段いけないところに連れていってくださり、貴重な体験をさせていただいた講師の先生に感謝します。

### ⑥ 地方自治体と連携した授業「環境教育活動ⅢA」（地域プラクティス科目）

写真 7－3　地域のステークホルダーを特別講師に実施した「環境教育活動Ⅱ」のフィールドワーク

写真 7－4　近隣町村（S町）の役場訪問で職員（左）への聞き取り調査をしている「環境教育活動ⅢA」の受講学生（右）

この授業科目は筆者の研究室所属3年次学生対象の、演習とフィールドワークを組み合わせたもので、近隣の町村のいずれか一つをフィールドに設定し、その町村における環境保全、産業振興、住民福祉などをトータルにとらえることを目的としています。フィールドワークは自然環境調査と、役場（写真7-4）、博物館または相当施設の訪問、産業施設、史跡などの見学からなっています。以下に、受講学生の感想を紹介します。

・釧路にとどまらず、周辺地域にも目を向けることで、釧路を別の視点から見つめ直すことができて良かったです。様々な観点から課題を見つけ、考えることができました。
・A町という、近くて遠い場所をフィールドとして気付いたことは、自然環境なくして成り立たない町村があるということです。自分は人類の文明と自然環境は共存し得ないと思っていたため、斬新でした。
・自分でめあて（目標）をもって活動することが多く、興味をもって行うことができました。
・A町へフィールドを移しての講義でしたが、普段とは違った場所での授業に興味をもつて取り組むことができました。今度は釧路についても調べてみたいと思いました。自分で調べてたくさん質問して、積極的にとりくむことができました。
・外に出て、学習する事の楽しさ、大切さを学びました。新しい学び、問いも生まれました。その問を、どう解決していくかもわかりました。積極的に質問することができ、考える事も沢山できました。

⑦ NPOと連携した授業「地域健康教育コーディネート」（地域プラクティス科目）

地域のNPO法人「地域健康づくり支援会ワンツースリー」と連携した授業です。前出の北澤教員が担当しています。シラバスからこの授業の目的を抜粋します。「この授業の目的は、地域の小中学校と協力して、子ども達とその周辺の地域住民を健康にするような『ボランティア活動』ができるマインドをもった地域福祉の人材を養成することにあります。（中略）この講義を受講した学生は、子どもから高齢者までの幅広い人々を対象に、安全に楽しく健康づくりが指導できるような知識と技術を身につけることができます」。講義形態は、講義と実技からなり、

「ふまねっと運動」（尚和他、2007：北澤ほか、2008を参照）の目的や効果を学ぶとともに、その運動を体験し、サポーターとして活躍できるまでに習熟し、企画や運営のノウハウも実践を通して身につけるものです。

以下、受講学生の感想（無記名）の抜粋です。

・この講義を受けることができて本当に良かったです。信頼関係を築くのに相当の努力があったのだと改めて思いました。私も長い目で挑戦していきたいと思います。
・この講義はとても為になる講義でした。釧路で学んで、色々なところに自分らが行くことになった場合、ここで学んだことを生かして地域の活性化に繋げていきたいと思います。
・この授業を数多くの人が受ければ受けるほど笑顔になるお年寄りや障害者の数も増えると思いました。これからもこの運動を北澤先生の手で多くの人たちに伝えて下さい。
・ふまねっとを通じて地域とかかわる力が少しでもついたと感じました。教員になってから必要になるものをたくさん学ぶことができました。
・授業が始まった頃は、人の前に立って何かをすることが苦手でしたが、だんだんなれてきて、最終的にはできるようになれたのが良かったです。
・地域の人たちと触れ合うスキルが身についたと思います。
・地域の人と交流できたことが良かったです。社会性を育てる為にもいい講義だったと思いました。

⑧「環境教育プランニング演習Ⅰ」（地域ビジョン開発科目）

地域ビジョン開発科目群は、学生個々の学士論文に向けた課題設定と、その課題を掘り下げ、授業プランにまで高めるためのものであり、各研究室で開設している演習Ⅰ、Ⅱや実習（環境教育活動Ⅲ・Ⅳ、地域教育活動Ⅲ・Ⅳ）がそれを担っています。その中の一例として筆者が担当している「環境教育プランニング演習Ⅰ」を紹介します。全15回のうち、前半の5回は担当教員が環境問題の一つである生物多様性についての講義を行い、その間、各受講学生は自ら設定した環境問題のテーマに関して授業作りを行います。4回分を一度に行うフィールドワークをはさんで、後半の6回に学生が模擬授業を行います。毎回の模擬授業の後には検討会の時間をたっぷりとり、学生相互の質疑応答や関連項目についての討論、指導教員による補充講義などを行います。授業方法としてとくに目新しいものではありませんが、これまでの専攻での学習の成果を授業プランに結晶させる一つの試みとなると考えています。以下に学生の感想（無記名）を掲げます。

・自分の授業プランを実践し、それについて全体で議論することで授業作りについての知識や考えを深めることができたと思います。全体での意見交流にも積極的に参加し、他の人の意見、考えを柔軟に取り入れるように努力しました。
・それぞれの環境に対する考え方や課題について知ることができ、自らの考えもより深めることができました。模擬授業を行うことができたのも、自分の成長に繋がったのではと思います。
・様々な視点から、環境問題を扱って授業をしましたが、人ごとに環境問題の捉え方が違い、とても参考になりました。
・自ら授業を行うことで、失敗もしたし得るものも多かったです。プランニング能力を得たと思われます。また、積極的に発言などで参加できました。
・環境問題など、ゴールの見えにくいことを授業にするということはとても難しいと感じました。けれど、他の学生の授業方法、意見等を聞くという点では有意義な講義であったと思います。

⑨　卒業研究

専攻学生は4年次になると、地域ビジョン系授業を履修しながら、卒業研究のための問題設定、調査計画や活動プロジェクト策定に着手します。この専攻の卒業研究の特徴は、個人の研究欲を満たすだけでなく、教育活動を通して地域社会のあり方をよりよくしていこうというESDアプローチが大きく採り入れられていることです。以下に、第一期生（2009年度卒業生）の卒業論文タイトルの一部を紹介します。これらのうち、※印は「ESDプランナー」資格（後述）を在学中に取得した学生です。

・「子どもの自己肯定感の獲得を支える環境教育―自己実現を目指したより活動に近い学習に必要な要素―」（山田麻美）
・「絵本を使った環境教育実践の創造―自然離れの子どもたちを視野に―」（新沼渓※）
・「水俣病問題を題材とした公害教育実践から引き継ぐ環境教育的価値の考察―出水・水俣での様々な出会い、そして田中裕一実践を追って―」（竹下清一郎※）
・「プランナー育成に向けた、環境教育研究―シティズンシップ教育からのアプローチ―」（野呂田絵梨※）
・「野外教育を通して『食』の大切さを再認識する活動実践「レッツ！もぐもぐタイム！！」」（和合悠太、榊原亜耶、沓沢千草、樋脇早也香）
・「児童を対象とした『社会性の育成』を目的とした活動実践―へき地・小規模校での集団遊びを通して―」（村田理絵、小原あかり）
・「住民主体のまちづくりをめざし地域社会で活躍する高齢者の可能性について―ふまねっと運動を社会参加活動の中の一つとして―」（月舘美佳）
・「知的障害者レクリエーションとしての『ふまねっと』プログラムの実践と確立―障害者の生活の質の向上をめざして―」（須藤美智子、世戸春香、灘本詩織）
・「わたし・あなた・みんなをつなぐ日本における開発教育の考察―『かわいそう』という発展途上国に対する見方に内在する考え方の転換―」（竹ヶ原礼子）

### カリキュラム外の教育活動

地域教育開発専攻ではカリキュラム外の教育活動として、地域住民を対象とした公開講座・授業公開講座、講演会等を実施しています。また、学生に自主的に地域に分け入っての自主的な社会活動、環境活動を行うことを奨励しています。これらも広い意味での教育活動になっています。

①　チャレンジプロジェクト

これら学生による自主活動は、授業単位にもアルバイト収入にもならない完全なボランティア活動ですが、それだけに学生の課題意識・主体性・自立性といった意欲や態度面および協調性・指導力・調整力などのソーシャルスキルの芽がぐんぐん育つ活動といえます。この専攻が担っている現代GPでは「ESDプランナー」資格を認証していますが、資格認定の要件の1つに自主的地域活動（これを「チャレンジプロジェクト」と呼んでいます）の実績を掲げています。これは、こういった活動に学生がチャレンジするためのインセンティブになると考えています。以下に、これまで取り組まれた学生が企画・運営したチャレンジプロジェクトから例を2つ紹介します。

・「森のもりもり探検隊」：釧路市内の小学生を対象とした自然接触体験プログラムを当専攻の13名と他専攻1名の学生のグループが企画し、厚岸町にある少年自然の家という公的施設に2泊して周辺の森林や草地で実施したものです。自然散策、ポスター制作、ウォークラリーなどの活動を通して、子どもたちが身近な自然に親しみ、集団生活の中での行動力を向上させ、環境問題について考えることを支援するねらいです。

・「エコチャリ・プロジェクト」：当専攻の6名と大学院生1名の学生のグループが、学内の放置自転車を選別、修理し、貸し出すことで、資源の大切さとリサイクル意識の向上を行うほか、サイクリングマップの作成を行っているものです。これは環境的視点から、釧路市の新たな観光方法として自転車を取り入れてみたらどうかという提案行動も含んでいる積極的なものです。油まみれになっての自転車修理作業のノウハウを含めて、1つ下の学年の学生たちに事業が受け継がれています。

②　公開講座・授業公開講座

本学では、一般市民を対象とした公開講座や授業公開講座を実施しています。専攻の教員⑵、⑶については他専攻の現代ＧＰ担当教員も協力）が担当した公開講座としては、以下のものがあります。この中で(3)は次に述べるＥＳＤプランナー資格申請の際1科目に代替して使用できるようにしました。(1)から(3)の受講者は10名内外と少ないですが、少しずつＥＳＤの考え方や進め方を地域に広げていくためのよい機会になっていると考えています。

(1)「環境教育―道東からの発信―」２００6年度

(2)「世界の環境とＥＳＤ―見たこと考えたこと―」２００8年度、ＥＳＤリレーセミナー（定期講演会）

(3)「ＥＳＤの現在」２００9年度、公開講座

(4)「ふまねっと健康教室」２００9年度、公開講座

授業公開講座は、大学の学生を対象とした通常の授業科目のうち、担当教員が承諾したものを一般市民に公開するもので、教員の負担増を最小限に留めながら多くの授業科目を市民が享受できる制度です。実際に、基礎講読と専門演習Ⅱ（4年次学生対象）を除くこの専攻のほとんどの授業科目が公開され、市民受講生が学生と机をならべて授業を受けています。市民の真剣な授業姿勢は、学生にとってもよい刺激になっています。授業公開講座は、受講料が通常の公開講座や科目等履修生と比べて大幅に安いという利点があり、ＥＳＤについて地域住民に広く知ってもらうには大変好都合です。ただし、学生の学習環境を維持するために、市民の受講は1科目あたり数名以下に制限しています。ＥＳＤプランナー資格制度が確立して以降の２００8～２００9年度のＥＳＤプランナー資格科目受講数は1学期あたり11～16科目、延べ8～25名となっています。これらの授業公開講座受講生の中から、すでに市民ＥＳＤプランナーが誕生しています（後述）。

## 4　釧路校のＥＳＤ活動

ここまで、地域教育開発専攻の教育活動を中心に述べてきましたが、以下釧路校全体でのＥＳＤ活動についてご紹介します。ここでも同専攻の教員が中心になって活動しています。

### シンポジウム・講演会等

ＥＳＤに関連するシンポジウムや講演会は毎年のように行っていますが、現代ＧＰ期間中の２００７～０９年度には次のようなシンポジウム・フォーラムを実施し、市民・学生にＥＳＤ・環境教育について広く伝えることができました。シンポジウム及びフォーラムについては、いずれも講演や討論の内容をすべて収録した冊子体の報告書が刊行されています。

- 「持続可能な社会への環境教育（ＥＳＤ）―地域から世界へ広がる環―」現代ＧＰ国内シンポジウム（２００８年２月）。
- 「持続可能な未来をつくる環境教育―グローバルな視野と地域での実践―」現代ＧＰ国際シンポジウム（２００８年７月）。
- 「地域づくりは人づくり―持続可能な社会をめざして―」現代ＧＰ国内シンポジウム（２００９年11月）。
- 「ユネスコ・スクール・フォーラムｉｎ釧路」（２００９年11月）。
- 環境教育講演会「シベリアの自然と民族音楽」（２００７年）
- 特別講義「子どもの教育、戦争と平和を考える」講師、長倉洋海氏（本学特任教授・写真家）（２００７～09年度、各２～３回シリーズ）

ESDプランナー認証

北海道教育大学釧路校では、現代GPプロジェクトの一環として、２００８年度より、ESDプランナー資格を認定、付与しています。この資格は、国家資格でも全国規模の資格認定機関が認証するものでもなく、北海道教育大学釧路校がその責任において独自に認証するものです。この資格認定は現代GPが終了する２０１０年３月以降も継続されることになっています。他のいくつかの大学でも現代GPの枠組みのもとで同趣旨の資格の認証を実施しています（例、愛媛大学の環境ESD指導者資格、西日本工業大学の環境ESDコーディネータなど）。

①　ESDプランナーの人材像

釧路校が想定した「ESDプランナー」の人材像は次のようなものです。

・自然と共生する持続可能な地域社会（サステイナブル・コミュニティー）を実現するためには、その実現に向けて地域の活動を巻き起こすファシリテーター（リーダー、サブリーダー、サポーター）が不可欠です。
・そのファシリテーターには、自然環境やその持続可能な利用についての知識、生きがいのある地域社会づくりを促進していく実践力が求められます。
・「ESDプランナー」は、ファシリテーターとして地域の自然再生や地域社会の再活性化のためのアイデア創出と具体的な活動を行う人材です。

②　ESDプランナーの認証

釧路校では、地域教育開発専攻で開設している授業科目のうち、ESD人材養成にかかわる科目をESDプランナー資格科目に指定しています。それらの指定科目から16単位以上履修し、さらに「チャレンジプロジェクト」を企画・運営した実績をもつ学生にこの資格を付与しています。一般市民の場合は、ESD資格科目の授業公開講座、あるいは資格読み替え可能な公開講座を16ＥＰ（授業公開講座受講では大学から正規の単位は認定されませんので、市民受講者には単位のかわりにEPを付与しています。これは“ESD Point”を省略したものです）以上受講し、地域におけるＥＳＤ関連活動（環境活動、地域ボランティア活動等）の実績があればこの資格が授与されます。16ＥＰのうちの6ＥＰまでは、他大学における取得単位あるいは実務経験によって代替することが可能になっています。資格科目がどのようなものであるか、またどの科目が公開されるかは釧路校ＥＳＤ推進センターのウエブサイト（章末にリスト）等に掲載されています。２００9年3月には、はじめてのＥＳＤプランナー資格が学生3名、市民1名に認定され、蛭田眞一副学長（釧路校担当）から資格認定証が授与されました。市民の第一号ＥＳＤプランナーである伊織嬌子さんは、積極的に授業公開講座に参加され、過去十数年間における地域での環境活動、地域活動の実績が評価されてのスピード認定を受けられ、その後も公開講座等で知識を深めながら地域活動の推進に携わっておられます。このような方が地域に増えてくることで、持続可能な社会の実現をぐーっと引き寄せることができるのではないでしょうか。

## ＥＳＤ推進センターの設置

地域住民と大学との連携のために、釧路校は２００８年に「ＥＳＤ推進センター」を設置しました。これは現代ＧＰの計画書の中で筆者が構想を描いたものですが、ＧＰ採択後、学内機関で慎重に審議され、分校で10年来活動してきた「環境教育情報センター」に代るものとして、教授会で認められて設置されたものです。センターの設置目的は、「ＥＳＤに係る調査・研究を行うとともに、持続可能な社会実現に向けた課題に取り組む学校教育及び社会教育に関わる人材の育成、並びに地域と連携したＥＳＤ活動の促進を図る」と規定されています。担当する業務としては、次のようなことが掲げられています。

⑴　ＥＳＤに関する調査・研究の推進

(2) ＥＳＤプランナー資格認証を含む大学内外におけるＥＳＤ人材の育成への支援
(3) 地域社会と連携したＥＳＤの実践および普及の推進
(4) その他必要な業務

計画立案に深くかかわった筆者が初代センター長をおおせつかり、他のセンター員（教員7名）とともに次のような活動を進めています。

・センター紀要「ＥＳＤ・環境教育研究」の定期刊行
・ＥＳＤプランナーの資格認証実務
・ユネスコ・スクール支援大学間ネットワークへの参加
・ＥＳＤ関連公開講座の実施
・ＥＳＤ関連講演会・報告会の実施
・ウエブサイトによる情報発信

ＥＳＤ推進センターの詳細および最新情報については同センターの公式ホームページを参照してください。

## おわりに

以上、北海道にある教員養成系大学の1キャンパスを舞台に構築し、実践してきたＥＳＤ人材養成としての教師教育の理念とカリキュラム、それを展開するためのいくつかの先駆的な教育方法について、実践の経過と学生の感想も引用しながら論じてきました。この実践内容については高等教育におけるＥＳＤに関するいつくかのフォーラムやシンポジウムで発表する機会があり、ＥＳＤ人材養成の一つのモデルとしておおむね高い評価を受けることができたと考えています。まだ不十分な点も多々あるとは思いますが、地域融合キャンパスの場における地域社会と大学・学生との連携・協働や、教科融合型、異分野教員連携、ステークホルダーの活用を取り入れた教育方法は、大学におけるＥＳＤの一つのモデルになりうるのではと考えています。全国の大学、とくに教員養成学部で参考にしていただき、持続可能な社会に向けて活躍する若い人材を広く送り出していただきたいものです。

この章でご紹介した教育理念や教育実践をつくり上げる過程で、釧路校の同僚諸氏、とりわけ北澤一利、諫山邦子、平岡亮、高橋忠一、田丸典彦、神田房行、大森享、玉井康之の諸氏との意見交流、協働が大きい役割を果たしました。ここに記して謝意を表したいと思います。

## 引用文献


船寄俊雄（2008）「開放制教員養成システムについて考える」日本教師教育学会編『日本の教師教育改革』学事出版。
北海道教育大学釧路校地域教育開発専攻（2010）公式ホームページ　http://ckk.kus.hokkyodai.ac.jp/
北海道教育大学釧路校ＥＳＤ推進センター（2010）公式ホームページ　http://esd.kus.hokkyoda.ac.jp/
北海道教育大学現代ＧＰ「地域融合キャンパス」（2010）公式ホームページ　http://ckk.kus.hokkyoda.ac.jp/gp/
神田房行（2007）「釧路湿原エコウオッチング――温根内湿原植物編」『環境教育研究』10(1)、25-33。
木岡一明（1998）「戦後教員養成論の再検討――戦後『教育学部史』再検討の視角から」浦野東洋一・羽田貴史編『変動期の教員養成』同時代社。
北澤一利・尚和里子・鍵市篤史・松崎瑞穂・大島寿美子（2008）「Walk から Work へ――『ふまねっと』運動の出自と理念――」『看護学雑誌』72(10), 872-880.
森田道雄・羽田貴史（2008）「第二部　教員養成機関の現在」（冒頭の解説）、日本教師教育学会編『日本の教師教育改革』学事出版。
尚和里子・北澤一利・平岡亮（2007）「フィールド・レポート大学と地域住民の連携により生まれた介護予防運動『ふまねっと』について」『保健の科学』49(2), 145～148.
生方秀紀・北澤一利・諫山邦子・平岡亮、高橋忠一・田丸典彦（2007）「地域と連携した実践力ある環境教育教員養成カリキュラムの構築と実践(1)北海道教育大学地域教育開発専攻のカリキュラム設計」『釧路論集』（39），129-141.
生方秀紀・田丸典彦・諫山邦子・小松丈晃・神田房行・土居慎也・大森享（2008）「地域素材を活用した地域連携総合学習プログラムの開発―ジャガイモを切り口に地域の暮らしと環境とのかかわりを探る―」『釧路論集』（40），217-232.
UNESCO（2009）Education for sustainable development（ESD）. http://www.unesco.org/en/esd/（2009. 12. 5. アクセス）

（生方秀紀）

# 第8章　サブサハラにおける持続可能な開発と教育

## はじめに

アフリカのサハラ砂漠以南に位置する諸国の多くは、世界で最も開発が遅れているとされています。本章では、サブサハラにおける持続可能な開発について、教育に焦点をあてながら検討していきます。まず、サブサハラの人間開発について統計を用いて確認し、基礎教育の現状を概観したうえで、教育開発を進めるためにどのような取り組みがなされているのか、さらに、どのような課題があるのかを明らかにします。

筆者はここ十数年にわたって、サブサハラ諸国の教育開発に関する調査を重ねてきました。調査方法は大きく次の3つです。文献やデータ、行政文書などを現地で収集すること、教育の原点である授業を観察すること、そしてインタビューです。インタビューは生徒や教員、中央および地方の教育行政官、ときには保護者や地域の住民を対象に行います。さらに、現地に対して国際援助・協力をしているユネスコ、ユニセフなどの国連機関やＯＤＡ機関の教育開発担当者にインタビューを行うこともあります。

モロッコ
チュニジア
アルジェリア
リビア
エジプト
西サハラ
モーリタニア
カーボベルデ
マリ
ニジェール
チャド
スーダン
エリトリア
セネガル
ガンビア
ギニアビサウ
ギニア
ブルキナ
ファソ
ベナン
ナイジェリア
ジブチ
シエラレオネ
トーゴ
エチオピア
リベリア
コートジ
ボアール
ガーナ
中央アフリカ
カメルーン
ソマリア
赤道ギニア
コンゴ
民主共和国
ウガンダ
ケニア
サントメ＝プリンシペ
ガボン
ルワンダ
ブルンジ
セーシェル
コンゴ
タンザニア
コモロ
アンゴラ
マラウイ
ザンビア
モザンビーク
モーリシャス
ナミビア
ジンバブエ
レユニオン
ボツワナ
スワジランド
南アフリカ共和国
マダガスカル
レソト

図8-1　アフリカ地図

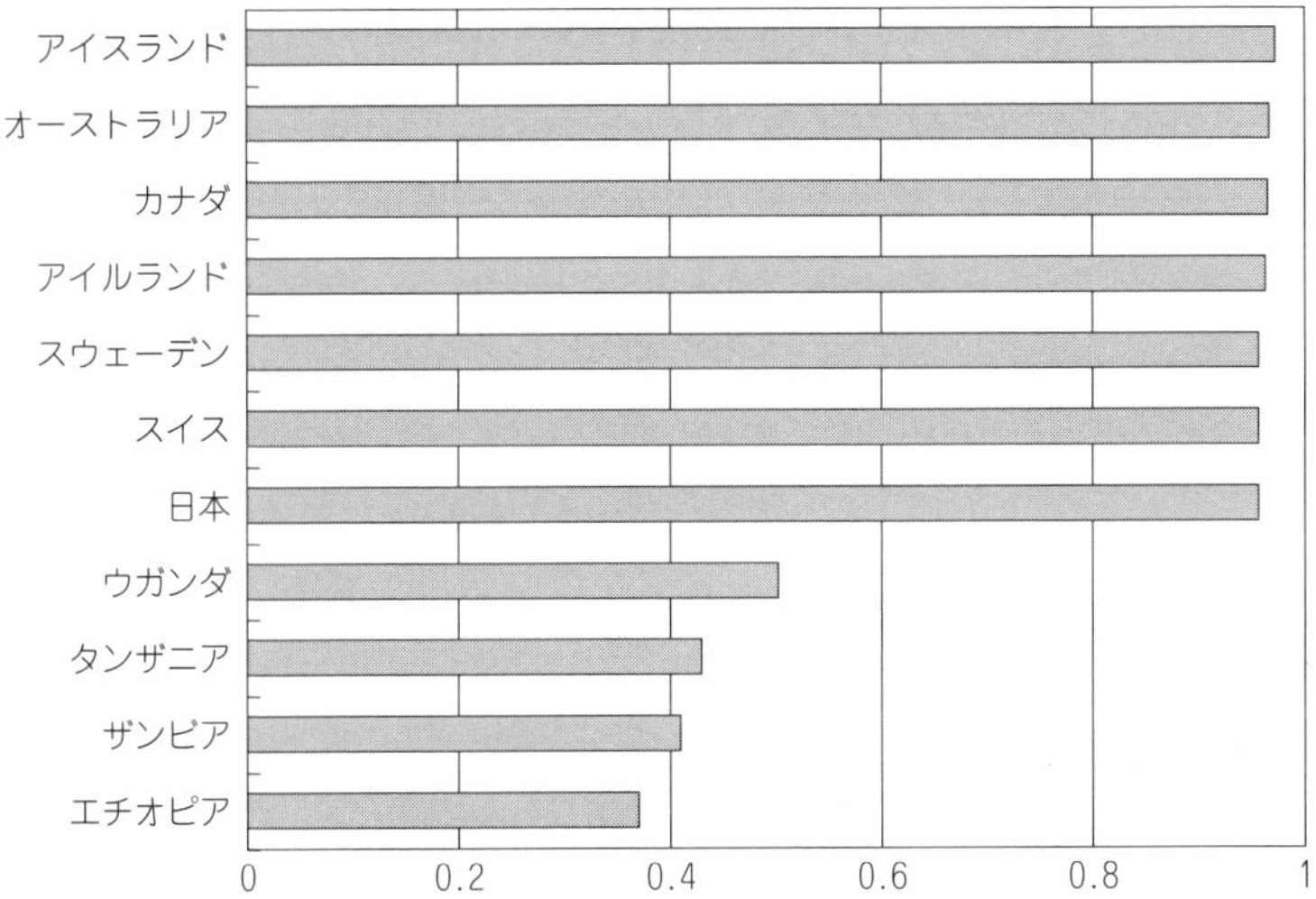


図8-2　人間開発指数（HDI）

こうした方法で行ってきた調査研究をもとに、教育開発の現状をできるだけ具体的にみていきます。

## 1　人間開発指数でみるサブサハラ

サブサハラとは、アフリカの中でもサハラ砂漠以南の国々を指します（図8-1）。アフリカ大陸には50カ国以上あり、国連開発計画（UNDP）によると45カ国がサブサハラ地域に含まれます（UNDP, 2009）。ここでは、サブサハラの中でも、筆者が現地調査をしてきた国の中からタンザニア、ウガンダ、ザンビア、エチオピアの4か国を具体的な事例として取り上げます。

国連開発計画は開発の度合いを示す指標として、人間開発指数（HDI：Human Development Index）を採用しています。人間開発指数とは、「人間開発のための最も基本的な能力は、長寿で健康な人生を送ること、知識を獲得すること、適正な生活水準を保つために必要な資源を入手すること、そして地域社会における活動に参加することである」という考え方にもとづいて、平均寿命指数（平均寿命から算出）、教育指数（成人識字率、総就学

**表８-１　人間開発指数（UNDP, 2008より）**

| | 人間開発指数 | 平均寿命（歳） | 成人識字率（%）* | 総就学率（小中高大）（%） | GDP（国内総生産）（$） |
|---|---|---|---|---|---|
| アイスランド | 0.968 | 81.6 | — | 96.0 | 35,814 |
| ノルウェー | 0.968 | 79.9 | — | 98.6 | 51,862 |
| カナダ | 0.967 | 80.4 | — | 99.3 | 36,687 |
| オーストラリア | 0.965 | 81.0 | — | 114.2 | 33,035 |
| アイルランド | 0.960 | 78.6 | — | 97.6 | 40,823 |
| オランダ | 0.958 | 79.4 | — | 97.5 | 36,099 |
| スウェーデン | 0.958 | 80.7 | — | 94.3 | 34,056 |
| 日本 | 0.956 | 82.4 | — | 86.6 | 31,951 |
| タンザニア | 0.503 | 51.6 | 69 | 54.3 | 1,126 |
| ウガンダ | 0.493 | 50.5 | 67 | 62.3 | 888 |
| ザンビア | 0.453 | 41.2 | 68 | 63.3 | 1,273 |
| エチオピア | 0.389 | 52.2 | 36 | 45.1 | 700 |

注：＊成人識字率はユニセフ子供白書2008より。

指数から算出）、ＧＤＰ指数（一人当たり国内総生産から算出）の３つの指数の平均として算出されます。

　ＵＮＤＰ（2008）のデータにおいて、人間開発指数が世界で最も高いのは、アイスランドとノルウェーで、日本は8位ですが、サブサハラ諸国の多くは最下位グループに属しています。日本は最長寿国なので平均寿命指数は１・０、成人識字率も１・０に近いので、人間開発指数は０・９５６です。対して、タンザニアは０・５０３、ウガンダは０・４９３、ザンビアは０・４５３、エチオピアは０・３８９です（図８-２）。

　ザンビアは平均寿命*が40・5歳を示していますが、かつては33歳という時期もありました。これは、ＨＩＶ／ＡＩＤＳの感染が拡大して多くの子どもや大人が死亡したためで、近年、エイズの感染率がやや横ばい状態になってきているので、平均寿命も少し延びてきました。ウガンダも１９９０年代にはＨＩＶ／ＡＩＤＳの感染拡大のため、平均寿命が35歳まで低下しましたが、他国に先駆け、国をあげてエイズ対策に取り組んだため、50歳まで回復しました（表８-１）。

＊本章では、ＵＮＤＰ東京事務所の訳語「平均余命」を、一般的に用い

られている「平均寿命」に置きかえています。

表8-1から、エチオピアは識字率が極端に低く、就学率も非常に低いことがわかります。国内総生産が低いことに加えて、地域格差が大きいことが原因と考えられます。たとえば、小学校総就学率（総就学率、純就学率の定義については後述）（2006）は、首都のあるアジスアベバ州が148％であるのに対し、遊牧中心のアファー州では22％です（大津、2007a）。

このように、人間開発指標には大きな格差があることがわかります。この格差をこのまま放って置いていいのか、という議論が国際的に高まり、現在種々の取り組みが行われています。

## 2　ミレニアム開発目標（MDGs）

こうした人間開発の格差問題を背景に、2000年9月国連ミレニアムサミットで189加盟国が、21世紀の国際社会の目標として国連ミレニアム宣言を採択しました。ミレニアム宣言は、平和と安全、開発と貧困、環境、人権とグッド・ガバナンス（良い統治）、アフリカの特別なニーズなどを取り組むべき課題として明示しました。このミレニアム宣言と、1990年代に主なサミットや国際会議で採択された国際開発目標をまとめて、ミレニアム開発目標として設定したのです。

ミレニアム開発目標が2015年までに達成すべき目標として掲げたのは、次の8項目です。

1　極度の貧困と飢餓の撲滅
2　初等教育の完全普及の達成

3 ジェンダー平等推進と女性の地位向上
4 乳幼児死亡率の削減
5 妊産婦の健康の改善
6 ＨＩＶ／エイズ、マラリア、その他の疾病の蔓延の防止
7 環境の持続可能性確保
8 開発のためのグローバルなパートナーシップの推進

この目標の実現をめざして、多くの国が国内外で様々な取り組みを進めています。とりわけ、目標２（2015年までに、全ての子どもが男女の区別なく初等教育の全課程を修了できるようにする）に関しては、１９９０年の「ジョムティエン万人のための教育世界会議」を経て、２０００年にダカールで開催された世界教育フォーラムで「ダカール行動枠組み」が採択されて以降、「万人のための教育」（Education For All／ＥＦＡ）を実現するために、ユネスコを中心としてユニセフや世界銀行などの国際機関、各国政府、ＮＧＯが協力しながら取り組んでいます。教育は、人間開発の重要な基礎になりうるからです。

## 3 サブサハラの基礎教育の現状

### 教育へのアクセス

さて、教育に焦点をあてて、これから４つの国を見ていきましょう。表8-2で小学校就学率の推移を見ると、１９９９年から２００５年の間に飛躍的に伸びているのがわかります（UNESCO, 2008）。

就学率には総就学率と純就学率の2種類があります。たとえば、ある村に6歳の子どもが100人いるとします。その100人の6歳の子どもたちが全員小学校1年生に登録すれば、純就学率が100％です。ところが多くの途上国では、年齢と学年は一致するとは限りません。たとえば8歳で初めて小学校1年生に登録する子どももいます。1年生に入ってきて落第して、1年生を2回繰り返す子どももいます。経済的理由などによりドロップアウトして、何年か後に同じ学年に復学する場合もあります。

そうすると、1年生に登録すべき6歳の子どもが100人いる学校で、1年生の教室に120人いるということもありえるわけです。年齢がばらばらで、数歳も離れた子どもたちが同じ学年の教室にいる、ということもあります。つまり、その学年に、年齢にかかわらず何人登録しているのかを表すのが総就学率で、この場合は120％です。途上国については、日本のように年齢と学年が連動していない場合が多いので、純就学率だけではなく、総就学率も用いることがあります。

表8-2にみられるように、EFAへの積極的な取り組みにより、小学校の就学率は著しく伸びています。が、全員が進級できるわけではありません。退学や留年が珍しくないからです。たとえば、小学校入学後5学年まで順調に進級できた生徒の割合は、タンザニアで56％、エチオピアで24％です（UNESCO, 2009）。小学校最終学年の在籍率は、ザンビアが1999年に男子70％、女子62％であったのが、2005年には男子79％と女子73％に、エチオピアでは1999年に男子49％、女子54％であったのが、2005年には男子57％、女子59％と、いずれも上昇したものの、なお、中途退学者が多いことを示しています。

全ての子どもたちが単に登録するだけではなく、小学校の課程を修了することが、2

**表8-2　小学校の総就学率と純就学率の推移（UNESCO, 2008）**

| | 総就学率（％） | | 純就学率（％） | |
|---|---|---|---|---|
| | 1999年 | 2005年 | 1999年 | 2005年 |
| タンザニア | 64 | 110 | 48 | 98 |
| ウガンダ | 126 | 119 | — | — |
| ザンビア | 75 | 111 | 63 | 89 |
| エチオピア | 59 | 100 | 33 | 68 |

0１5年までの達成目標です。ここ数年、就学率は上昇してきましたが、純就学率を80％あるいは90％から１００％にすることが、実は容易ではないのです。最も就学機会に恵まれないのはどういう子どもたちか、その子どもたちが学校にいけないのはなぜかを明らかにして、対策を立てることが必要になってきます。

なお今日では、初等教育だけではなく、前期中等教育をも含めた基礎教育の拡充が次の大きな課題になっています。現時点では、中学校の数が限られているため、小学校を修了しても中学校に進学できない子どもたちも多くいます。ちなみに中学校の総就学率（2006）は、ウガンダ54％、ザンビア47％、エチオピア46％、タンザニア22％と、なお低いのが現状です（UNESCO, 2009)。

写真８－１　小学校の教室で（タンザニア）

## 教育の質

教育へのアクセスという点ではかなりの進展がみられますが、教育の質という点では、いくつもの課題に直面しています。第一に、都市部では教室が不足しているため、同じ教室を時間を区切って使い回す二部制や三部制を採用している学校では、授業時間が短くなるのです。第二に、都市部では教室不足や教員不足のため１クラスの生徒数が多く、70～80人、ときには１００人にも及ぶ子どもたちが教室にひしめいています。第三に、机や椅子が十分にない教室、書いた字が見えにくい黒板、電灯のない教室など、学習環境が整っていない学校もあります。

第四に、全員が教科書を持っているわけではありません。写真8-1はウガンダの小学校です。１つの長机に５～６人座っていて、この教室には子どもたちが70人位いました。教科書を持っている子どもが３人か４人に１人です。教科書がないと、授業中も理解しにくいし、家で勉強することも難しい。このクラスの授業は、先生が教科書の内容をひたすら黒板に書いて、ノートを持っている生徒は一生懸命写し、ノートを持っていない生徒はじっと見ているだけでした。

第五に、教育の質を大きく左右するのは教師の指導法ですが、教員研修を受ける機会の少ない教師の授業は、教師中心の一方的な知識の伝達に終始する場合が多く、個々の生徒の学習状況を把握したうえでの指導は困難です。

また、人口の希薄な農村・牧畜地域では、財政上の理由から十分な数の学校を建設できず、子どもたちが歩いて通える距離に学校がない場合があります。こうした地域では、経済的効率化を図るために、1学級しかない単級学校や、全学年の揃っていない不完全学校、あるいは、2つ以上の学年の生徒を同じ教室で同時に教える複式学級指導が活用されています。都市部の学校に比べると、地方やへき地の学校では、概して学習環境が劣っており、教師にとって研修を受ける機会も少ないため、さらには、社会的インフフの整っていない地域に赴任を希望する教師が少ないため教師も不足しがちで、教育の質はいっそう低くなりがちです。

## 4　フォーマル教育における取り組み

それでは、どういう子どもたちが学校に行くことができないのか。まず非常に貧しい家庭の子どもたち、特に女の子たち、地域に学校がないへき地の子どもたち、そして障害をもつ子どもたちです。

### 女子教育の阻害要因

なぜ女の子の就学率が低いのか。現実にはいくつも要因があって、複雑にからみあっている（大津、1999）のですが、ここでは単純化して3つの側面から述べます。第一に、社会的な要因です。女の子に学校教育は必要ではないという伝統的な価値観に根ざして、社会における性別役割が固定化しているのです。こうしたジェンダーの問題は、多かれ少なかれどこの国でもあるのですが、とりわけ農村地域や牧畜地域で多く見られます。たとえば、女の子は幼い時から母親を助けて家事を引き受け、できるだけ早く嫁に行くのがいいという考え方です。都市部ではしだいに弱まりつつあるのですが、地域によっては、こうした伝統的な価値観が根強く残っています。

イニシエーションという伝統的通過儀礼は、近代的な学校制度が発達する以前は重要な教育機会でした。都市部では次第に形式化しつつありますが、地方によっては今なお続いています。イニシエーションでは、大人になるに際して必要な様々な知識（性や結婚、コミュニティの一員としての責任など）を伝授されるのですが、あわせてジェンダー規範も教えられます。男の子には「勇気」や「強い」ことが男らしい価値観として強調され、女の子には「従順」「早婚」が望ましいこととされ、彼らの中で内面化されていきます。こういった社会的な要因が、女子の就学を妨げているという事情があります。

第二に、第一の要因と関連しますが、学校にかかわる要因もあります。教室の授業を観察していると、挙手して質問や発言するのは男子が多く、女子はほとんど発言しません。女子が発言すると後で男の子たちに、「お前は女らしくない」などといわれることもあるので、女子は消極的になります。そうすると教師の中に、女子はやる気がない、消極的だ、といったマイナスのイメージが出来上がります。男子に大きな期待を抱く反面、女子に対する勉強面での期待度は低くなります。その結果、教師が授業中に指名するのはほとんど男子で、女子が指名されることは少なくなります。

学校にかかわるその他の要因は、近くに学校がないことです。たとえば学校が4キロも、6キロも離れていれば、子どもたちは1時間以上歩いて学校にいくわけです。通学風景は日本とは大きく異なります。農村部の場合、街灯もない、人も通らないようなところを、朝早く、そして夕暮れに一人で歩くということになります。アフリカは、アジアとは違って人口密度が希薄ですから、とくに地方では住居もまばらです。そうすると遠い通学路を通うときの安全性が大きな問題になります。

たとえば、朝食を食べていない女の子が、学校への途中で出会った男に「おなかがすいただろう」とスナック菓子を差し出されると、女の子は従順という価値観を内面化しているということもあり、抵抗することは非常に難しい。その結果、セクシャルハラスメントを受けて、望まぬ妊娠をする女の子もいます。遠距離通学は、とりわけ女の子にとって危険が多く、親としては大変不安で、学校に通わせるのが難しいのです。もし妊娠してしまったら、退学せざるをえません。結婚前妊娠は親にとっては不名誉なことで、娘の結婚条件に大きく差し障るわけですから、そんな危険を冒してまで娘を学校にはやらせたくない、むしろ家においておいたほうが安全である、という判断になります。

学校にかかわるもう一つの要因は、トイレです。最近は少しずつ改善されていますが、筆者が十数年前に初めて行った時のある小学校は、全校生徒約2千人、男女共学で、トイレは男子用4つと女子用4つしかなく、水もないのです。これでいったいどうやって用を足すのかと不思議に思いました。男の子たちは近くの草むらなどに行って用を足すのですが、困るのは女の子です。とくに生理のときは大変です。水もないから汚れても処置できないので、女の子は生理の時は欠席するしかない、ということも当時は多かったのです。最近では、トイレの重要性が認識されるようになってきましたので、学校を建設する時は必ずトイレをつくる、しかも男女のトイレは別々に離してつくる、というようになってきていますが、まだ全ての地域に普及しているとはいえません。

第三に、家庭にかかわる要因です。貧しい家庭で、子どもが7人も8人もいる場合、全ての子どもを学校に通わせることができない、とすれば、親としては、いずれ嫁に行ってよその家の人間になる娘よりも、自分の老後を見てくれる息子を優先的に学校に通わせます。

また、娘を学校に通わせる際の機会費用（opportunity cost）という理由もあります。女の子は幼時から母親の手助けをしてたくさんの家事をします。筆者がインタビューした女子生徒は、朝学校に来る前に1時間と帰ってから3時間、1日合計4時間家事をしているとのことでした。もっとも時間がかかるのは水運びです。戸別に水道のない地域では、1日に家族が使う分量の水を誰かが共同水道や井戸などに行って、バケツやポリタンクで何回も往復して水を運ばなければなりません。また、掃除や洗濯、炊事、幼い兄弟姉妹や病気の家族がいれば、その面倒をみるのは女の子の仕事です。女の子が学校に通うようになると、これらの家事を負担できなくなるという機会費用が生じるのです。

以上のような社会、家庭、学校にかかわる諸要因によって、多くのサブサハラ地域では、女の子がなかなか学校に行けなかったのです。

貧しい家庭の男の子はマーケットに行って、大人の仕事を手伝って小銭を稼いだりするのですが、女の子と比べて自由時間が長い。男の子たちはマーケットの様子を見たり、コミュニティのいろいろな人と出会う機会があります。女の子はもっぱら家の中でルーティンの家事をするのに対して、男の子は外での経験を通じて活動性や社会性が身につき、判断力も身につきます。女の子にはそういう機会が少なく、ともすれば、家の中で過ごすことが多いため、学校に通っていなくても、外で過ごすことの多い男の子と違って人々の目に見えにくく、問題が表面化しにくいのです。

## 女子教育推進政策

ザンビア政府は女子の就学率を高めるために、１９９０年代から「女子教育推進政策」を進めてきました（大津、

2004)。Programme for the Advancement of Girls' Education の頭文字をとってＰＡＧＥ（ペイジ）と呼ばれています。ＰＡＧＥでは具体的にどのような方策がとられたのか、いくつかみていきましょう。

## 女子クラスの設置

ＰＡＧＥのパイロット校で、実験的に女子だけのクラスを編成しました。当初、男子と女子を別クラスにするのは不自然だという理由で、保護者からも教師からも強い反対がありました。にもかかわらず、なぜそういう試みをしたのか。男子と女子が１つの教室にいると女子は発言しにくく、自信ももちにくい。そこで、実験的に１学年に１つだけ女子クラスをつくりました。その女子クラスでは、男子の目を気にしなくてもいいので、だんだん積極的に発言するようになってきたのです。同じテストをすると、男女共学クラスの女子生徒よりも、女子クラスの女子生徒の方が好成績という調査結果も出ました。

ただし、女子クラスは、あくまでも過渡的な方策として取り入れられたものです。つまり、男女別々のクラスをつくるのが目的ではなくて、女子クラスをつくれば、女子もこんなふうに自信をもって積極的になれる、ということを女子自身が経験することに意味があります。やがて、それまで先生たちが抱いていた「女子は意欲がなくて消極的だ」といった意識も次第に変化していったのです。

## 女子のクラブ活動

ＰＡＧＥではまた、女子のクラブ活動を活用しました。クラブ活動は日本の学校では一般的ですが、90年代のサブサハラでは非常に少なく、エイズ教育の一環としてアンチ・エイズクラブがつくられはじめたくらいです。アンチ・エイズクラブとは、エイズについての知識を学んで感染を防止し、さらにエイズに感染した人たちとどのように付き合っていくべきかを学ぶ活動をします。

こうしたアンチ・エイズクラブの他に、女子のためのスポーツクラブも各学校（多くは中学校）につくられました。たとえば、ザンビアで人気があるのはネットボールクラブです。クラブに参加した女の子たちは次第に変わっていきました。体を動かすことの面白さを知り、プレイを通じて仲間との連帯感が生まれ、健康増進にもなります。ときに他校と試合をすれば、達成感や充実感を経験することができ、それらを通じて女の子たちは自信をつけていったのです。女子のためのクラブ活動が有効であるということがわかってきて、次第に広がりつつあります。

２０００年以降ＰＡＧＥのパイロット校が増え、やがてほとんど全ての学校でＰＡＧＥが実施されるようになりました。ジェンダーに配慮したカリキュラムや指導法も開発され、ユニセフの支援を得て教員研修が行われ、教材やパンフレット等も作成されました。また、校長か教頭のいずれかは必ず女性が任命され、教育行政官にも女性が多く抜擢されるようになりましたが、これには女性のロールモデルを増やすという意味も含まれています。

ザンビアではＰＡＧＥの成果として、総就学率が１９９９年には男子78％、女子72％でしたが、２００５年には男子１１４％、女子１０８％にまで上昇しました。「Girl-friendly school is child-friendly school」つまり、女子に優しい教育は、すべての子どもに優しい教育、というわけです。

## 5　ノンフォーマル教育の取り組み

### ザンビア

ＰＡＧＥは、フォーマルな公立学校で推進されている政策ですが、正規の学校以外のノンフォーマルな領域でも、未就学の子どもたちに教育の機会を提供するための取り組みが、多くの国で行われています。ザンビアのコミュニティスクールは、学校に行けない子どもたちのために、教会やNGO、あるいは地域の親たちが中心になって教室を建て、あるいは教会などを借りて授業をしています。正規の学校ではないけれど、学ぶ機会を子どもたちに提供しようとするものです。

ここ2、3年の間にサブサハラのほとんどの国では小学校の授業料は無料になりましたが、90年代はまだ有料でした。そういう時期に、コミュニティスクールの授業料は無料、あるいはほんのわずかで、公立学校で義務づけられている制服もないため、親の経済的負担が軽減されました。また、多くの場合授業は午前中のみなので、子どもを学校に通わせる機会費用も少なくて済んだのです。

ここで注目したいのは、コミュニティスクールのためのガイドブックです。これはユニセフによって支援されたものですが、Skills（スキル）、Participation（参加）、Relevant Knowledge（生活に関連した知識）の頭文字をとってSPARK（スパーク）と呼ばれています。

サブサハラの多くの国で、教科書の内容は生活とはほとんど関係なく、テストのために暗記すべきものととらえられ、授業は教師中心の知識伝達型がほとんどでした。が、近年、子どもたちの生活に関連のある知識（Relevant Knowledge）を組み込み、知識だけではなく、生活に役立つスキルを習得することの重要性が一部で認識されるようになり、生徒中心の指導法にも関心が向けられるようになってきました。

たとえば、エイズの感染が拡大している、下痢でたくさんの命が失われていく、あるいはマラリアにかかる、といった現実があります。安全な水を得ることが難しい地域では、井戸や川などから汲んできた水に塩素を入れたり、煮沸しなければなりません。トイレの衛生問題もあります。また、地方では、トイレのない家が少なくありません。新たにトイレをつくるとしたらどこに穴を掘ったらいいのか、文字通り生きていくための知識やライフスキルが必要です。そうしたスキルがこのガイドブックに盛り込まれ、一つのシラバスを構成しています。しかも、一方的な教師による知識伝達ではなくて、学習者中心の参加型指導法で教えます。たとえば算数や理科の問題でも、暮らしの中からトピックを見つけ、それらと関連づけて理科や算数の問題が作成されています。

このSPARKが、すべてのコミュニティスクールで使われていたわけではありませんが、首都ルサカの一定のコミュニティスクールでは、研修を受けた教師の間で活用されてきました。が、コミュニティスクールから正規の学校への編入が強調されるようになるにつれて、正規の学校で使用されている教科書が併用されるようになってきました。コミュニティスクールから編入した生徒が正規の学校の授業についていけるようにするためです。同時に、SPARKに見られた学習者中心の指導法は、公立学校の教科書にも少しずつ取り入れられ、現職教員研修でも参加型授業の重要性が少しずつ認識されつつあります。

ところで、コミュニティスクールといっても、実はピンからキリまであります。コミュニティスクールの中には、教会などから資金を得て、公立学校よりも質の高い教育を提供しているところも例外的にありますが、教員資格をもたない人がボランティア的に教えている場合もあり、一般的に教育の質は高いとはいえません。

教会から継続的な支援を得ているあるコミュニティスクールでは、野菜栽培・養豚・調理・編み物・木工などの職業訓練プログラムを充実させ、障害児のための教室も併設しています。他方、多くのコミュニティスクールはトイレもなく、水もなく、教室も十分にありません。それでも学校に行っていない子どもたちにとっては、貴重な教育の機会なのです。

写真8-2は、地方都市の周辺部にあるコミュニティスクールですが、教室がないので、小さな教会を借りて授業をしていました。

## ウガンダ

ウガンダでもノンフォーマル教育の取り組みが行われています。写真8-3は、ウガンダの学習センターです。机がない教室や、樹の下教室もあります。Complementary Opportunity for Primary Education略してCOPEです。文字通りフォーマル教育の補完的な役割を果たしています。学校に行けない10歳から16歳の子どもたちに基礎教育の補完的な機会を提供し、とくに女子の就学に力を入れています。そしてザンビアのコミュニティスクールと同じように、ライフスキルを授業の内容に組み込んでいます（大津、2003a）。

写真8-2　教会を借りているコミュニティスクール（ザンビア）

写真8-3　COPEの樹の下教室（ウガンダ）

## タンザニア

タンザニアのノンフォーマル教育は、Complementary Opportunity for Basic Education in Tanzania 略してCOBETと呼ばれます。COPEもCOBETも、授業は午前中だけです。午前中だけですから、親にとって機会費用が少なくて済みます。子どもたちは午後には帰宅して、家の手伝いができる、それなら子どもを学習センターにやらせよう、というわけです。しかも1年生から5年生の授業を3年間で、午前中の授業だけでこなすことになっています。そのためには、教育の質を高めることが必要です。

1クラスの生徒数を30名と少なくし、ユニセフの支援で教科書やノートが支給されています。教員は正規の教員資格をもたない人が、地元のコミュニテイから選ばれます。正規の学校教員よりも給与ははるかに低いのですが、ユニセフの支援で教員研修を受けて、学習者中心の参加型指導法を学んで意欲的に授業をしますので、皮肉なことに、子どもたちの成績は公立学校に劣らないというCOBETセンターもあります（大津、2002）。

写真8-4は、COBETで学ぶ子どもたちです。ここに3人の女の子がいます。いずれも17―18歳ですが、赤ちゃんを連れています。この子たちは望まない妊娠をさせられ、出産しました。従来の学校では、妊娠した女子は自動的に退学させられるのですが、COBETでは復学を認めています（大津、2003b）。望まない妊娠をさせられた女子は、教育を受ける機会を奪われるということになりますから、出産後の女子にも復学を認めようという政策です。

ただ、子連れで授業を受けるのは無理があるようです。赤ちゃんはぐずりますから、ぐずりそうになったら、若いママはすぐに外に出ないといけない。あるいは、赤ちゃんはじっとしていませんから、隣の生徒にちょっかいを出したりする。そうすると、また教室を出なければいけない。出たり入ったりで、授業に集中するのが難しいという問題もあります。

COBETはずいぶん普及して、1999年には45センターしかなかったのですが、2006年のデータによると教師が2万人、子どもたちが32万人に増えています。ノンフォーマルの学習センターによって子どもたちがそこで一定の成績を修めると、メインストリームの公立学校に編入できます。そういう補完的な役割を果たしているのが、COPEやCOBETです。

ただ、COPEやCOBETについては議論もあります。それだけのコストをかければ、教育の質が高くて当然ではないか、という否定的な意見もあります。が、質の高い教育を実現しうるというモデル的役割を果たしている

写真8-4　COBETで子どもを抱いて授業を受ける女子生徒（タンザニア）。

写真8-5　紙ヒコーキで遊ぶ小学生（タンザニア）。

ことは否めません。

写真8-5はタンザニアのCOBETで、子どもたちは制服を着ていません。一番奥にいるのは調査に同行した男子大学生です。子どもたちと画用紙で飛行機を折って、飛ばしっこをしている光景です。学生たちは、日本からサッカーボールを持って行って、子どもたちと一緒に遊んだ後、ボールをプレゼントしてきました。

写真8－6　4つの学年を同時に教える複式学級（エチオピア）

### エチオピア

最後に、エチオピアのフォーマル教育で取り組まれている複式学級を取り上げます。エチオピアの面積は日本の約3倍、人口は約7300万。首都のアジスアベバは驚くほどの大都会なのですが、一歩外へ出ると、まさしくアフリカの大地が広がっていて、地域格差が非常に大きい国です。前述したように、アジスアベバの小学校総就学率は148％ですが、牧畜・遊牧地域では人口が希薄で、地域に学校がないのです。学校がないところにどのように学校をつくればいいでしょうか。牧畜・遊牧地域のアファー州では22％です。

エチオピアの場合、小学校は8年制です。第1サイクルが1～4年生、第2サイクルが5～8年生です。へき地に学校を創設する場合、とりあえずは第1サイクルだけの学校をつくります。教師が1人、クラスが1つの単級学校です。そうすると一つの教室に4学年がいることになります。写真6に写っているこの先生は複式の研修を受けましたので、授業の運びは非常に巧みで、4つの学年グループを渡りながら指導していました（大津、2007b）。先生

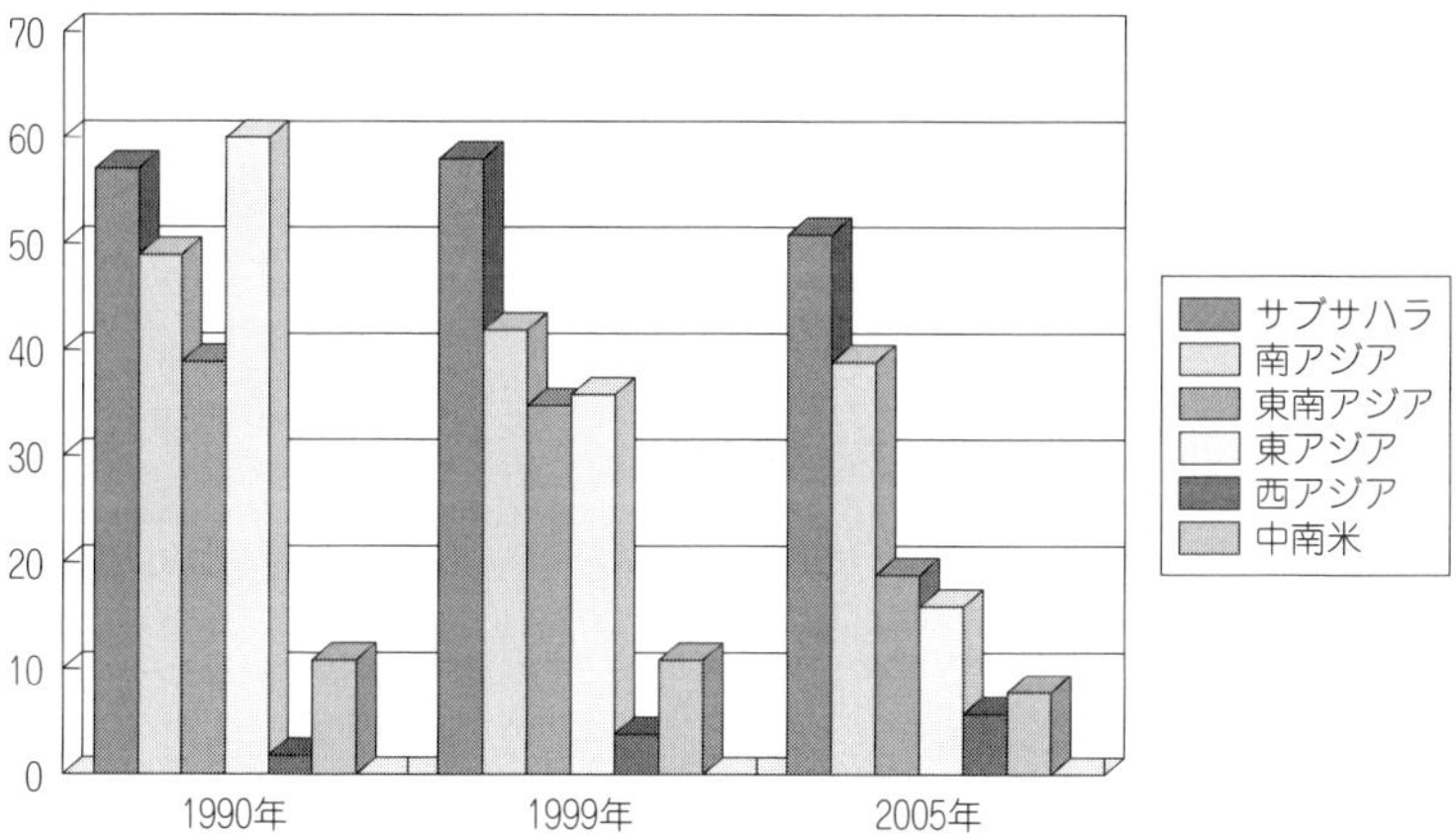


出典：UNDP, 2009b.

図８－３　１日1.25ドル以下で生活する人々の割合

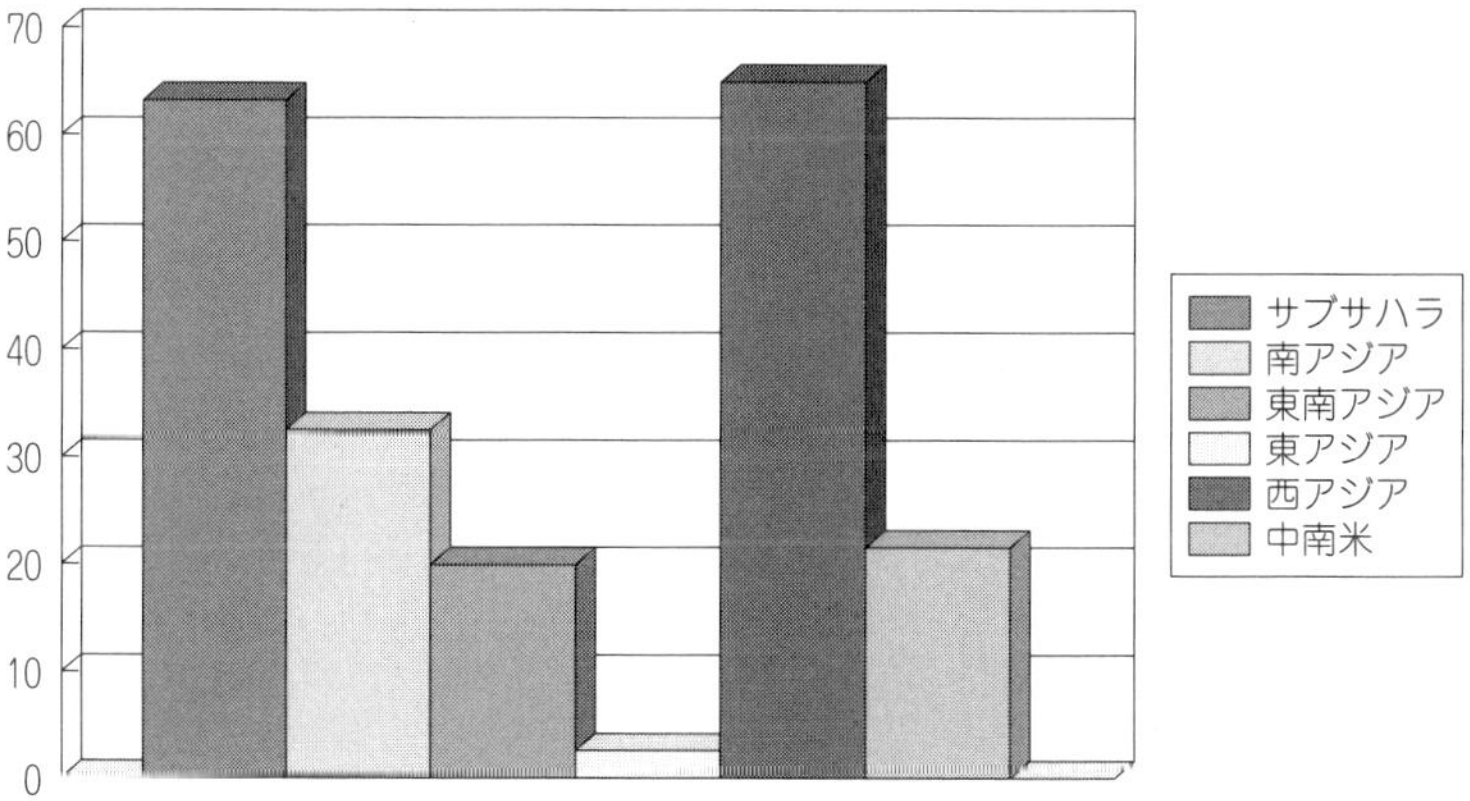


出典：UNDP, 2009b.

図８－４　未就学の子どもの割合（2006年）

表8－3　目標達成の見通し

| | ほとんど達成 | 可能性高い | 可能性低い | 困難 | 非常に困難 | データ欠如 |
|---|---|---|---|---|---|---|
| 初等教育完全普及 | 3カ国（タンザニア） | 5カ国（ザンビア） | 13カ国（エチオピア） | 8カ国 | 4カ国 | 12カ国（ウガンダ） |
| 成人識字率 | | 4カ国 | 14カ国 | 6カ国 | 12カ国（ウガンダ）（タンザニア）（ザンビア） | 9カ国（エチオピア） |
| 男女格差（就学率） | すでにほとんど達成 2カ国 | 2015年までに達成 2カ国（ウガンダ） | 2025年までに達成 5カ国 | 2025年までに困難 25カ国（エチオピア）（ウガンダ） | | 11カ国（タンザニア） |

出典：UNESCO, 2008 EFA Monitoring Report より筆者作成。

がある学年を教えているとき、他の学年ではそれぞれ与えられた課題に取り組んでいます。このように、学校のなかったところに複式学級をつくって、子どもたちに教育の機会を提供しているのです。

## ミレニアム開発目標の達成

以上の具体的な事例を踏まえて、ミレニアム開発目標が、どの程度達成されつつあるのかを検討しましょう。まず、項目1「極度の貧困と飢餓の撲滅」に関しては、世界的には改善されつつあります。図8-3（UNDP, 2009b）によると、1日あたり1・25ドル未満で生活している人は世界では次第に少なくなっていますが、サブサハラでは人口の半数がなお貧困の状態にあり、目標の達成には程遠い感があります。

項目2「初等教育の完全普及の達成」に関しては、サブサハラ諸国の小学校純就学率は2000年には58％でしたが、2007年には74％に上昇しました（UNDP, 2009a）。しかし、2006年時点で学校に行っていない子どもが、サブサハラではなお63％いると推定され、西アジア諸国とともに、目標の達成が難しいと思われます（UNDP, 2009b）。

本章で事例として取り上げた4か国について、2008年のEFAモニタリングレポート（UNESCO, 2008）をもとにまとめると、表8-3

のようになります。仮に、可能性が「高い」と「低い」の間に線を引くとすれば、困難な国の方が圧倒的に多いのです。２０１５年に初等教育完全普及を達成できるのは、タンザニアを含めて3カ国、可能性が高いのは、ザンビアを含めて5カ国ですが、他の20数カ国は非常に難しいというデータが出ています。したがって、サブサハラ全体としては、目標達成はかなり難しいということになりそうです。

## 6　残された課題

以上、基礎教育へのアクセス、つまり教育の量的側面である就学率だけを見てきました。それだけでも目標達成が難しいわけですが、さらに教育の質をどのように向上させればいいのか、向上させるためにはどのような政策が必要なのか、小学校を卒業した子どもたちのために、中学校や高等学校をどのように拡充していくのか、という問題があります。サブサハラ諸国における中等教育の普及は、今後の課題の一つです。

サブサハラ諸国では地域格差が大きく、男女格差が縮小していない地域もあります。また、教育を受ける機会のないまま成人した人も地方では多く、非識字者を対象としたノンフォーマル教育の拡充も求められています。

このように、教育だけを取り上げても課題は山積しており、「サブサハラの開発は持続可能なのか」という問いは重くのしかかってきます。が、ＥＦＡの成果として、２０００年以降初等教育が飛躍的に普及してきたという事実に、希望を見出すことができます。

## おわりに

このような状況を知ると、サブサハラ諸国に対するネガティブな印象が強くなるかもしれません。筆者は毎年、学生を同行してサブサハラに出かけます。学生たちは調査方法を学んだり、現地の子どもたちと交流したり、インタビューをしたり、様々な活動を行いますが、必ずしもネガティブな印象ばかりを持ち帰るわけではありません。確かに、人々の生活は大変ですが、直接接してみると人々は温かく、子どもたちは快活です。「一緒に遊んで楽しかった」「子どもたち可愛い！」「自分たちはここでは暮らせないけど、あの人たち頑張っているよね」といったポジティブな面も持ち帰り、「アフリカ大好き」になるのです。アフリカの人々から学んでいるという実感が、そうさせるのでしょう。

### 参考・引用文献


UNESCO（2008）*Global Monitoring Report 2008.*
UNESCO（2009）*Global Monitoring Report 2009.*
UNDP（2008）*Human Development Report.*
UNDP（2009a）*Human Development Report.*
UNDP（2009b）*Millennium Development Goals Report.*
大津和子（1999）「ザンビアにおける女子教育の阻害要因」『国際教育協力論集』第2巻第2号、広島大学教育開発国際協力研究センター。
大津和子（2002）「タンザニア基礎教育補完センター（ＣＯＢＥＴ）の現状と課題」『国際教育協力論集』第4巻第2号、広島大学教育開発国際協力研究センター。

大津和子（2003a）「EFAをめざすノンフォーマル教育の現状と課題　ウガンダとタンザニアの事例分析から」『北海道教育大学紀要』第54巻第1号。

大津和子（2003b）「タンザニア　教育開発とジェンダー」澤村信英編著『アフリカの開発と教育』明石書店。

大津和子（2004）「ザンビア女子教育推進政策（ＰＡＧＥ）の意義と課題」『発展途上国における基礎教育のカリキュラム・プログラムに関する研究　女子教育を中心に』（平成13―15年度科学研究費補助金［基盤研究Ｂ］研究成果報告書（研究代表者大津和子）。

大津和子（2007a）「エチオピアにおける教育開発の取り組み　住民参加型基礎教育改善プロジェクトを事例として」『国際教育協力論集』第10巻第2号、広島大学教育開発国際協力研究センター。

大津和子（2007b）「エチオピアへき地における教育開発　複式学級の意義と課題」『へき地教育研究紀要』62号、北海道教育大学。


（大津和子）

コラム

# インドで考えたこと——路上に生きる子どもたちとESD

初めてのインドはショックの連続だった。分け入っても人、人、人。人口11億3000万人が暮らすこの国の首都は、歴史・文化・いのちが混然としている。ニューデリーの街を歩くと、自動車やバイクが走る道路の傍らでロバや牛やラクダが運搬作業に従事している。路地裏に入ると、かつて栄華を極めたであろう特権階級の邸宅が分割され庶民のアパートになっていた。豪華だけれども装飾はところどころはげ落ちているバルコニーには、赤や黄色のTシャツや下着が干されていた。

インドに行くと価値観が変わる——そんな話を耳にしたことがある人も多いと思う。私の場合もそうだった。私を支えていた信念や常識がぐらぐら揺れた。ちなみに、お腹も揺れっぱなしだった。わずか10日間の滞在中、二度の発熱と継続的な下痢に悩まされた。そんな私のインド体験のなかでも、初日の出来事が今でも忘れられない。

空港到着後、ホテルのチェックインをすませ遅い夕食にでかけた。三輪タクシーと交渉し、フロントでお薦めのレストランまで往復で雇うことにした。ガイドをしてくれた友人は、大学院時代の研究仲間で、英語と現地語に明るいので心強い。地元の人々で賑わうレストランで本場のカレーに満足して、外で待っていてもらった運転手を探していた時のことである。裾を引っ張る感じがする。ふり返ると幼児を抱っこした小さな子どもだった。日本の小学校3、4年生といったところだろうか。裸足のその少女は、髪の毛はほこりで固まっていて、服は見るからにしばらく洗っていないことがわかる。手のひらをだして何か言ってくる。物乞いだ。私は持ちあわせがドル札しかなかったので、あげるにあげられなかった。そもそも、お金を渡すことに躊躇した。「ごめんよ、小銭ないの」とジェスチャーで示してもまだついてくる。三輪タクシーに乗り込んだが運転手が戻ってこない。早くここから立ち去りたい。運転手を探すと露天でチャイ（お茶）を買って飲んでいた。私たちに気づくとご馳走してくれた。うまい。たしかにうまいが、その子の傍らで飲むチャイはなかなか喉を通らない。運転手が飲み干すとようやく出発した。

三輪タクシーは相変わらず、ジェットコースターだ。ブレーキはふまない。クラクションは鳴りっぱなし。往路はその運転に恐怖し、絶叫しながらも陽気で楽しい道中だった。だけど、復路の車内は、静まりかえっている。

私たちは無言だった。二度と会うことはないであろうあの子に、私は何をすべきだったのか。何ができたのか。頭がくらくらしてきたけれど、何も答えは浮かばない。

路上で生きる子どもたちがいることは知っていた。そもそも今回のインド訪問は、その視察が大きな柱なのだ。ストリートチルドレンに関する論文や文献もそれなりに読み、予習はしてきた。だけど、今まさにここで生きている子どもたちと居合わせると、目の前に手触りのある命があることにショックを受けた。あの場の匂いや空気、そして戸惑う自分を私は一生忘れないだろう。

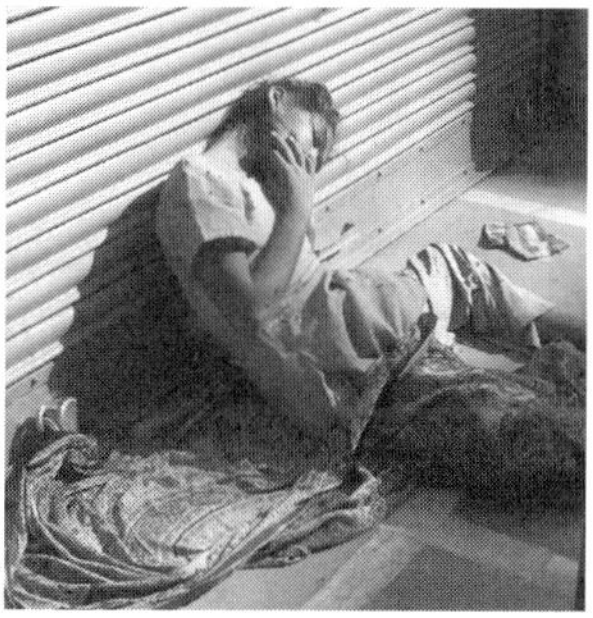
写真1　道端で夜を明かした少女

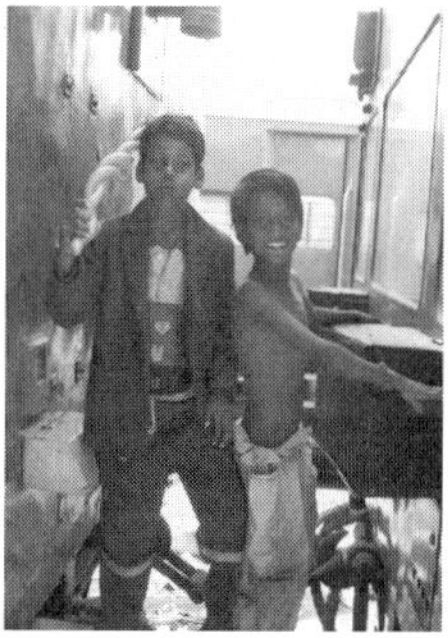
写真2　駅舎を寝床に生きる少年

三輪タクシーが動き出してしばらくして、ガイド役の友人が口を開いた。ストリートチルドレンを支援するNGOにスタッフとして関わりながら研究を進めているその友人は、こうつぶやいた。「私も正直、何をすればよいのかわからない。お金をあげても、元締めみたいなのがいて、子どもから全部吸い上げる場合もある。屋台の人にお金を渡して、あの子に食事をとらせるように頼んだけど、あのおじさんはましな方。ああいう子が屋台に近づくのを毛嫌いする人も多いので。すべての子どもを助けようなんて今はもう思えない。あれがインドの日常だし、私の日常にもなりつつある」。

夜10時過ぎにボロボロの服を着た子どもが盛り場で物乞いをしていても、誰も気にとめない。屋台の店先から明るくエキゾチックなインド音楽が流れてくる。その反対側には、成人の野宿者たちが両手とひざで地べたを這うように歩く。路上で生きる子どもも成人もその場に溶け込んでいるといえば溶け込んでいる。これがインドの日常。「すべての子どもを救おうとは思わない」という友人の一言は、冷たくつき離しているように聞こえるが、思いたくても思うことさえできない場面に幾度となく直面し、現実の厳しさに打ちのめされてきたのだろう。

ＥＳＤ——持続可能な開発のための教育。路上に生きる人々を前に、私たちはどんな社会を構想すればよいのだろうか。そのために教育は何ができるのだろうか。潜在能力、構造的暴力、関係的権利等々。私にとって今回の視察は、こうした学問知を現実の社会にどのように引きつけ、問題解決の道具にしていくのかを問う上での貴重な経験になった。

社会は変えることができる。しかし、その範囲はごく小さい。そのことをきちんと見据えながら、働きかけ続けていくしかない。友人はそう言いたかったのだと思う。

（添田　祥史）

# 第9章　地域に根ざした教育とアラスカ先住民の知恵

## はじめに

本章では、筆者自身が10年間かけてアラスカ先住民連合、アラスカ大学フェアバンクス校、さらにはアラスカ教育庁との共同で行ってきた教育活動を紹介します。このプロジェクトには3人の共同ディレクターがおり、筆者はその一人です。その他アラスカの先住民の教育者、そしてアラスカ全土に住んでいる先住民の長老の人々との協力の上で実施してきました。中でも最も重要な役割を果たしてくれたのが、このアラスカの先住民の知識を担う人々、たとえばアサバスカ族の人々（写真9-1、オールドミントと呼ばれる村からの人々）です。彼らは何千年にもわたってその地域に住んできており、その地域についての百科事典的な知識をもっています。

アラスカを構成しているのは、図9-1の地図に示したように、様々な文化や言語のグループで、それぞれ多種多様な環境条件の中に適応して生活しています。沿岸地域は雨林ですし、北極の近くにはツンドラ地域などがあります。そこで、文化的にもより適した教育システムを作っていきたい、特に世界観や価値観、あるいは伝統など、

写真９－１　ミント村のアサバスカ族の長老たち

図９－１　アラスカ先住民の言語・文化の多様性をあらわした地図

それぞれの地域において受け継がれてきたものを尊重したシステムにしていきたいと考えました。

## 1　アラスカにおける旧来の学校制度

歴史的に見て、アラスカの地域における学校は、そこに住んでいる人々にとっては、外から持ち込まれた制度であり、カリキュラムに関しても、その地域社会にもともと存在していた知識やスキル、技術などについてはほとんど配慮されないものでした。初めて先住民の地域の中にも小学校ができたのは、ようやく20世紀半ばになってからです。30年ほど前になって、中等学校もこういう地域のコミュニティに置かれるようになりました。１９７５年以前にはこういう村に住むほとんどの生徒たちは、自分たちのふるさとを離れて、高等教育を受けるために寄宿舎に住んでいました。そこで筆者らは知識やスキルの双方向の交流や、学校と地域社会との間の対話の道を開き、受け継がれてきた知識や価値を生徒たちに伝えたいと考えました。

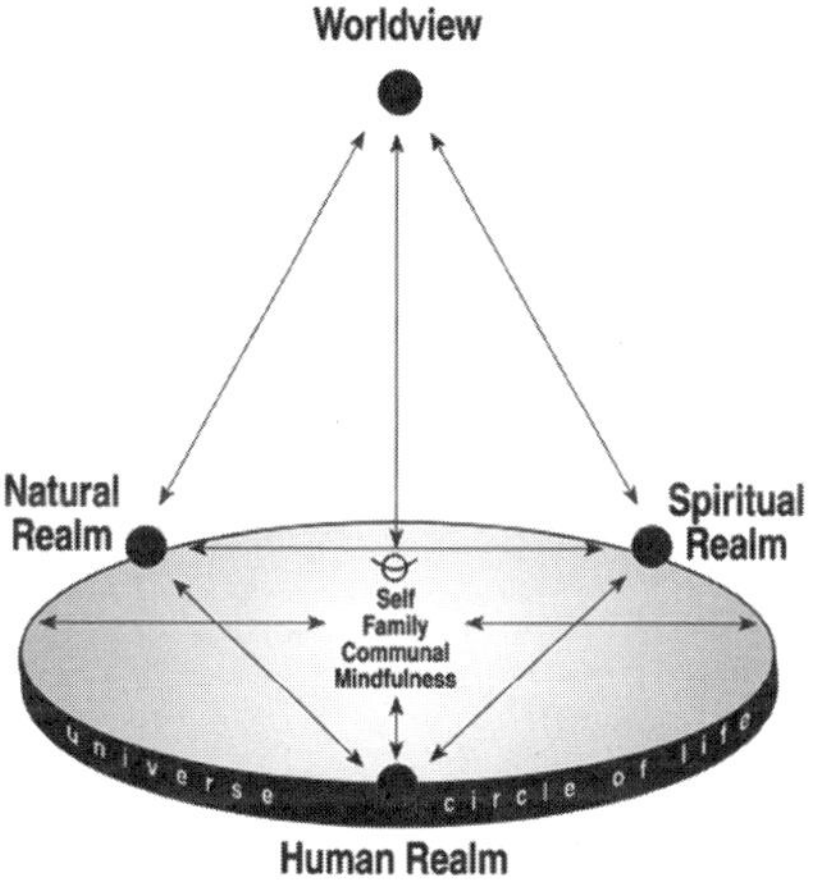

図9－2　カワグレイ（Kawagley）氏によるユピアック族の世界観

このような対話をスタートさせる上で貢献してくれたのが、A・O・カワグレイ（A. O. Kawagley）氏です。彼は博士論文の中で、先住民の世界観、知識の獲得の手法、また教育の実践が南西アラスカでユピアックと呼ばれる人々の間でどのように行われてきたかということについて、批判的な考察を行っています。この論

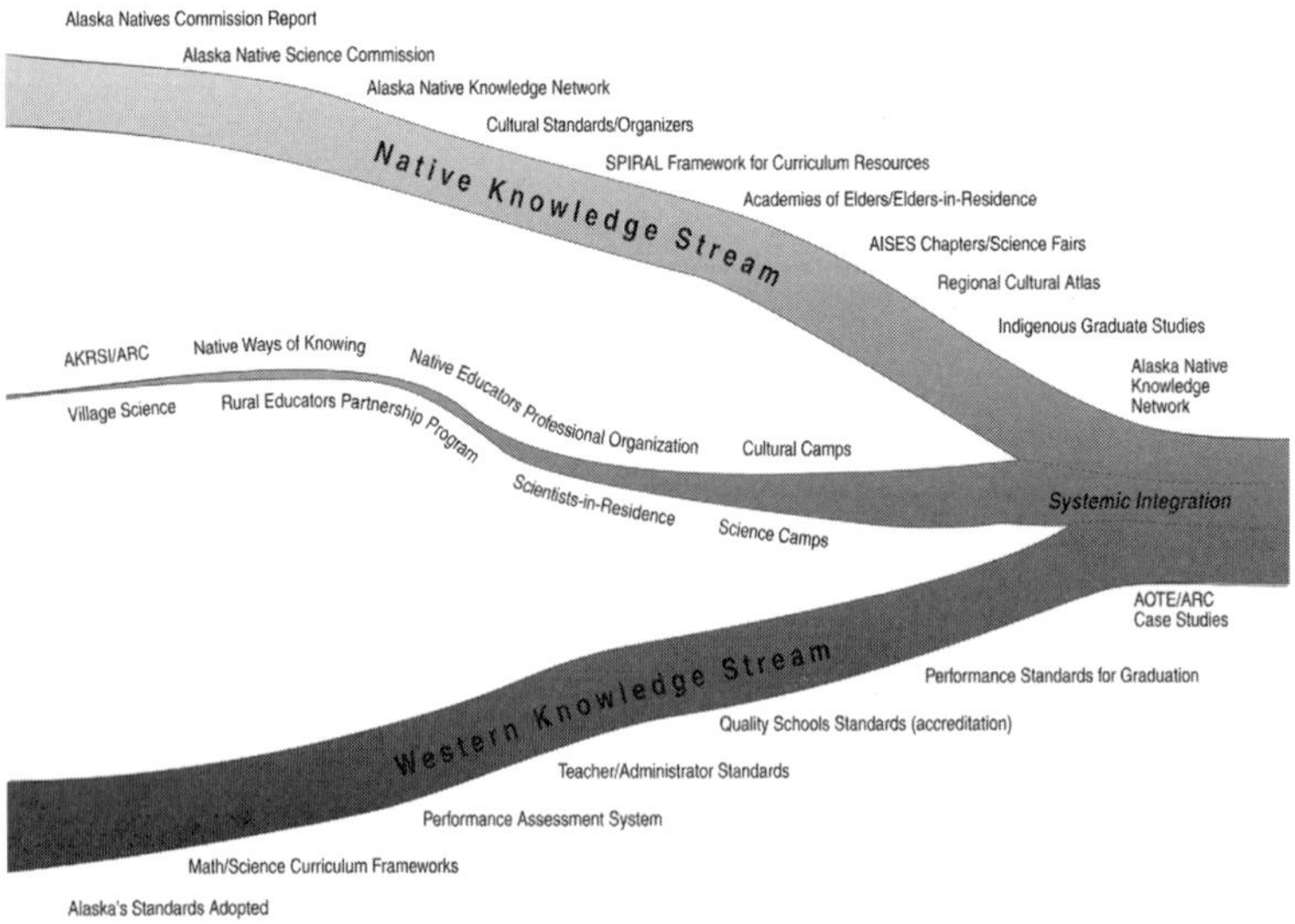


図9－3　先住民による知識の流れと欧米型の知識の流れ，そして合流

文の中心をなしているのがユピアックの世界観です。これはダイナミックな関係であり、人間と自然、そして精神的なものとが関わり合い、我々の存在そのものを形作っているというものです（図9-2）。

## 2 アラスカにおける新しい教育制度

人間の領域の役割を考えようとしたら、どうしてもそこでは自然と精神世界との間の相互依存性を考えない訳にはいきません。言い換えると、科学や歴史を教えようとしたとき、いかに私たち人間が周辺の世界との間で交流してきたかということと切り離して教えることはできません。図9-3に示しているのは、いかにして筆者らがこのアラスカにおいて、2つの流れをもつ教育の制度の中に変革をもたらしたかを示しています。

図9-3の上の流れの方に示されるような、先住民の長老の人々がもっている各地域の知識の体系を、このイニシアチブに沿って学校のカリキュラムの中に取り込むことに努めてきました。一方にはその地域伝承の知恵というもの

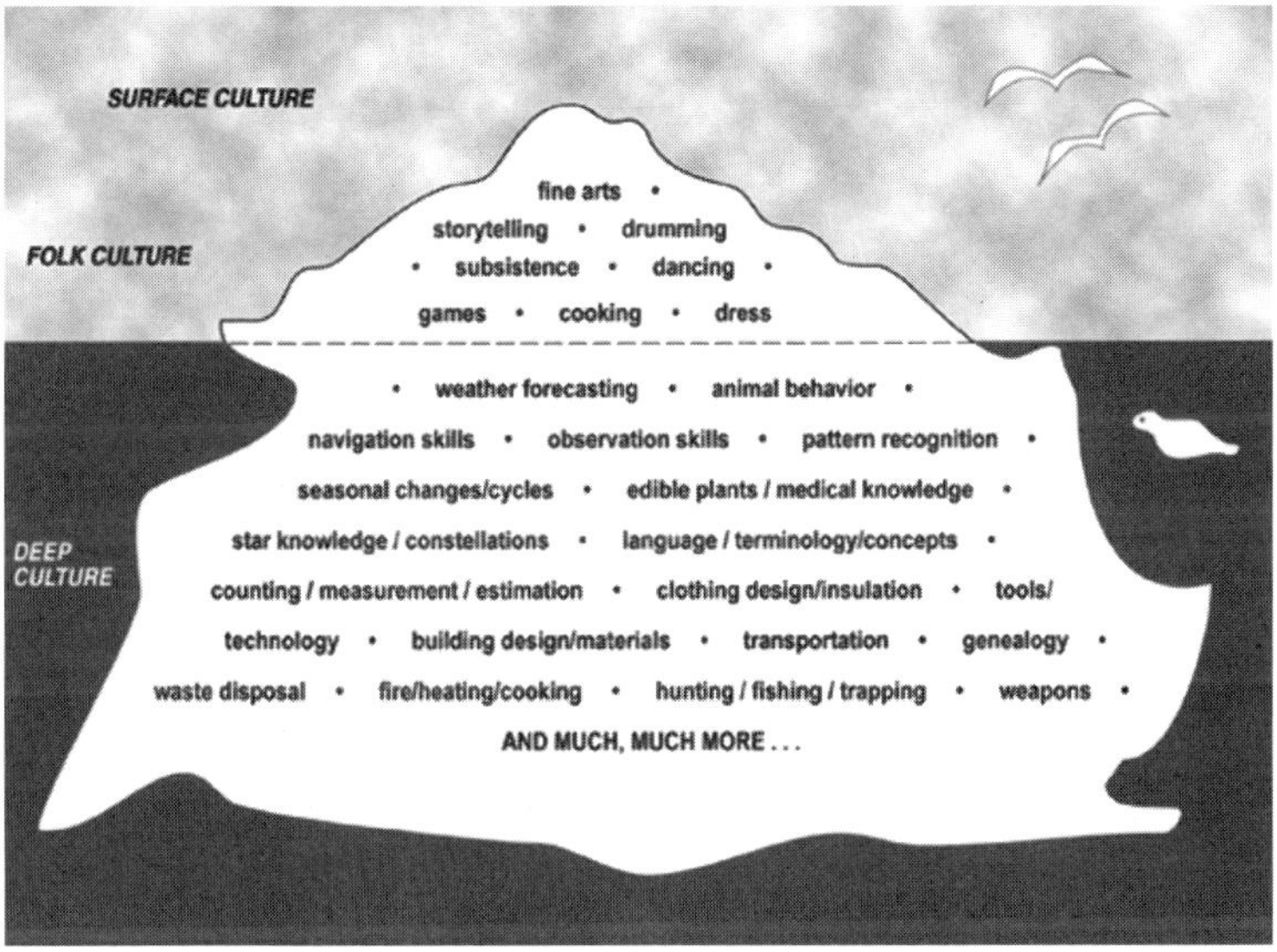


図9-4　氷山の一角の下にある重要な事柄の数々

が中心となります。他方には確立された州のカリキュラムというのがあります。

そこで、欧米型の知識を、地域社会の中に存在している知識や世界観、あるいは知識の獲得方法の中に取り込んでいく、つまり2つの流れを1つにすることでお互いに補完し合うようにしようと考えました。これらを一体化し、お互いに補完し合うようにすることで、生徒への教育の幅も深さも広げていこうと考えました。長老と協力することで明らかになったのは、私たちはその地域の文化の目に見えている側面、つまり今までは学校で教えられることとして限定されていた、氷山の一角に過ぎないものを、もっと広げていかなければいけない、ということでした（図9-4）。

この氷山の一角というのは、踊りとか食べ物とか、物語の伝承とか、そういった形のあるもの、目にすることができるものです。しかし、その背後に、見えていないもっと深い部分が存在し、それらもまた先住民の地域社会の生活の重要な要素をなしている、ということがわかってきたのです。目に見えない部分で生徒に豊かな経験を与えてくれる機会となるものは、たとえば比較研究を行う場合には、

写真9－2　ハワード・リューク (Howard Luke) 氏による彼の生涯の物語り

写真9－3　アサバスカ族における価値

天気予報、技術、伝統医学、測定の手法、言葉のパターン、地域に伝承された、生き残るための術などです。

### 先住民の長老たちの貢献

長老たちがこのプロセスに貢献してくれました。たとえば写真9-2に写っている人はアサバスカ族の長老です。写真9-2に示す本の中で取り上げている、アラスカの奥地にある「タナナバレー」という土地は、ゴールドラッシュ以前から住んでいた人々にとって重要であったところですが、ここでも新しい生活形態が成立しています。ここを含む各地域の長老たちは、コミュニティーにおける教育制度に関して、自分たちが考えるアイデンティティーに係わる、世界との交流の仕方についての価値のリストを示す形で貢献してくれました。

新しい価値観を取り入れていくことの必要性の具体例を写真９-３に示します。これらは、先住民の人々が重要な価値だと考えているものです。自然を尊重すること、精神性、協力、ユーモア、これらすべてが先住民の人々の価値のリストの中に出てきます。写真９-３がアサバスカ族のもの、写真９-４はユピック族の人々にとっての価値です。彼らはアラスカ南西部に住んでいる人々で、英語とユピック語と両方で書かれています。

写真９-４　ユピック族における価値

## 学校教育における基準の変更

アラスカ先住民の人々は、自分たちのアイディアを強く発信するようになり、また学校が教育・文化の面でよりよく子どもたちの福祉に貢献していくか、ということについても声高に発言するようになりました。その結果明らかになってきたのは、アラスカ教育庁が作成した学校のカリキュラムでは十分ではないということでした。そこで、バランスの取れた教育を先住民の生徒に対して行っていくために、先住民の人々が、2年間にわたって独自の総合的なカリキュラムのアウトラインを作りました。生徒たちがどういうことを学べば、自分たちの家族やコミュニティに貢献することができるか、ということに関して総合的な検討が行われ、1998年にアラスカ教育庁において、学校が先住民の文化に対応していくためのアラスカ基準がつくられました。これをもってアラスカ州の学校の基準への追加基準としたわけです。このような文化的な基準が27項目作られました。これが今、アラスカの教育プログラムの重要な一つの要素となっています。

文化的な知識のある生徒は、バランスの取れた形で文化的な伝統と遺産を継承するでしょう。そのための文化的な基準としては5、6個の実例が実際に示されています。この文化的な基準については、パンフレットがありますし、ウェブサイトのアドレスからもアクセスすることができます。この文化的な基準に加えて、先住民の人々は様々なガイドラインを作成し、この基準を教育制度のいろいろな要素の中で実施していく上での一助としました。たとえば教師の場合においては、この基準を学校で実施する上でどういうことを知っておくべきか、ということを含めたガイドラインができています。

## 先住民の豊かな知識の伝承

もう一つ考慮したのが、伝統的な親子関係、子育てに関してです。これらを、学校や地域社会の実践の中に取り込んでいくためのガイドラインが作られました。特に関心が高かったのは、教師は多くの場合、地域社会の外から来た人々ですので、この人々に対して長老の役割とか、その知識に関連してどういった規範があるのか、といったようなことについて、教師に伝えていこうというものです。写真9-5に長老の一人が示されていますが、この人がどういうふうに育てられてきたのか、その経験を学校で語ってもらい、地域の知識を伝承する上で、協力してくれています。

図9-5のポスターですが、これはユピック族の教育の理念を示しています。南西アラスカの人々は自分達に深く根ざす期待、特に教育に関してきちんと定義をしています。多くの分野において、地域の知識があらゆるコミュニティにおける出発点となって、学校のカリキュラムが作成されてきました。

これからいくつかの例を紹介します。それは、地域に根ざす教育のリソースで、生徒たちが学校における経験を

写真9-5　先住民の文化面での知識を尊重するためのガイドライン

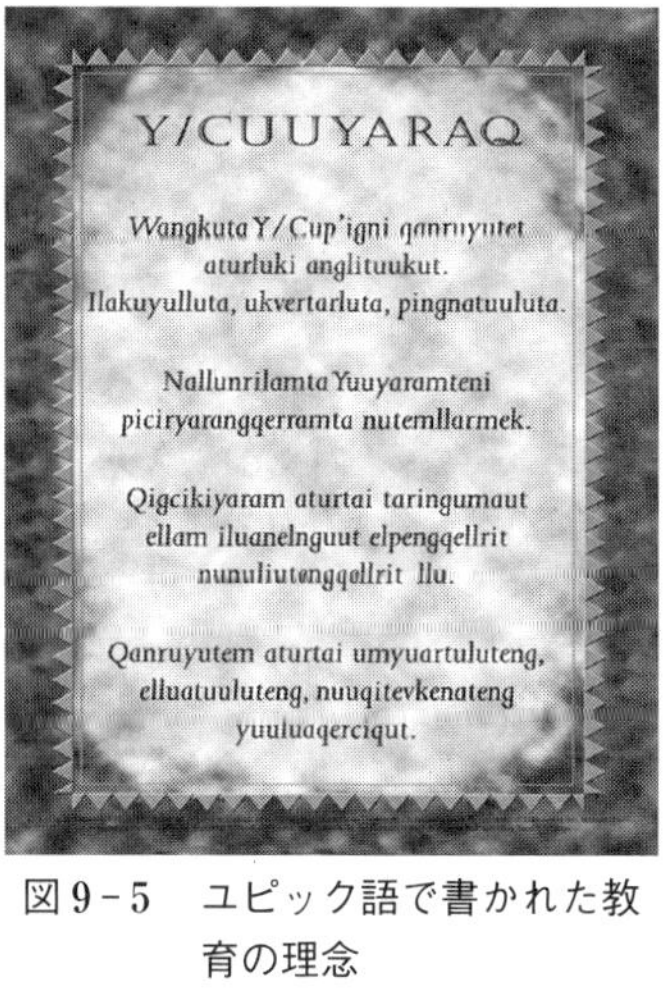


図9-5　ユピック語で書かれた教育の理念

卒業後に生かすことができるというものです。たとえば、科学のカリキュラムの中で、地域社会における実例をもとにしたものが数多くあります。アラスカの辺鄙なところにある村落の経験なども盛り込まれています。たとえば、ソリをもとに摩擦を勉強することもできます。あるいは気象の観測と衛星画像を比較することで、気象学の理解に役立てることができます。さらには、地域の言葉の中には様々な形で雪の状態を表したものもあります。その中にたとえば物質の状態とか、昇華とか、エネルギーの伝達とか、熱力学に関するものなどがあります。

さらに数学に関してもいろいろあり、図9-6はアラスカの教師たちが一緒になっていろいろな数学における概念をその地域社会の実例を使って教えようと考えて作成した問題集です。さらに星座に関しての知識、あるいは天体の航行、潮の満ち干、季節の変化に関しての様々な指標をはじめとして、大変豊かな知識が地域社会に受け継がれています。これらを使うことで、学校だけでは教えられないような知識を生き生きと学び取ることができるので

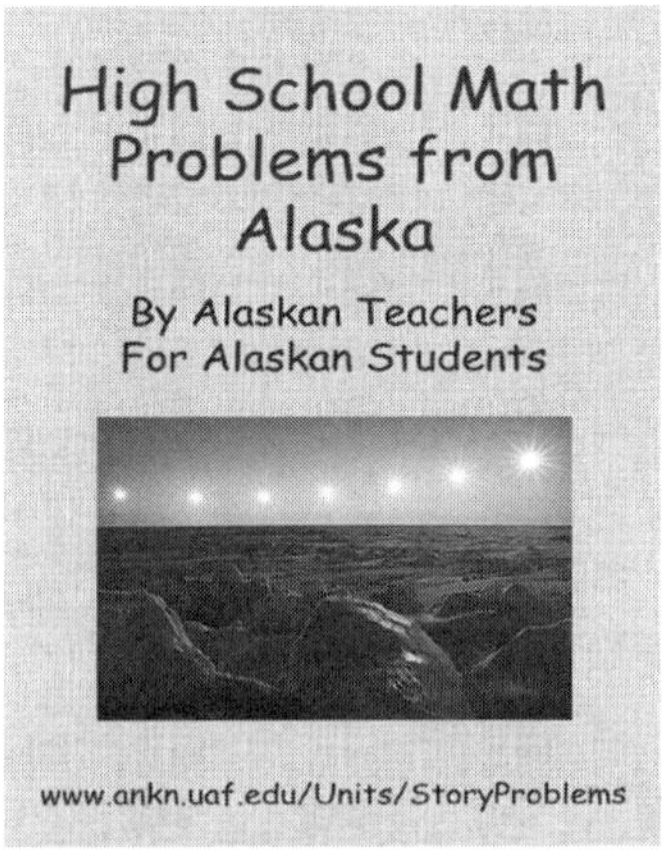


図9-6　アラスカの先生たちが作成したアラスカ版数学問題集

図9-7　コディアック島のアリューティーク（Alutiiq）の人びとによる薬用植物の知識

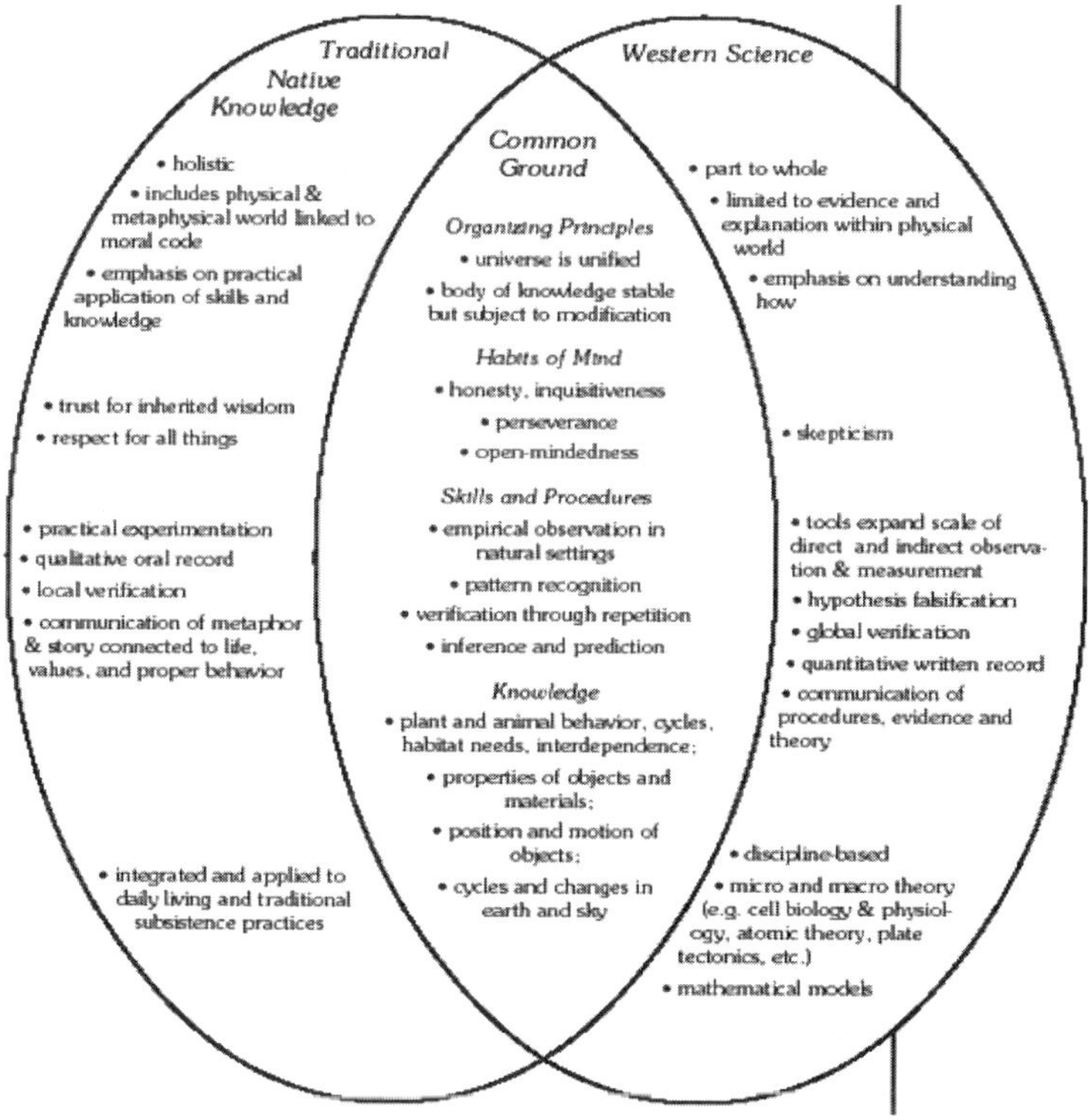
Traditional Native Knowledge
• holistic
• includes physical & metaphysical world linked to moral code
• emphasis on practical application of skills and knowledge
• trust for inherited wisdom
• respect for all things
• practical experimentation
• qualitative oral record
• local verification
• communication of metaphor & story connected to life, values, and proper behavior
• integrated and applied to daily living and traditional subsistence practices
Common Ground
Organizing Principles
• universe is unified
• body of knowledge stable but subject to modification
Habits of Mind
• honesty, inquisitiveness
• perseverance
• open-mindedness
Skills and Procedures
• empirical observation in natural settings
• pattern recognition
• verification through repetition
• inference and prediction
Knowledge
• plant and animal behavior, cycles, habitat needs, interdependence;
• properties of objects and materials;
• position and motion of objects;
• cycles and changes in earth and sky
Western Science
• part to whole
• limited to evidence and explanation within physical world
• emphasis on understanding how
• skepticism
• tools expand scale of direct and indirect observation & measurement
• hypothesis falsification
• global verification
• quantitative written record
• communication of procedures, evidence and theory
• discipline-based
• micro and macro theory (e.g. cell biology & physiology, atomic theory, plate tectonics, etc.)
• mathematical models

図９－８　先住民の伝統的な知識と西欧の科学知識との関連

す。たとえば食糧になるような植物、あるいは薬になる薬草についての知識（図9-7）、伝統的なヒーリングの実践などもサバイバルに係わる重要な知識となります。

教師に対してこのような地域社会における知識ベースを活用することができるようにするために、カリキュラムの中の先住民の文化や先住民の知識に対応する西欧の科学のハンドブックを作りました。こういうカリキュラムや文化的なリソースは教師がまとめたもので、ウェブベースでカリキュラムの仲介をするような情報仲介システムを作り、日本からでもウェブサイトを通じてアクセスすることができるようになっています。様々な実例も盛り込まれています。

## 科学と先住民の知識

図9-8は、いかに欧米の科学と先住民の知識とが相互に関連しあっているかを示したものです。欧米の科学を右側、伝統的な知識を左側の円で示し、両者がお互いに関連しあっているということを表しています。それぞれの知識体系には独自の特徴がありますが、同時に共通の特徴もあります。それは真ん中の重なり合った所で示されています。

筆者らの課題は、いかにカリキュラムを作成し、教育の実践の中でこれら3つの分野について教えていくべきかというものです。この3つの領域に関して、様々なカリキュラムのリソースを反映していきたいと考えています。こうしたカリキュラムのリソースが過去10年間に蓄積されてきており、筆者らはこれらをテーマ毎にまとめていくことができるようになりました。文化に根ざす枠組みという形でそのリソースが活用されています。

図9-9に示したカリキュラムは、アラスカのフェアバンクスのモデル校において7年生から12年生までの間で教えられているものです。エフィ・コクリン・チャータースクールというところでは1年間にわたってこう

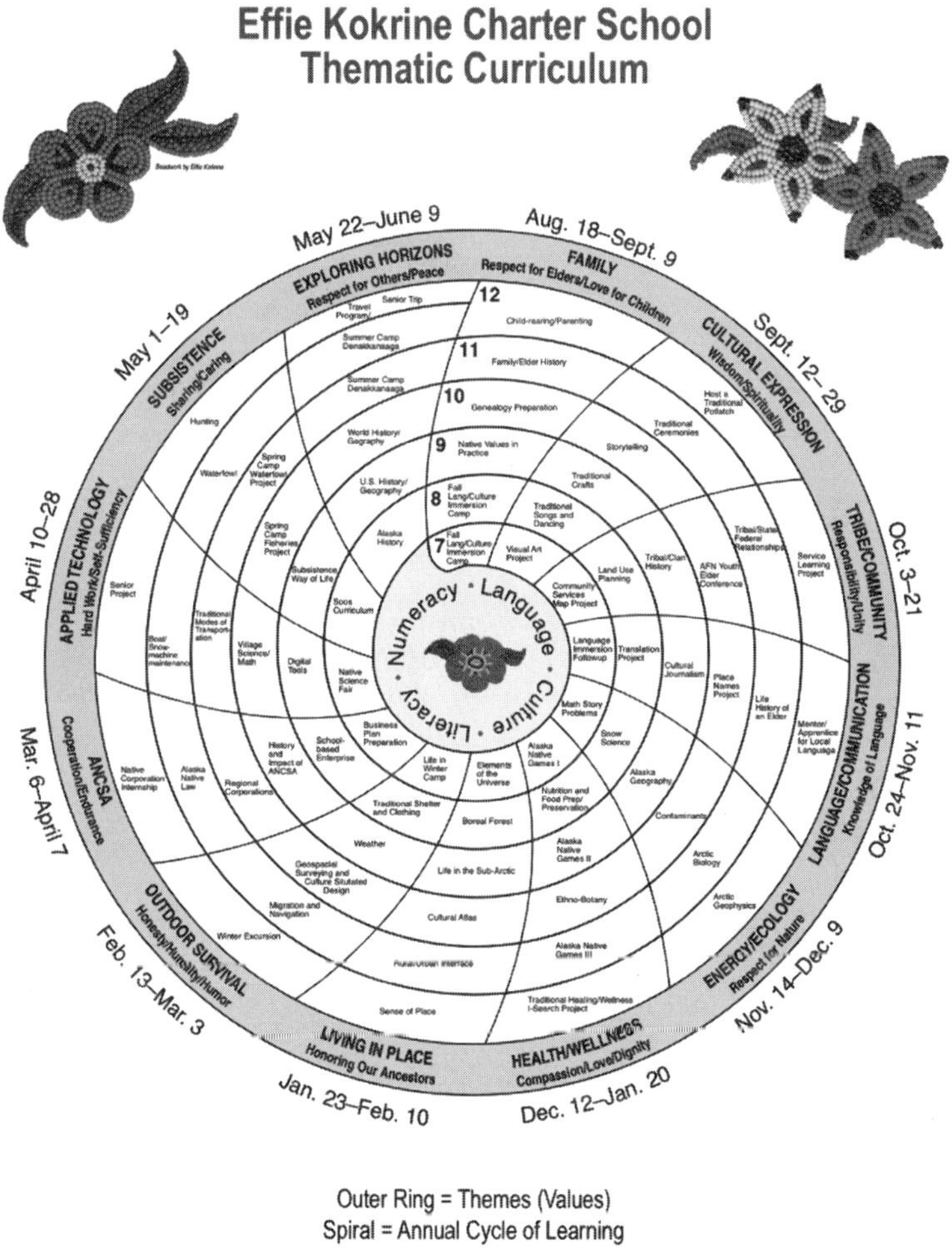


図 9 - 9　フェアバンクスのエフィー・コクリン（Effie Kokrine）チャータースクールのカリキュラム

出典：Alaska Native Knowledge Network ウェブサイト

**図9-10　「アラスカ先住民の知識ネットワーク」のロゴマーク**

いう季節的なカレンダーを作っています。そして全ての講師が3週間から6週間の集中的なブロックに分けられていて、学生たちはその実地も含めた実習を通じて学ぶことができるようになっています。

## まとめ

まとめになりますが、アラスカの海岸および川の沿岸地域は、学問的、文化的教育の両者の目標を達成する上での最も有望な環境となっています。地域に根ざす文化的な教育学を通じて、生徒たちは自分達を取り囲む世界について、その中に飛び込んでいく準備ができ、同時にその地域社会にある豊富な知識の担い手となることもでき、生活が依存している環境についてもその知識を学び取ることができます。教師はただ単に文化についてカリキュラムの一環として伝えるだけではなく、地域の文化を通じて世界へ道を開いて行くことも可能になっています。

ここで紹介した内容に関しては、図9-10に示した「アラスカ先住民の知識ネットワーク」（Alaska Native Knowledge Network）ウェブサイトがありますので、このウェブサイトにアクセスしてみてください。

（レイ・バーンハート）

コラム

## アラスカ・デナリ国立公園の環境保全

アラスカはほとんどが手付かずの自然です。１９５９年にアメリカの49番目の州となったアラスカの自然が保全されているのは１９６４年に制定されたワイルダネス法にあるでしょう。この法律のコンセプトはまだ手をつけていない自然はそのまま保護するというものです。アラスカは１８６７年にアメリカがロシアから当時７２０万ドルという大金を出して購入した所です。「なんと高い買い物をしたのだ」ということで当時の国務長官ウイリアム・スワードはずいぶんと批判されたそうです。しかし、今になってみると人も住めないような自然ばかりのアラスカはワイルダネス法のもとで、見渡す限りのすばらしい自然があふれた所となりました。

写真１　デナリ国立公園内は原則として車の乗り入れが禁止され，バスで移動することになる。

そんな中でもアラスカを代表するすばらしい自然の残った国立公園がデナリ国立公園です。ここにはまた、北アメリカの最高峰標高６１９４ｍのマッキンリー山があることでも有名です。この山には南極踏破を目指してその訓練中に遭難し、いまだに遺体が見つかっていない冒険家上村直己さんも眠っています。

さて、マッキンリー山は現地の先住民の呼び方ではデナリです。ですからこの国立公園の象徴もまたマッキンリー山なのです。アラスカで最も人気のあるデナリ国立公園には毎年非常に多くの人々が世界中から訪れます。そのような中でこの国立公園ではマイカーを徹底的に規制しているのです。ではどうやって公園を楽しむのかというと、基本的には全ての人がバスで公園内を移動しなくてはなりません。特別な理由で、許可を取った人だけが自家用車での乗り入れができます。それ以外は全てバスか徒歩です。しかし、徒歩で歩くにはデナリ公園は広すぎます。またグリズリーベアやハイイロオオカミ、ムースなど人間にとって危険な動物もたくさんいますので事実上は歩くのは無理です。

ということでデナリ国立公園ではほぼ全員がバスを利用せざるを得ないシステムになっています。しかし、バスの料金は大変安く、8時間コース（丸一日）でも2200円位（2006年）です。ですから無理やりバスに載せられて高い金を払わされたという感じを持たずに楽しむことができます。また、そのことで公園に負荷をかけずに済みますから、「公園に入り込んで自然を多少なりともいためることに加担しているのではないか」という心の痛みが少しでも軽減されることにもなります。更に良いことは、バスの運転手がユーモアにとんだ解説をしてくれますし、大変詳しいガイドでもあるということです。特別なガイド料を払わずに自然を楽しむことができます。また、バスに乗っている誰かがムースやグリズリーベアなど野生動物をみつけると運転手に知らせることになっており、発見したとたんにゆっくりと運転してくれたり、時には何分間も観察のためにバスを止めてくれたりもします。一人の目よりも何十人もの目で観察するといろいろなものが見つかるものです。ですから危険な思いをしてマイカーで見て歩くよりずっと効率よく野生生物の観察ができます。

単にマイカー規制をするということだけでなくそれに代わるシステムをきちんと用意し、国立公園のよさを訪れる人に満喫してもらい、それがまた公園のすばらしさ、大切さを人々に知ってもらうことは公園の管理上大変大事なことであろうと実感しました。

（神田　房行）

# 第10章　環境教育における「時間」と「場所」の概念

## ――スロー教育のすすめ

### はじめに

ファーストフードに対して、スローフード運動という言葉を聞いたことがあると思います。本章ではスロー教育について紹介したいと思います。スロー教育とは地球環境教育の一つのあり方であり、私たちのこれまでの考え方を抜本的に変える必要がある教育スタイルです。

ここでは大学3年生を対象とした、オーストラリアの自然体験を組み入れた約半年間の授業についての研究事例を紹介します。筆者がこの授業を担当して3年になります。この授業は、3時間の講義セミナー7回からなる座学の学習プロジェクトと、モナッシュ大学近郊で2回行われる3日間にわたる環教教育キャンプという実践型の学習プロジェクトの2つから成り立っています。

この授業の狙いは4つあります、まず第一に、座学型と実践型の学習プロジェクトを統合することで学習能力を高めることです。第二に、教職に着く前の新任の、環境授業や野外授業、体育授業を担当する教師に、自然の中での様々な教育方法を紹介し、体験してもらうことです。第三に生徒に「場所」という感覚を教えることです。この考え方は西欧の環境教育や野外教育の授業では盛んに行われてきたものです。第四に自然の中でのあり方について生徒に考えてもらい、通常のせわしない、刹那的な生き方と比べてもらうことです。この研究事例は政治的な側面も持ち合わせています。

## 1 環境教育における「時間」と「場所」

まず、環境教育における「時間」と「場所」について考えてみたいと思います。時間というものを経験することを軸にして、実践教育や環境教育、野外教育、地理、体育などの教育活動を行いつつ、一方で場所という概念に関心を喚起しようというものです。場所とは通常地理上の特定の所という意味ですが、場合によっては自然の中で社会的な交流が得られる特定の所でもあり、そこで過ごした時間に私たちは何らかの意味づけをする、すなわち人それぞれに特定の場所に特別な思いを抱くことがある所です。これが時間と場所を特に取り上げる理由です。

### 「場所」について

では最初に「場所」というものの特徴についてお話したいと思います。これはエドワード・レルフ（Edward Relf）が提唱している考え方です。まず第一点は、場所とは基本的な要素であることです。場所とは自然と文化の融合であり、それぞれの場所にはそれぞれの特色があるということです。それぞれの場所には独自性があります。さらに常に他の場所とも結びついています。そして新しい場所は常に生まれています。場所には時間や空間を越えた、人々にとっては思い出などのような何らかの意味があるのです。場所といったとき、場所をじかに経験するということは、私たちの幸福や世界観の基礎になっていると思われます。場所は安堵と自己認識の根源です。私たちは常に自分自身をと高めようとしているわけですが、自分たちが今、世界のどこにいるかを認識することによって世界もまた変わっていくわけです。現代化やグローバル化の波によって場所という存在が危ぶまれると、私たちの直感的で多様な経験というもの、すなわち場所に対して、この場所を知っているという認識が薄れてきます。そして場所を見失ってしまう、ということが起こってくると、根無し草のような状態になってしまいます。しかし、場所とは、環境教育の中ではほとんど取り上げられることはありませんが、非常に重要な概念です。

## 「時間」について

次に、「時間」についてです。時間というものは環境教育の中で本来、取り上げるべきものです。しかし、筆者の提唱するような時間の概念とは異なり、一般的な時間に対する考え方というのは、時間割とか60分クラスとか、決められた枠組みの中でとらえられる時間です。環境教育の教育者が時間を教育の観点からとらえ、これについて綿密に計画を練って実施することは、持続可能な開発の教育の分野という、より大きな意味で、時間ということを考えるよい契機だと思います。

環境教育の中での時間というのは、最もわかりやすい場合でも暗にほのめかされているだけです。ただ、時間は場所に関係があるという、見えないつながりを強調する必要があると思います。したがって、ゆったりとした教育をすることです。時間と場所を掛け合わせてそれを行うことによって、スロー教育が生まれるわけです。そしてゆっくりと地元の地域に根ざした教育をしていくということは、現在、環境教育でよく使われている表現や比喩から離れるということです。

スロー、ゆっくりという意味の言葉ですが、これは概念上、カルロ・ペトリニシ（Carlo Petrini）の提唱したスローフードにおけるスローと同じです。スローフードとは1980年代初頭にローマのスペイン広場でマクドナルドが開店したことに対して反対運動が起こったのがきっかけになりました。スローフードというのは、単に食だけではなく、抵抗運動とか行動様式、たとえば食生活の均一化を避ける、地元の文化を支える、有機野菜の食材を旬で食する、あるいは地元の経済を考慮する、地産地消であるといった概念を含むスロー運動の核をなすものです。

## 時間と空間のつながり

めまぐるしく変わる環境教育のなかにある時間と空間のつながり、その不可思議さについて少し理論的に考えてみます。私たちの体感している時間、特定の地域や国における時間、文化の中での時間の流れ、世界の時間といったものは非常に不可思議であり、同時に矛盾も抱えています。

時間についてさらに簡単に説明したいと思います。時間にはいろいろなコンセプトがあり、私たちが実際に体感している時間、特定の地域における時間、ある国の時間、文化の時間、世界の時間といった、いろいろなものが時間の概念の中に組み込まれて、それら全てが繋がっていて、また同時に不可思議であり、矛盾を抱えたものです。時間という概念は、社会や文化の面だけでなく、全世界でも起きている、点と線でできていて分刻みで動く日々の生活から開放されたときに、はじめてわかるものなのです。

この概念について図を用いて簡単に説明したいと思います。図10-1のAは時間を宇宙論から考えたものです。近代以前の時間の考え方です。これは循環していて季節の変動があり、自然に根ざしているものです。図10-1のBは近代の時間の考え方ですが、1つの方向に向かって1つの線のように流れています。たとえば1日は24時間とか、1時間は60分といったように近代の時間というのは1日の単位を定めた上で時間の概念をとらえているのです。次に現代の時間の考え方ですが、これはピッピピッという電子音に代表さえるようなデジタル化されたものであり、利那的です（図10-1のC）。ですから、瞬時にいろいろなことが起こっているデジタル時代の世界というのは、点と点だけであって、分刻みに時間に追われながら、私たちは利那的に生きているというわけです。

したがって、いろいろなものを同時に経験することが可能です。これまで以上に、時間に基づく経験というのは、私たちのあるべき自然の姿が、社会の枠組みのような、社会という外界からもたらされる要因によって変形させられています。自然の生物学的循環さえも、今はハイテク技術などの人工的な手段によって変革をとげようとしています。

しかし、時間と調和の取れない状態、すなわち何らかの変調をきたす時というのは、循環型、そして線形のデジ

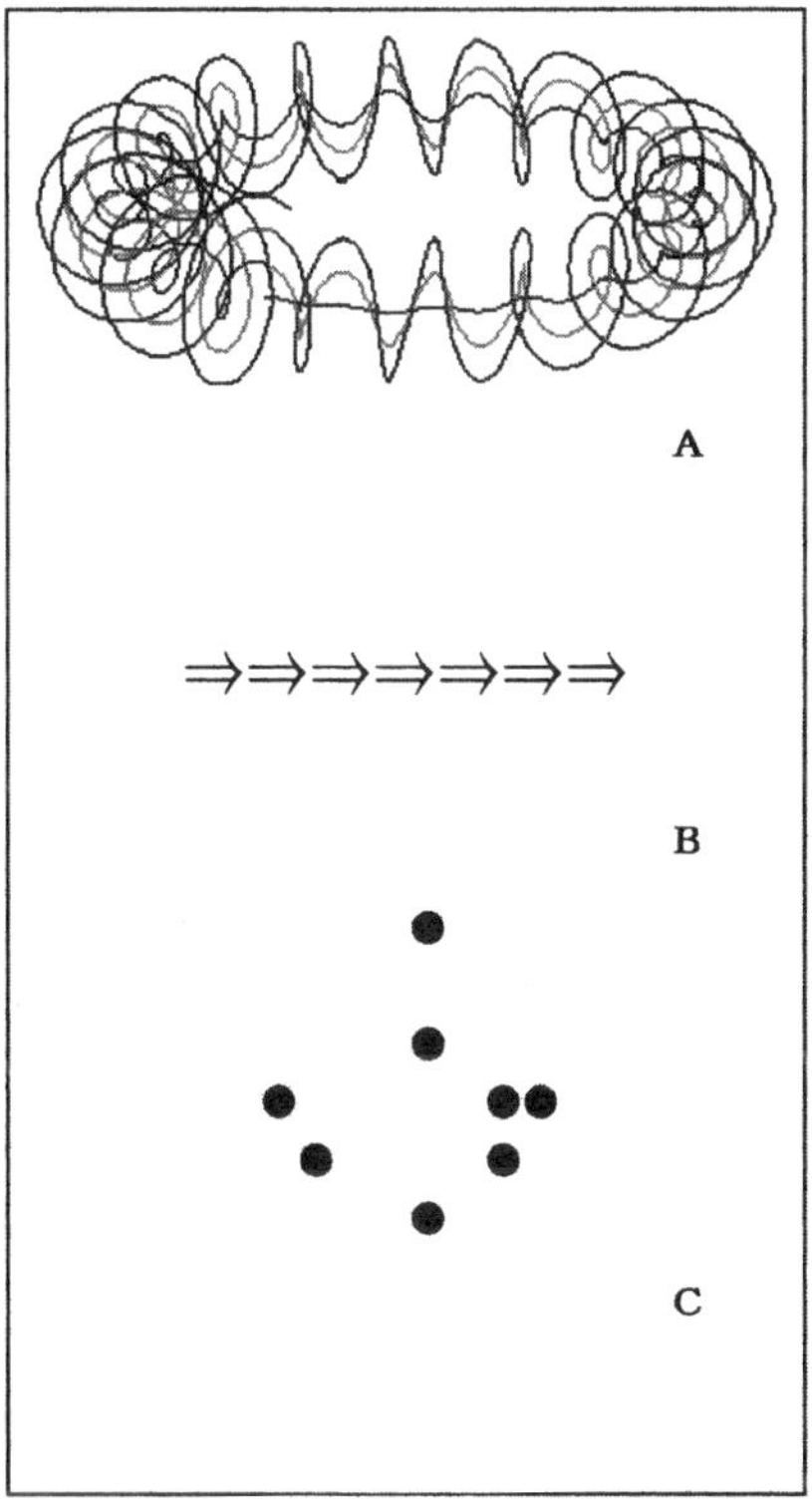


図10-1　時間の概念

タル社会の中で、同時に生活しているときに起こるわけです。それが事実上ストレスやプレッシャーにつながり、肉体的、精神的な病気を誘発したりするということになります。

## 2 スロー教育の研究事例

次にスロー教育の実践研究の例を具体的に照会します。これは実践型の環境教育の中で、時間や場所といった要素を敢えて計画、実施、評価したものです。この研究事例はオーストラリアの自然体験授業の一環なのですが、学部の生徒を対象として小学校から高等学校までの教員の養成のために行っています。2回にわたる実践授業や6、7回にわたるセミナーなどが含まれています。こちらの研究事例はベアガリーというところで行われました。写真10-1は浜辺を歩いているところです。そして写真10-2は潮溜まりを探している様子です。

写真10-3、10-4はノームと呼ばれる小人（地の精）を探しているところです。この小人は背丈が30cmほどであり、450年ほど生きるとされる空想上のものですが、何でこのようなことをするかというと、学生たちに対して環境教育では、自然に対して異なった考え方、想像力を働かせてほしいのでこういう活動をしています。

## おわりに

最後にスロー教育の要点について述べることにします。スロー教育は体感するものであり、感覚（直感）を使っていろいろな経験をすることが重要であるという概念に立ち戻るものです。スロー教育は感覚を使い、体を使って実践することによって、いろいろな精神的な啓発の効果をもたらします。

写真10-1　オーストラリアのベアガリービーチでの実践活動

写真10-2　海岸での潮溜まりを探す活動

写真10-3　ノームについての野外活動（中央，立っているのは筆者）

写真10-4　ノーム探しをする学生たち

スロー教育は場所に対して、それを受け入れる、それに対して何らかの反応を示すことによって、心と体の一体感を感じ取ること、そして自然がそのような経験を導いてくれることによって、私たちのまわりの環境に対するとらえ方、認識、行動、そして私たちのあり方そのものも影響を受けることになります。

スロー教育は時間、空間、場所、そして体と心、また自分自身と世界、さらには内面、外面、自然といった、切っても切れないつながりを理解し、学ぶことを提唱しています。スロー教育では、思いがけない学習の機会とか、想像もしていなかった結果を積極的に受け入れるように進めています。

最後にスロー教育では従来の教育制度に代表される学習や指導、知識の習得といった流れではなく、実践、経験、存在、変化していくという考え方への移行を呼びかけています。スロー教育につながるものとして、「野外教育とはすなわち経験の哲学である」というジョン・デューイ（John Dewy）による、あまりかんばしい評価を受けなかった説があります。スロー教育は、この説を再評価し、教育や研究面で実証しようとする真摯な取り組みであると思っています。スロー教育では詩や芸術、音楽、詩、そして沈黙にいたるまで様々な主観的な、あるいは美的な種類の実践学習を取り入れなければならないのです。

スロー教育は、デューイの70年前の説「経験の哲学」のための教育が受け入れられなかったことに対する反省であると信じています。つまり、「経験が第一である」こと、そして成長とは生物—環境相互作用と経験という人間の特性が関与していると考える、新しい教育のあり方であると主張することが必要です。もしこのような経験の教育が教育の中に居場所を得たならば、政策決定者を納得させるため、そしてそのような教育を確立させるための資料集めや研究をすることが、差し迫って必要となるでしょう。

（フィリップ・ペイン）

コラム

## 熱帯雨林地域から流出する土砂と海底谷の埋積

森林伐採や過剰な焼畑などによる熱帯雨林の減少、そしてそれに伴う生物多様性の衰退はグローバルな環境問題の一つです。熱帯雨林の破壊の環境への直接の影響の一つは土砂流出ですが、雨季の増水に伴って川から海に大量に運ばれる土砂の行方はどうなっているでしょうか。「現代GP」でマレーシアのボルネオ島サラワク州の熱帯林を現地調査した際に、そのことが気になりました。そこで、ボルネオ島、スマトラ島、ジャワ島などによって囲まれる広大な大陸棚の別名、スンダ棚の海底地形図を調べてみました。図1はオランダの地質学者キューネンの著『マリーン・ジオロジー』に掲載されている海底地形図です。この図はスンダ棚が、氷河期の海面低下期に陸上侵食を受けた時の河谷が、明瞭に残っていることを示すものとして良く知られています。

図2はそれよりも30年ほど前に、オランダの地質学者・生物学者のモレーングラフが論文中に掲載した海底地形図です。驚いたことに、この地図にもすでに海底谷の存在が明示されています。彼はスマトラ島とボルネオ島内の河川に生息している淡水魚が著しい類似性を示していることから、それらの河川は過去に同一の水系を構

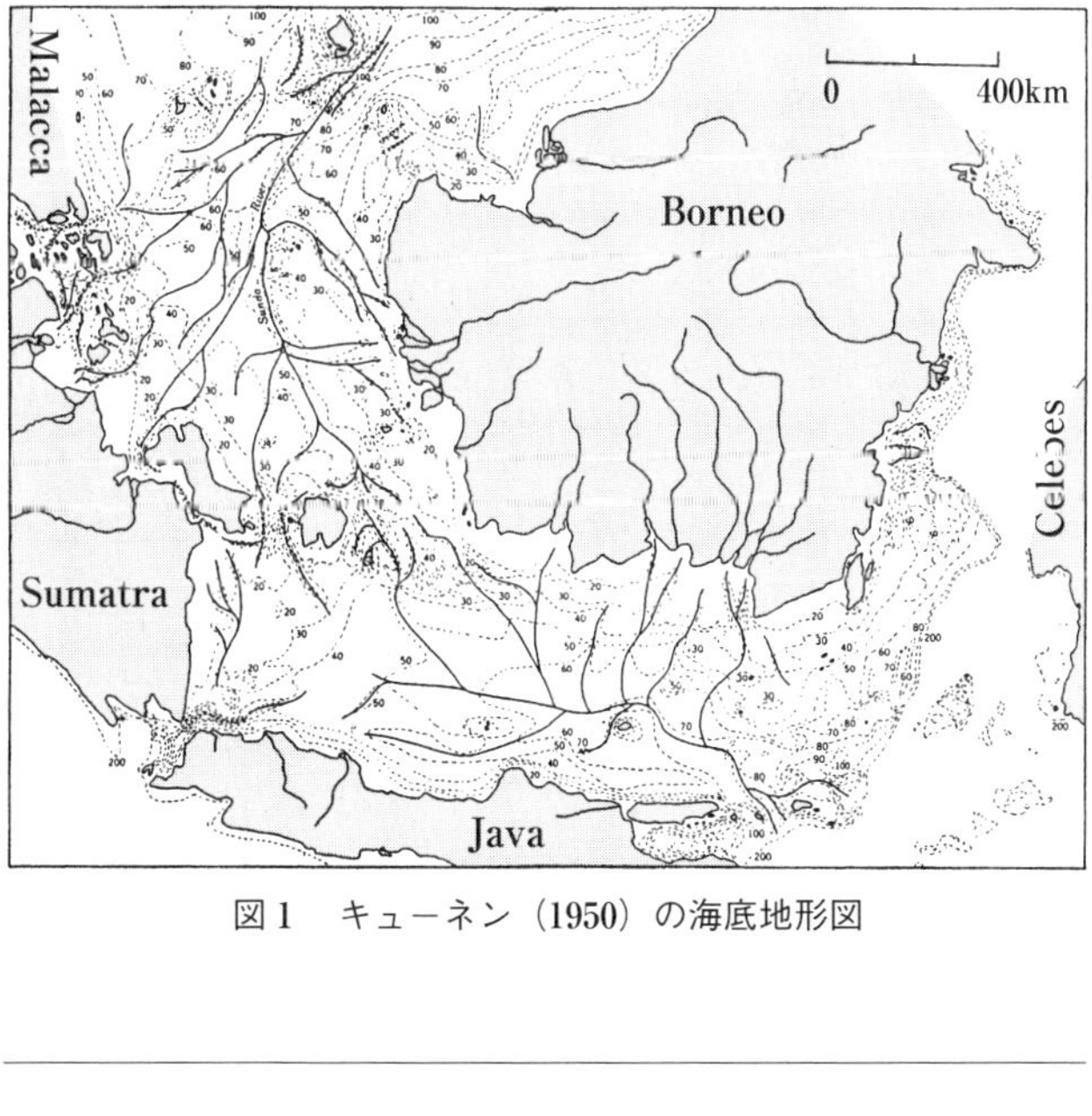


図1　キューネン（1950）の海底地形図

成していたのではないかと考えました。彼はオランダの植民地であった現在のインドネシア共和国や、オランダの植民地を経て1852年に独立したトランスバール共和国（南アフリカ地域にあった）なども調査しています。

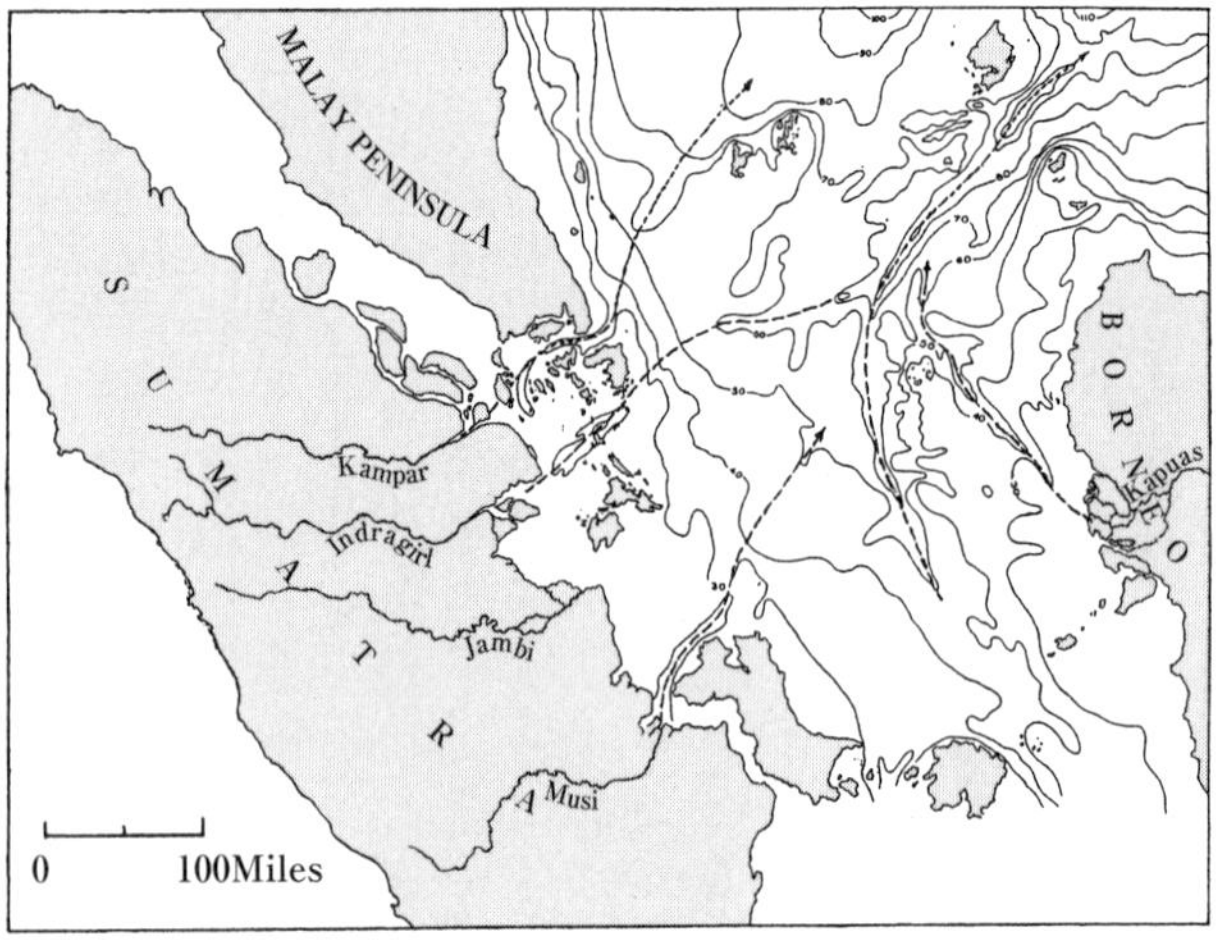

図2　モレーングラフ（1921）の海底地形図

どうやら当時は貴金属関係の地下資源、特に金鉱脈の探査などに力点が置かれていたようです。このあたりにも、大規模な自然地理学的研究が経済開発を先導するかたちで行われていた状況を垣間見ることができます。当時は、大陸棚上に刻まれた海底谷の成因や、形成された時代、これらの谷が熱帯雨林から大量に流出している土砂によって何故埋積されてしまわないのかなどという、自然科学者であれば強く関心を持つ基礎的な問題に本格的に取り組む状況ではなかったのでしょう。1970年代に入ると、石油探査を含めたスンダ棚の地質構造を解明することを目的とした調査が集中的に行われましたが、上に列挙したいくつかの問題については未解明のまま残されています。

参考文献

佐々木巽（2009）マレーシア・クチン市周辺の自然環境．ESD・環境教育研究、11(1)：5-11．

（佐々木　巽）

# 第11章　アートと環境教育

陽光《ひ》の野原
花咲く山や
霧の朝（訳注）
（原句、Field of sun／mountain flowering／misty morning）

ミシェル・サトウ
（俳諧の巨匠、松尾芭蕉へのオマージュ）

## はじめに——文化と環境教育

俳諧、およびその系譜上にある俳句、短歌ならびに連歌は、世界中に広く知られている日本の詩歌です。文学は、民衆文化の豊かな「るつぼ」を表現しています。そして、文化は、人類文明の歴史的な選択を導くものですので、社会環境のジレンマを理解する鍵になりうるものです。それは伝統の再現や新たな習慣の誕生をもたらす原動力となり、私たちの世界観や世界との関わり方を明らかにします。文化によって、私たちは、教育や科学、呪術、芸術などで用いられている多種多様な言語の語源を、使用されている多様な表現、比喩、シンボルを介して、理解するでしょう。

自分自身の理解に務めながら、私たちは、これらの装置の中に自分たちを大きく投影しました。したがって、本題に入る前に、読者の方々に次のことを念頭においていただきたいと思います。すなわち、筆者が二人ともブラジル人であることと、私たちの文化が日本文化とかけ離れていること、環境教育における両国の経験が全く異なることなどです。しかし、おそらく人類に課せられた普遍的責任として、このテキストは、2つの異なった国の間での互いの母語による会話を通して紹介されます。文中に美しさも醜さもそのまま残しながら、共通の基盤の上で対話を試みたいと思います。私たちの惑星、地球の存続への期待を込めて。

一方は、千年の文化をもつ東洋の国で、先進技術を誇り高度に工業化していますが、この国の環境教育分野における実践は、様々な課題の中でも、とりわけ固形廃棄物の最終的な行き先、および緑地破壊といった問題に重点を置いているように見受けられます。日本の環境教育は、社会的な面よりも自然的な面から認識される傾向があり、環境の管理面が強調されてきたと思われます。今世紀に入って、持続可能な開発のための教育についてのユネスコの提案に日本が積極的に関与していることは、従来の環境教育では見過ごされていた、社会的・経済的な分野を含むものに日本の環境教育が変わりつつあることを物語っています。そして日本は現在、持続的開発へつながる活動を財政面で支えている主要国のひとつとなっています。

一方、ブラジルでは、〝環境の〟という用語を、単にあいまい模糊とした形容詞ではなく、環境保護と社会的参加の2つの見地から、教育として再認識させるための旗印として、1960年代のカウンターカルチャーの時代にアイデンティティを確立しました。より踏み込んだ言い方をすれば、環境教育は、文化と自然との間の本質的な対話の中で方向付けがなされます。今日のブラジルの環境教育のシナリオは、開発という言葉が内包している物質志向に対する批判を通して、持続可能な社会の建設のために連帯して立ち向かうというものです。そして、環境面での紛争や不公正が存在する地域への働きかけを行い、環境の悪化が、先住民族はもとより、経済的に不利な階級にも強く影響を与えていることに目を向けています。

その意味では、ユネスコによる「ＥＳＤ（持続可能な教育）の10年」は、ブラジル人たちにとって、少数派の主導権のもとでの既存のプロジェクトに、もう1つのプロジェクトを付け加えるものに過ぎません。さらに、教育プロジェクトを10年間に限定させること、および単に決められたデータ期間中に最終結果を検証する作業に中間プロセスよりも重きを置くこと、などに関して協定を定める必要性はあまり感じられません。

両国とも、困難を克服し、その質を向上させるために、教育に大きな期待を寄せています。その目的は、言葉による知識だけではなく、日常生活の中で知識を活用する能力にも重きを置く点で共通しています。両国は、関係を密にし、対話とパートナーシップを活用しながら国際的な協力を進め、持続可能な地球のための環境教育を強化することを目指したいものです。

## 1　アートの機能

本章で表現される西洋文化は、日本の日常と何の関わりもないような、奇をてらったものに見えることから、それについての論議は重要性を欠くと思う人もいるでしょう。しかし、これから述べることは、次のような事実に基づいています。すなわち、アートが環境主義の政治的議論に欠かせないテーマとして認識されたことがなかったこと、アートはイベントや会議の最初か最後の話題として軽く扱われるか、あるいは入場料の高い美術館に展示され、エリートにしか理解できないものとされてきたことです。しかしながら、アートというものは、人間性が示す最も豊饒なところを追い求めるものなのです。それは空間と時間を超越した表現であり、個別を普遍に一体化させる言語によって時間と空間を融合させ、私たちを夢中にさせるものです。

「歴史的視程が失われてしまった時、現存の証言が現実性を捕捉する力を失った時、そこに生じる記憶のズレやアートの間接性が、私たちに精神のサバイバル（魂の生き残り）とは如何なるものかをイメージさせる。（居心地の悪い）世界に生き、虚構の家に封じ込まれている曖昧模糊としたアンビバレンスな状況に気づくこと、あるいは、芸術作品に表現される隔離と分裂を見出すことは、同時に、社会的連帯を必要とする心底から沸き起こる欲求を確固たるものにする。」（Bhabha, 1998）

ポピュラーなアートを擁護するのでもなく、さらに高尚なアートを無視するのでもなく、広い意味でのアートについて考察してゆけば、環境を、その悲劇面からだけではなく、より持続的な活動をもたらす消費生活モデルを追究する上での革新的な美を、より本質的に認識するという面での切り口をも、私たちにもたらすものとしてとらえることができるでしょう。

マトグロッソ連邦大学環境教育研究グループは、「地球（世界）は、〝である〟ではなく、〝しつつある〟である」というパウロ・フレイレ（Paulo Freire）の考え方に沿って、環境教育を未完成の実在条件と解釈します。私たちの経験は、音楽・演劇・写真・文学もしくは、もしくは映画など、多様な表現形式を含んでいますが、このテキストでは、錠もなく、隘路もない入り口へと導く通り道として、イマジェチカ*を選びました。まるで私たちがクレタ島にいるように、私たちは迷宮の中で途方にくれます。それだけでなく、時には不寝番を鍛えるような強い風、時には眠りに誘い、詩情の中にとどまらせる柔らかな微風の流れのままに希望の糸をなびかせるように、ミノタウロスに挑戦することもできます。

＊ふんだんなシンボル・解釈あるいは感覚を盛り込んだイメージ。

## 2　イマジェチカ

イマジェチカのない歴史は存在しませんし，視線を浴びないイマジェチカも存在しません。イマジェチカは，カメラではなく人間の視線に向き合うように構成されていて，詩的な意味でまとめられた身体的対話としての知覚・感覚を具象化します。この視線の一部分を盗みとる際に，人間感覚を通して文化を外的対象物に作り変えます。

イマジェチカというアートは，古くは古代文明の発祥地における洞窟の壁画に始まり，現在のデジタル画像の作画や編集にまで至り，その造形の効果は人々の称賛のざわめきを誘っています。けれどもイメージは，単なる現実の再現でも，千の言葉に勝るものでもありません。結局，〝文化〟のような言葉は，数百万のイメージによらなければ表現できません。しかし，イメージは，様々な欲望を中に宿すことが可能なのです。たとえば，晴れた朝を再現したい，日中のハグを迷う両手に刺激を与えたい，あるいは，調子外れのギターの使い古した弦をつま弾きリズミカルなダンスをはじめたとたんに沸き起こる，まだものにしていない夜のキス，といった欲望を宿せるのです。

### シュルレアリストのイマジェチカ

イメージは，言語活動を誘発するものであり，それゆえに哲学へと誘うものでもあります。さらに，イメージは他の多くのシンボルによって表現されます。唯一の真実を教唆することができるイメージを用いた伝達方法の好例として，人間の創造力がもつ強烈なアピールを証明する，ミケランジェロ（Michelangelo）によるシスティナ礼拝堂の天井画（写真11-1）があります。さらに，ルネ・マグリット（René Magritte）によるシュルレアリズムの絵画（写真11-2）に描かれた、数多くの真実が漂う雲にも、その例をみることができます。これはおそらく、一枚のキャンバス上で、夜と昼の間で感覚の世界に挑む、（魂と肉体の様な）二元性を示しているといえるでしょう。イメージは、苦境にあえぐ旅であり、それは移ろいやすい記憶や繊細な感情を刺激する特異性に満ちています。イメージはさらに、その表現を介して、衰え果てた理解力をも刺激し、浮かび上がらせます。これは、あたかも郵便葉書・書物・デジタル画面の中味に手を加えることで、実在する迷路を作り上げようとすること、あるいは、ただ単に、クリエートやリクリエートするために、人間のもつ自由性を飛翔させながら想像の世界で浮遊させようとすることを意味します。制作↓破壊↓再制作のサイクルの中で新しい感覚を生みだすために、同じ対象や人間を描く↓描き直す、

写真11-1　アダムの創造（ミケランジェロ［Michelangelo］，イタリア）

写真11-2　光の帝国Ⅱ（ルネ・マグリット［René Magritte］，ベルギー）

を繰り返すのです。アートは、また、テキストの単調さを打開するための私たちの力量の発揮であり、教育面や研究面の挑戦をする中で、異なる言語行動の使い方を学ぶためのものでもあります。

イメージは、インターテクスチュアル（間テキスト的）およびオートテクスチュアル（自己テキスト的）な動的効果を持ちます。すなわち、それは、私たちの創造や防御・習得の感覚を回復させうるものです。オートテクスチュアルなイメージそのものは、レオナルド・ダビンチ作のモナリザ（写真11-3）の神秘的な微笑として表れます。大多数の人びとは、キャンバスの背景にある谷、山と緑の牧野に気づくこともないでしょう。イメージは、インターテクスチュアルにもなりうるでしょう。ウクライナ出身の才能あふれるシュルレアリスト、であるウラジミール・モルダフスキー（Vladimir Moldavsky）の作品（写真11-4）を一見しただけで、たった一枚のキャンバス上に描かれたその作品は、私たちに何度も目を向けさせ、絵画のもつ幻想世界に引きずり込みます。

意識超越の二元性、流派・技術・トレンドの内在因の二元性において、このテキストは、シュルレアリスムの規範に従いますが、これは、ただ単に現代美術のスタイルとしてだけでなく、夢を正当化しながら生き方を変えることに固執するといったポリシーをもつ活動でもあります。熱情なしには、変化もなければ習得もありません。シュルレアリストの第二のマニフェストにおいて、ブレトンとトロツキー（Breton & Trotsky, 1938）はアートを、欲望に権威を与えている資本に対抗する革命的な手段の一つに位置づけました。それは、テキスト的、観念的、身体的、その他様々のアート表現であってよく、人間の自由を希求しながら、モラルもしくは理性を骨抜きするものに対して戦いを挑みうるものです。しかし、人々のイメージの中では、〝ナンセンス〟(Chipp, 1996) という印象がシュルレアリスムの特色になってしまい、不幸にも、宇宙人や恐怖を描いた絵が、しばしばシュルレアリストの作品と勘違いされることがありました。しかし、無秩序の意味をはるかに超えて、シュルレアリスムは、アートに限定しない一つの人生哲学であり、私たちの人生の様々な選択肢を啓示できるかも知れないオプション・識別力・多種多様な言語などを含んでいます。言語というものは、物事の裏側を明らかにするものですが、開発に関する諸々のモデルや社会環境上の諸対立、あるいは戦闘地域に於ける苦境の中でのアイデンティティの再考を促すものでもあります。

したがって、私たちは、常々読み直すに値する古い諺があることを認識しています。それは3匹の猿の物語に要約されています。すなわち、見ざる―聞かざる―言わざるです。特定の状況が私たちに秘密の仮面を求め、シュルレアリストのミステリーがその秘密を誘発することができるとしても、現象学は、哲学の一分科であり、それは他人や世界を自分の視覚で認識するといった欲望を誘発するものです。しかも、自分自身の感覚に新たな感覚を付け

写真11-3　モナリザ（レオナルド・ダビンチ［Leonardo da Vinci］，イタリア）

写真11-4　ミッドナイト（midnight）（ウラジミール・モルダフスキー［Vladimir Moldavsky］，ウクライナ）

加えながら、その主義主張への発言がエコロジー主義の舞台に次々と現れ、そこで話される様々な分野に関する主張を聴くための聴衆の存在をも可能にします。環境は紛争、不協和音や利害関係の対立の場であることを理解する必要があります。そして資本家の利益を優先すると人類の歴史の中でかつてないほどの環境被害をもたらします。そして、私たちは、生きているものは生（エロス）と死（タナトス）のるつぼの中で、苦しみの悲鳴をあげながら嘆き、そして、私たちは、注意深く聴き取ったことすべてを含めようと心底から望みながら、社会政策の構築をめざすのです。集団学習で対話していると、一瞬、言葉で説明できないことがありますが、それは、黙って聞く情況であったり、間違いに気付かないことが認められる場合であったり、あるいは、憎悪を押し殺したりする時です。共同体での学習に内在するものの中に、そして欲望の分配において、私たち自身がもつ特異性を超越する何かが常に存在します。

シュルレアリスムにおいて、2人以上の数のアーティストの間での共同制作である「美しい死体」*というタイトルをもつ伝統的なゲームがあります。このゲームは、1人目のアーティストが、作品の創作をはじめ、その作品を故意に未完成にします。つまり、着想理由を伝えることなく、作品の大部分を隠して見せぬまま、2人目のアーティストに最終部分の仕上げだけを託すのです。次に、2人目のアーティストは、最初のアーティストが残したわずかな手がかりをもとに、シュルレアリストのもつ神秘性が想像力によって中心的な特質へと導かれるままに絵筆をふるい、しまいには彼（彼女）の好奇心をしのぐものへと仕上げるでしょう。

*その美しい死体はアンドレ・ブルトン［André Breton：初期のシュルレアリスムの指導者］および同僚たちの創作によるもので、アートの各部分を発展させるための協働的な対話のためのアートを代表するものであり、神秘と驚きの過程を伴うものである。このゲームは、イメージ、テキストあるいはコラージュによってなされうるが、主要な焦点はアートを集団的に制作することにある。とりわけ Burnell Yow!［印刷中］は、この分野において素晴らしい経験をもっている。

ベルナール・デュメーヌ（Bernard Dumaine）は、現代シュルレアリストの一人であり、「美しい死体」を通して共同芸術作品の制作についての豊富な経験を身に付けました。

彼はこのゲームの中で多くの才気溢れる経験をしました。彼の数ある作品の一つは、彼の共同で作品を創作する能力の高さをいかんなく発揮した、〝フュージョン1〟というタイトルのものです（写真11-5、写真11-6）。この作品では、自分のエゴからの脱却を図りながら、友人のフランス人、パトリック・ショードセーギュ（Patrick Chaude-saigues）との対話を構築することに成功しています。このフュージョン（融合）の結果は、いつも（作品の制作に係わった）双方のアーティストをびっくりさせるのです！　アーティストたちは、作品が完成した時に、はじめてその作品を理解することができますが、シュルレアリスムのスローガンであるミステリーとは、一方の共作者に対する信頼感情を喚起する、この美しい行いの中に見受けられるのではないでしょうか。相手の説明に少し耳をふさぎ、一時的に口を閉じ、そして、両アーティストは作品が完成した時に初めて、そのキャンバス上に描かれた作品全体を見ることができます。したがって、シュルレアリスト・イマジェチカは、人目に触れさせたいだけではなく、ベールに覆われた秘密が暴露されるまで、その驚異を示したいのです！

たとえば、〝焼けた〟という言葉を思い出すと、代表的な火のイメージが私たちの想像に広がります。しかし、その記憶を支配する写真は何色でしょうか？　また、この悲劇的現象は何を意味するのでしょうか？　ある人の感覚では、黄色と赤色から、および2色の中間色調から、破壊の炎を見出せますし、別の人の感覚では、ライラック色・紫色と青色から、残酷な山火事の後に森林を再生する望みを明らかにできます。いいかえれば、この芸術的な旅において、環境のジレンマは、最初のアーティストによって、より劇的に認識されうるのです。また、2人目は、感受性の意味を拡張しつつ、火をそのイメージのための熱情の美しい魅力と解釈しながら、彼（彼女）の見方を調節することができます。私たちは、たとえ火傷したとしても、無条件に愛するためであれば、錯乱した旅に出るリ

“Fusion 1” のキャンバスの描き出し部分：シュルレアリストのインスピレーションの誘因を説明するための作品のトーンを見せるもの。

“美しい死体” が絵画や素描の場合，キャンバスを包んだ後，郵送される。そして，その大部分がシールされていて，２人目のアーティストの介入の後で明らかにされるようになっています。もう一つのオプションは，Photoshop® のようなソフトウェアを利用するもので，作品のインスピレーションの詳細か単なる電子メールで送られるだけです。

写真11-5　ベルナール・デュメーヌ（Bernard Dumaine）

仕上がったキャンバス：対話のアートの集団修練を融合しています。

この “ゲーム” のシュルレアリスティックなアートの目的は，出来上がったイメージを消費させるために見せるのではなく，その魅力はまったく反対のところにあります。内在的なミステリーによってひきつけるアート，パラドックス，そして聞かない，言わない，見ないことに対する驚きにあります。また，それは制作の外的な仕上げにまで先延ばしされた珍奇性のすべてを粉々にします。

そして解釈の一瞥は現象論的なものであり，「正しい」と「誤り」を認めるのではなく，そのクリエーターの才能を通して私たち一人一人に語りかける何かを有する創造です。

はるかかなた。それは私たちを包み込み，誘惑します。

写真11-6　ベルナール・デュメーヌおよびパトリック・ショードセーギュ
（Bernard Dumaine & Patrick Chaudesaigues）

スクを冒すのをいとわない…そして、愛することは、それでも希望をもち続けている人々にとっての最高の武器となりうるのです。

読者の皆さんは、アートに対する引っ込み思案に打ち克ち、美術学校通学を強要することなく、特に素質を云々することもなく、ただアートと環境をうまく調和させる直観的な創造力を必要とするだけの、この小さな〝美しい死体〟というゲームを実行できるでしょうか？　すべての意味ある学習というものは、人間同士の豊かで複雑なコミュニケーションのネットワークの糸から生まれます。他者が、私が私であることを悟らせるのです。アートは、私をとりこにし、他者のために、それを才能に変えるのです。

## 3　神話伝説の知識

本のない時代に、宇宙の最初の説明は一体どのようにして生まれたのでしょうか？　科学者たちも教師たちも存在していなかったのにどうして？　文明発祥からはるか彼方、電話・郵便・インターネットも無かった時代に…星々に関しての最初の話は、どんなものだったのでしょうか？　そして、花の香りについては？

私たちの中には、願望に即して、存在しない対象物の構築を可能にする、象徴的で力強い創作能力に裏打ちされた想像力が存在します。この創作力は、発散するシンボリックなオーラによって、私たちが世界、人類、および物質の特徴を形容するのに役立ちます。神話の偉大なところは、ありえない話なのに、太陽系に太陽をもう一つ増やしたり、願望の力で太陽の色をした実際の果物を出現させたり、今までそこには決してなかった清々しい日の当たる朝をもたらしたりするところにあります。現実と真実は殆ど一致することはありません。しかし、火山について、どのような想像をしていたのでしょうか？　風変わりな、欠けた、頂きがない山だが、頂上には孔があり、そこから時々、ドラゴンの様に火を吐くというふうかもしれません。おそらく、当時の学校では、寒さを防ぐため、焚き火の周りに集まって、年長の人が石に座り、ほかの若者たちは地面に座っていたでしょう。川の水は、まだ凍結していましたが、歴史の神聖な時間の中で、微風の女神の冒険や彼女と雷神との恋の話は、凍てついた場所にいることを忘れさせてくれました。想像の欲望は、火よりも強く、体を暖めてくれました。

人間の文明は物語で伝承されますが、その物語は空間と時間の中で作り上げられます。その過程は、時に石に彫刻を刻むように、あるいは、全体を石膏でソフトに加工しながら、まるでその物語自体の寿命をシンボリックな意味で道連れにするかのようです。あたかもそれらは地図作成のように公的なものであったか、あるいは国境を定めるような難しさを伴う、ある種の普遍性を追求したあとが明らかな、民族特有のものでした（Bhabha, 2004）。神話は、民族の文化的伝統についての伝説形式の物語であり、この物語を通して、宇宙の誕生、自然の役割などを説明し、あるいは宗教的信仰を高揚させます（Eliade, 1986）。神話は、さらに、道徳の原理原則の役割を果たすこと、および人々に進むべき方向を示すための日々の実用的な規則を提供していました。

神話は、あらゆる国々に存在し、単に未開な民族の創作ではありません。それは、建国の物語であり（Bhabha, 2004）、生活を活性化し、様々な意味を伝承するものです。神話は、民族のあらゆる文化的表現の様に変化しうるものであり、世界を見、感じ、そこで活動する主体のアイデンティティの本質部分になります。諸々の精霊、架空の霊、怪物たちやその他多くの〝魔法を使う者たち〟の多くは、自然を守り、また、社会現象の原因であり、環境教育の力強い協力者になります。

滅びた神話、復活した神話！　科学至上主義とは、環境災害を（適当な理由をつけて）正当化する虚言癖の者にとっての、数ある宗教的偶像の一つではないでしょうか？　ヒンケラメルツ（Hinkelamaertz, 1983）は、死のイデオロギーの武器として、神話を現実化することの危険性について語っています。ジラード（Girard, 1991）は、同じ方向で、「神話とは犠牲者の口をふさぐ文書である！」（p.51）と定義しています。カストリアディス（Castoriadis, 1982）は、さらに広義な意味合いで次のように定義しました。「神話は権力における想像力である！」と。

科学と神話学の違いは、いずれも、それらの話を説明する上で、それぞれのメタ言語を選ぶということに起因します。両者とも、特定の技法、関係ある事柄など、そして多種多様なツールを用いて、世の中の現象を理解しようとします。科学と神話学の一方が間違いで他方が正しいということはありません。飽くことなき人間観察によって、永遠な時と区切られた時間の密度と濃度から生ずる無数の感覚に関して、ただ単に、それぞれの理解の範囲で異なった解釈をしているだけなのです。どちらが真実に近いのかを判定することはさておき、そのいずれに対しても、存在する権利や、世の中と戦う方策を立てる権利を認めることが必要です。しかし、知覚なしにイメージは存在しませんし、感覚のない知覚も存在しません。イメージ、知覚そして感覚は、いつかどこかで、なんらかの形でタッチされたときの人間存在の心の揺れがなければ理解されえません。

日本の神話において、浮橋の上方で、「伊邪那美と伊邪那岐」が、海の水をかき回し、（国生み、すなわち、）日本を構成する島々を創った原初の女神・男神であったことが良く知られています（Philip, 1996）。その両神の結婚から、雨、土、風と火の神様が誕生しました。これに関連して、バシェラルド（Bachelard, 1993）は、生命を生み出した4つの元素について考察しました。この両神は、宇宙の殆どすべてのものに起源を与えましたが、神話学上の冒険では、死と誕生の間に存在する哲学的二元性（充実と空虚、濁水と清水、魂と肉体、等々）を語ります。

この神話からひとまず離れましょう。一人の教師がイマジェチカ・アートの創作を奨励する場合、教室をアートで埋め尽くすことができます。最初に1人の生徒が、様々な動物や植物を配置しながら、泡立つ滝の小さなしずくを描くことができるとしましょう。しかし背景は隠され、川の両岸の線だけが、キーワードの「伊邪那美と伊邪那岐」とともに示されます。2人目の生徒は、オリジナルのアイディアを知らずに、大洋の真ん中に巨大な波を描くかもしれません。そしてもっと輝かせるためにキャンバスを、伊邪那美と伊邪那岐の伝説の、世界と裏世界の間を、善なる存在と悪の存在とで埋め尽くすでしょう。

その教師は、祖父母あるいは年長の親類が語った、他のローカルな神話を、あるいは〝美しい死体〟での中で提供されるような対話的アートゲームを、調査することができます。さらに、他の物語を復元するために、学校の周りに住む年寄りの住民を招いて話しを聞き、ローカルな風景を描くためには、古い写真を用いることもできます。こうして、生徒は、おそらく民衆の知識の重要性を認識し、それぞれがその真実を保有していることを知ることができます。また、これらの様々な知識の間の対話が上下関係を解消し、より有意義な学習のネットワークを構築する可能性を開くことを理解することもできます。

水とその不足についての政治的な議論をテーマとしたアートゲームは、環境教育に内在する文化と自然の関係を取り上げた教育学的な提案をする際の道筋になりえます。科学を伴ったアートか、呪術をともなった知識か、を恐れることなく、様々な学科と多くの教師が教育活動を構築することを支援することが可能になるでしょう。

空中に漂う水の透明さや、ある風景の別の風景への転写は、正確な寸法を守る必要はありませんし、そのイメージの並置は、最終段階でのみ、シュルレアリストが望む変換状態を明らかにします。シュルレアリスムの特権は、むき出しの合理性と強欲さの上に立つ実利主義文化に対する飽くことのない戦いの中で、その感情が世界の変化と融合しうるような形で、フロイト主義者の純然たる夢想の中で夢見ることが許されるということです。

## 4　アマゾニアの宇宙像

しかし、伝説だけでも、環境主義は成立しません。ブラジル文化に足を踏み入れながら、シコ・メンデスを紹介します。彼は、ゴム業界の偉大なリーダーであると同時に、世界の環境主義者のイコン（聖者）として認められています。筆者自身は彼に命を捧げても惜しくない程心酔しています。この革命家の、歴史に残る物語を語り尽くすそぶりも見せずに、この気難しい活動家は、暗喩的な意味で、敵対する者たちの「エネルギーを奪い取る」ことを試みました。その目的は（自分と志を同じくする）同志たちを勇気づけることでした。この行為はちょうどオズヴァルド・デ・アンドラーデ（Osvaldo de Andrade）がいう〝食人〟*という原始的なものです。シコ・メンデスは、仕事をもつために〝不動産〟をもつ必要はないという考え方を公言しています。彼は、所有者のいない地域で、しかしその地域を管理する集団と一緒に、人と自然を保護しながら、自然産物の受益権というかたちで抽出業者の保護区創設を守り抜きました。ブラジル・アマゾニアのアクレ州で名高い〝エンパテ〟は、シコ・メンデスが住んでいたシャプリの町での、彼が指導した闘争運動のことです。〝エンパテ〟とは、世の中の小さな部分を変化させたい気持ちをもった老若男女たちの間で土地を守るために手をつないで作った人間の柵です。この手法で実現された変革は、エコロジー主義と調和した政治的理想の中で、資本家を打ち砕く結果をもたらし、ブラジルと世界における闘争のシンボルとなりました。

＊Anthropophagy　これはオズヴァルド・デ・アンドラーデが1922年の現代アート週間に、ブラジルの原始アートを認識するために創出した社会運動の題目にされたもので、人肉食とは異なる象徴的な行為として、敵のエネルギーを食べることを念ずることにより、パワーを得ることというものです。

アマゾンの夕暮時に、昆虫の群れが太陽に向かって空一面に広がって飛んでいきます。その光景は、集団学習の強力なシンボルとして、手を取り合って進もうという願望を体現しています。感情の発露は、そこに異様に生い茂る枝葉の中で香る花のバラ色の色調に反映しているでしょう。そしておそらく、「体の中を流れる血は少なくても、その心はサンバのリズムに揺り動かされる」というフレーズから始まる、色鮮やかな小鳥たちのシンフォニーと一緒に、優しいフルートの音が聞こえるでしょう。厄介な戦いの冷気を、シャプリの町の光あふれる林間の空き地での、愛情のこもったゲームに変えながら、繊細な魂は、この陰で感じるそよ風と幻をつなぐことができるのです。

ワグナー・ソアレス（Wagner Soares：ブラジル）はフルート奏者ですが、魔法のキャンバスの中で、歌を歌いながら、楽譜上のメランコリーを捕えることに成功しています。直観的なアーティストで、イメージを通して詩を書き、魔術のようにイメージを全身からみなぎらせます（写真11-7と写真11-8）。環境保護活動に携わる若者集団の活動家でありながら、ワグナー・ソアレスのアートは、おそらくポール・ヴァレリー（Paul Valery）を借りて、シコ・メンデスの戦いに表現主義の輪郭を示しました。それゆえ、シコ・メンデスは、再び夢を、そして豊穣な神話を誘発させ、邪魔者を懐柔するために彼らを酔わせ、未来のエコロジー主義者に溢れるほどの思い出を残すために反響を引き起こします。森の闇と光の中から、命を掛けた一生の約束の記憶が呼び起こされます。

シャプリの町での陽気な生活を描写しているキャンバスの中で、ワグナー・ソアレスは黄金の貝殻を閉じて、アクレ州のエコロジー主義者の歴史・物語を守ります。絵筆、鉛筆、色と紙片を用いて不滅のものとしながら、しかし彼が〝シュルレアリストのカタツムリの家／殻〟（Sato & Saturi. 2007）を開く様子は、開いた手を宇宙にすべらせる湿った木の葉のように、完全に魔術的です。音符、色彩、表現がアマゾンの水と混じりあいます。軽く髪を持ち上げる微風は、アマゾンの巨木の下にいる蜂を驚かすことができます…しかし、もしその陰が記憶を壊し、その罪を告発するならば、ワグナー・ソアレスは、新しい夜明けを告げる感覚的経験を駆使して、空を描く光を取り戻します。そして、私たちは感情だけで読むわけではなく、教育学的な文脈の中で知性を呼び起こすので、そのアートが賢明で思いやりのある環境教育を構築する手段を表すということは疑いありません。

パウロ・フレイレ（Paulo Freire）は私たちに次のように警告します。私たちがいなければ、また私たちの居場所

花の間を
動く巨力《ちから》に
地球《ち》は傷む
(原句 : Planet earth
hurt by impacts power
moving between flowers)
(ミシェル・サトウ)

**写真11-7　シコ・メンデス（Chico Mendes），シリーズ，シャプリ（Xapuri），アクレ州（AC）（ワグナー・ソアレス（Wagner Soares））**

木を切りて
本口見るや
今日の月
(英訳句 : Felling a tree
and seeing the cut end
tonight's moon)
(芭蕉)

**写真11-8　シコ・メンデス, シリーズ, シャプリ, アクレ州（ワグナー・ソアレス）**

を形作る能力を私たちがもたなければ、私たちは時間から何も期待することはできないと。また、私たちは歴史的家ではないのだと。

「主観性は、あらゆる力を駆使しても、客観性をつくることはできないし、客観性も、非の打ち所のないほどには主観性を描けない。私にとって、客観性との弁証法的関係の中でそれを理解することなしに、主観性について語ることは不可能である。主観性は、客観性を押し広げたものの中にも、客観性を純粋に反映しただけのもの中にも存在しない。それはこういうことである。私は次のような人々にだけ主観的に語りかけている。自身が未完成であることを自覚できるようになる未完成の人間に対して、また、決心したことのさらに先に行こうと努力を重ねる人間に対してである。（中略）決定としての歴史ではなく、可能性としての歴史の中でのみ、主観性は客観性との弁証法的関係の中で認識され、生かされるのである。それは歴史を、比べ、評価し、選択し、決断し、突き進むといった諸能力をフルに実験する可能性として認識し、生きていくことである。したがって、それは、女も男も、一方で倫理そのものの違反者になることができる状態で、世界を倫理化するということでもある。（中略）未来は私たちを作らない。私たちが、それを作るための戦いの中で私たちを作りなおすのである」（Freire, 1996）。

あなたがたのキャンバスから新たな集団作品が生まれていくでしょう。絵画、デッサン、あるいは地面に落ちている細枝のイメージといったものを奨励する教育学のノートのように。パウロ・フレイレのように、それらの人々は、その夢をいだき続けるために、書物のように書いたものだけではなく、あらゆる可能な表現によるものを通して、世界を読むことができるでしょう。アマゾン地域のローカルな夢から、また世界のあらゆるアートから、詩、短編小説、物語を書きましょう…ローカルからグローバルへ、そしてその逆方向に、文書化された、あるいは静寂の言語は、暴風から子守唄の趣きへの旅を試み、たとえ勝利が遅く来るもの、隠されているもの、あるいは影の中にも見当たらないものであったとしても、失っていない戦意を回復します。そして、1本の大きな樹の周りで、ダンスでお祝いし、白黒写真で記録するか、または中央に焚き火を置きながらの身体表現により明らかにします。なぜなら、「炎には芯がなく、すべてが川のカーブの中で歌と勇気に変わる」*からです。たぶん、この差し迫った気候および圧迫された土地は、その美しい未知の側面を磨き上げます。なぜなら、それは、そのアートがシンプルなため息とともにその人々の心を打ち、おそらく私たちは、地球の美しさを信じながら無限の能力で記す教育学創造を引き起こすことができるでしょうから。

* "街角のクラブ"（歌）、Flávio Veturini & Milton Nascimento

[謝辞] アート作品を掲載することを許可された、ベルナール・デュメーム（Bernard Dumaine）（フランス）、ウラジミール・モルダフスキー（Vladimir Moldavsky）（ウクライナ）、そしてワグナー・ソアレス（Wagner Soares）（ブラジル）に感謝します。

## 参考文献

Andrade, Oswald（1928）. Manifesto antropofágico. *Revista de Antropofágia,* v.1, n.1, 4p. 1928. [www.lumiarte.com/luardeoutono/oswald/manifantropof.html], [23.set.04].

Bachelard, Gaston（1993）. *A poética do espaço.* São Paulo : Martins Fontes.

Bhabha, Homi（1998）. *O local da cultura.* Belo Horizonte : EdUFMG.

Bhabha, Homi（2004）. *Nation and narration.* New York : Routledge.

Breton, André; TROTSKY, Leon（1938）. *Pour un art révolutionnaire indépendant.* México : 1938. [http : //www. freewebs.com/arcane17/archivessonores.htm] [recherché 24-6-2004].

Burnell Yow !（in press）Não há regras, somente materiais, in : SATO, M.（Coord.）*Eco-Ar-Te para o reencantamento do mundo.* São

Carlos : EdUFSCar.
Caroll, Lewis. (1951) *Alice in wonderland.* [http://www.imdb.com/title/tt0043274/] [retrieved 05-11-07].
Castoriadis, Cornelio. *A Instituição imaginária da sociedade.* Trad. Guy Reinaud. Rio de Janeiro : Paz e Terra. 1982.
Chipp, Herschel (1996). *Theories of modern art.* Berkeley : University of California Press.
Eliade, Mircea. *Mito e Realidade.* Trad. Póla Civetti. São Paulo : Perspectiva, 1972. [Coleção Debates].
Freire, Paulo (1996). *Pedagogia da Autonomia.* Rio de Janeiro : Paz e Terra, 1992.
Girard, René (1991). Teses sobre desejo e sacrifício. Assmann, Hugo (org.). *René Girard com teólogos da libertação* : um diálogo sobre ídolos e sacrifícios. Petrópolis - Piracicaba : Vozes/Unimep, p. 288-295.
Hinkelamaertz, Franz Joseph (1983). *As armas ideológicas da morte.* Trad. Luiz João Gaio. São Paulo : Ed. Paulinas [Pesquisa & Projeto VI].
Sato, Michèle; Sarturi, André (2007). O Caracol surrealista no teatro pedagógico da natureza. In : Mello, S. (Coord.) *Vamos cuidar do Brasil - conceitos e práticas da educação ambiental nas escolas.* Brasília : UNESCO & MEC, p. 83-95

（ミシェル・サトウ／ルイーズ・アウグスト・パソス）

**執筆者紹介**（執筆順，執筆担当）

生 方 秀 紀（うぶかた・ひでのり，北海道教育大学，編著者）
はしがき，第７章，コラム
阿 部　 治（あべ・おさむ，立教大学［ESD 研究センター長］）第１章
佐 藤 真 久（さとう・まさひさ，東京都市大学）　第２章
神 田 房 行（かんだ・ふさゆき，北海道教育大学，編著者）　第３章，コラム
大 森　 享（おおもり・すすむ，北海道教育大学，編著者）　第４章，コラム
朝 岡 幸 彦（あさおか・ゆきひこ，東京農工大学）　第５章
大 島 順 子（おおしま・じゅんこ，琉球大学）　第６章
大 津 和 子（おおつ・かずこ，北海道教育大学）　第８章
レイ・バーンハート（Ray Barnhardt，アメリカ・アラスカ大学）　第９章
フィリップ・ペイン（Phillip G. Payne，オーストラリア・モナッシュ大学）
第10章
ミシェル・サトウ（Michèle Sato，ブラジル・マトグロッソ連邦大学）
第11章
ルイーズ・アウグスト・パソス（Luiz Augusto Passos，ブラジル・マトグロッソ連邦大学）　第11章

**コラム執筆者**（執筆順）

川 崎 惣 一（かわさき・そういち）北海道教育大学
添 田 祥 史（そえだ・よしふみ）北海道教育大学
佐 々 木 巽（ささき・たつみ）北海道教育大学（遺稿）

## 編著者紹介


### 生方秀紀（うぶかた ひでのり）

北海道大学大学院理学研究科博士課程単位取得退学／理学博士

北海道教育大学教育学部教授／釧路校ESD推進センター長（初代）

主　著

北海道教育大学教科教育学研究図書編集委員会・編『子どもと環境——しなやかな教科教育を求めて』東京書籍，1992年（分担執筆）

堂本暁子・岩槻邦男編著『温暖化に追われる生き物たち——生物多様性からの視点』築地書館，1997年（分担執筆）

川嶋宗継・市川智史・今村光章編著『環境教育への招待』ミネルヴァ書房，2002年（分担執筆）

### 神田房行（かんだ ふさゆき）

北海道大学大学院理学研究科博士課程中途退学／理学博士

北海道教育大学教育学部教授／日本生態学会生態系管理専門委員会委員

主　著

東　正剛・阿部　永・辻井達一編『生態学からみた北海道』北海道大学図書刊行会，1993年（分担執筆）

環境庁自然保護局『湿原生態系保全のためのモニタリング手法の確立に関する研究』（財）前田一歩園財団，1993年（分担執筆）

重定南奈子・露崎史朗編著『攪乱と遷移の自然史』北海道大学出版会，2008年（分担執筆）

### 大森　享（おおもり すすむ）

東京農工大学大学院連合農学研究科博士課程修了／学術博士

北海道教育大学教育学部准教授／子どもと自然学会副会長

主　著

大森　享『小学校環境教育実践試論——子どもを行動主体に育てるために』創風社，2004年

大森　享編著『環境学習をはじめよう』ルック，2005年

朝岡幸彦編著『新しい環境教育の実践』高文堂，2005年（分担執筆）

ESD（持続可能な開発のための教育）をつくる
——地域でひらく未来への教育——

2010年4月30日　初版第1刷発行　〈検印廃止〉

定価はカバーに
表示しています

| | | | | |
|---|---|---|---|---|
| | 生 | 方 | 秀 | 紀 |
| 編著者 | 神 | 田 | 房 | 行 |
| | 大 | 森 | | 享 |
| 発行者 | 杉 | 田 | 啓 | 三 |
| 印刷者 | 林 | | 初 | 彦 |

発行所　株式会社　ミネルヴァ書房
607-8494 京都市山科区日ノ岡堤谷町1
電話（075）581-5191／振替 01020-0-8076


太洋社・兼文堂

ISBN978-4-623-05766-5
Printed in Japan